吉田松陰と水戸

仲田昭一

◆水戸史学選書◆

企画　水戸史学会
発行　錦　正　社

はじめに

今日の通信網（インターネット）の発達は、居ながらにして人と人とを結びつけてくれる便利な時代である。それだけに対人関係は篤いものがあると思うが実態はそうではない。意外と軽薄で離反も容易である。古くから「百聞は一見にしかず」「目は口ほどに物を言い」といわれ、歴史を文辞詞章の上から理解するのみでなく、現地に立って歴史を実感し、人との対話を通してその息吹を体感することの大切さも説かれてきた。それはまさに至言である。現代は、熊野古道をはじめ東海道・中山道などまた一地方ふるさとの古道を探りめぐるように、現地を歩くことがブームとなっている。「旅」することは心地よく、人々とのふれあい、歴史との出会いを増やし、深めていく楽しみがある。誠に結構なことではあるが、単なる趣味に止まらないことを期待したいところである。

江戸時代、確かな目的・目標を持って、あるいは師を求め、学問を深めるために旅する「遊学」が盛んに行われた。かつて読んだ北条重直著の『水戸学と維新の風雲』は、私に大きな感動と感激とを与えてくれた貴重な一冊であった。この本の中に流れる師弟間の真摯な姿勢が胸を打つ。本の底に、時勢を動かす至誠が溢れている。

水戸は、会沢正志斎や豊田天功などを中心としていかに多くの他藩士を温かく迎えたことか。また水戸藩の江戸藩屋敷にあっては藤田東湖や戸田忠敬らが敬慕された。東湖たちは、屋敷に訪ね来る多くの人々を親しく迎え入れた。

吉田松陰は、兵学及び神道無念流派の剣術仲間を基本に西国・東北を旅した。そのネットワークの広さに驚く。東北遊歴の途次一月に及ぶ水戸滞在、その間の感激を「水府の風、他邦の人に接するに歓待はなはだ渥《あつ》く、歓然として欽びを交え、心胸を吐露して隠匿するところなし。会々《たまたま》談論の聴くべきものあれば、必ず筆を把りて之を記す。」と感嘆を以て記している。

江戸に入った西郷隆盛は、数度にわたる藤田東湖宅訪問の感激を郷里薩摩の友人椎原与右衛門・権兵衛に宛て書き送った。「東湖先生も至極丁寧成る事にて、彼の宅（東湖宅）に差し越し申し候と清水に浴し候塩梅にて、心中一点の雲霞なく、唯情浄なる心に相成り、帰路を忘れ候次第に御座候。御遠察下さるべく候」と。

水戸の先人は、訪ね来た他藩士に謙虚に教えを請い、彼らもまた水戸の碩学に会って多くのものを学んだ。互いの交流による切磋琢磨の結果、より良き天下国家の在りようを考え、時世を切り開く情熱を燃やすに至った。北条氏の著書は、当時のネットワークの源泉となっていた「水戸」、その根底にあった「学問の力」、「人間互いの感応力」がいかに偉大なものであったかを教えてくれたのである。

北条氏が挙げた水戸や江戸藩屋敷に集った面々、その主な者は、近くは下野の蒲生君平・上野の高山彦九郎・土浦の長島尉信であり、遠くは萩の吉田松陰・高杉晋作、久留米の村上量弘・真木和泉守、薩摩の西郷隆盛・有馬新七、越前の橋本左内、鳥取の安達清風、信州松代の佐久間象山、幕臣林鶴梁らであった。これらの中から吉田松陰を代表者とし、本著を「吉田松陰と水戸」と題した。これは、平成元年七月に長州山口県の大先輩上田孝治氏が水戸史学会大会で「水戸と吉田松陰」と題して講演され、その際に『吉田松陰全集』から水戸関係の記述を繙かれ詳細な目録を作られた。その学恩は計り知れないものがあり、この著もその目録を元にさらに敷衍している。以て謝するところである。

吉田松陰は水戸の印象を非常な感激を以て記録している。それに対して水戸には松陰を記録したものは見ることができない。しかし、明治に入って松陰の史料の多さに驚嘆し、それらをまとめて『吉田松陰伝記』を著し、世に吉田松陰の偉大さを最初に知らしめたのは旧水戸藩の郷士野口勝一である。天下に「水戸の学問」を紹介してくれた吉田松陰先生への水戸からの謝意と捉えておきたい。また、北茨城市が『野口勝一日記』を翻刻されたことに感謝したい。

なお、本書の構成、序章は遊学の意義を説いた「遊歴の益」として起こした。第一部は「他藩士と水戸」とし、水戸にやってきた高山彦九郎が果たした影響および吉田松陰が学び得た水戸の学問、また天狗・諸生の争乱とこれに参加した下総の越惣太郎の役割を紹介していく。併せて、水戸藩の小宮山楓軒が仙台の北にある玉造へ湯治に出かけた際に過《よ》ぎった諸藩と水戸藩との治政を比較した名観察を紹介する。

第二部は、「水戸藩至難の運命とその超克」とし、水戸藩学中興を担った藤田幽谷の人柄を紹介し、その子で諸藩士から期待された藤田東湖の一面を紹介するとともに、水戸藩是「尊王敬幕」をめぐっての苦悩と混迷の実態を回顧し、併せてそれを超克した例として庄屋の次男から代議士となった根本正を紹介し、吉田松陰も学び得て「人の最も重しとする所は君臣の義なり。国の最も大なりとする所は華夷の弁なり」（「松下村塾記」）と断言されるに至った「水府の学」「水戸学」の今日的意味を問おうとするものである。

終章は「攘夷は独立自存」として今後の世界観を以て結びとしたものである。

吉田松陰と水戸　目次

第一部　他藩士と水戸

第二部　水戸藩至難の運命とその超克

吉田松陰と水戸

序章　遊歴の益

一　遊　学

水戸は「水府」とも称され、その学問は「水戸の学」「水府の学」と称された。特に会沢正志斎が著した『新論』の影響は大きく、水戸の会沢正志斎が営む「南街塾」は他藩からの留学生で大いに賑わった。当時の水戸は、他藩士たちの憧れの的でもあった。それだけ学問に対する情熱と勢いがあったと云えよう。彼らは従来からの国策である鎖国政策の是非を問い、台頭してきた海外勢力に如何に対抗し独立を守るかに腐心した。それの解決のために情報網を形成し、そのネットワークを広げて学問の伝播役を果した。人が人を動かし、狂瀾を既倒に廻らすべく奔走した。大いなる改革を進めて、新しい時代を拓こうとしていったのであった。

二　藤田東湖の送序

この遊学について、藤田東湖が義弟桑原信毅（三十三歳）が京都へ赴く際に贈った「桑原毅卿の京師に送るの序」（天保四年〈一八三三〉十月）がある。その中で東湖は、

この京都への旅は、名山を攀じ、大川を渉り、奇聞必ず極め、壮観必ず尽すことであろう。また、京畿を周旋し、皇都の尊厳を欽仰し、いよいよ神州の宇宙に秀出する所以を知ることでもあろう。京都の碩学に会い、水戸藩主威公頼房・義公光圀以来の「敬神・愛民」「国体・名分」を尊ぶ常陸の学（水戸の学問）を以て、これを京畿の儒学者に徴し、学問の拠ってくるところその深きこと、また常陸の学の確かなものであるか否かを明らかにしてくるように。

そもそも豪傑の士は、聖人の書物の根源を求め、人倫の正しきを弘めんがために諸国を遊歴しようとの志を持つものである。行先の京都は「京都は天皇の都し給う所、神器の在る所、億兆の仰ぐ所、蛮夷戎狄の望んで服する所」である。（京都が日本および世界の中心に位置することを明らかに、「尊王」に基づく国体の尊厳、大義名分を極める学問の立脚でもあることを示した。）

また、京都の人情、その長ずる所は「外は雍容閑雅《ようようかんが》にて、内は寧静沈懿《ねいせいちんい》、事に敏《さと》く業を勤む」、短とする所は「財を嗜み利を射、気力卑弱、自ら振るう能はず」である。

一方常陸・水戸の風俗、長ずる所は「慷慨激烈、進取に鋭、敢為に勇」であり、短とする所は「懶惰《らんだ》麁豪《そごう》、研精の功を虧《か》き、固陋自ら足り、汎愛の意に乏し」である。

両者の長短を認識し、志士仁人との直接の交流によって相補い合い、昇華させて自分のものとし、郷里に持ち帰りその学恩を分かち合うことを期待する（要約、高須芳次郎編著『藤田東湖全集』第四巻、二一八～四四頁）。

と縷々述べ最後に「豈に愉快ならずや、豈に愉快ならずや」と結び信毅の壮途を祝した。

三　真木和泉守の遊学

旅立ちのきっかけはいろいろあるが、久留米水天宮の神官真木和泉守保臣は劇的である。保臣の親友木村三郎子遠は保臣より先に水戸へ行き会沢正志斎の塾に学び、正志斎の著『新論』を久留米にもたらした。『新論』は、いかにすれば外国からの侵略を防ぐことができるか、それへの対策は如何を訴え、覚悟を問い、日本の将来像を描いたものであった。保臣の「紫灘遺稿」に収められた木村子遠の跋文に、

余、曾て諸州に遊び、水戸にて会沢翁に親炙《しんしゃ》し、翁の著す所の国体論を読みて、大に感奮する所あり。携え帰りて保臣に示すに、保臣一読三歎、奮然として、直に水戸に遊びて翁の門に入る。

（『水戸学と維新の風雲』二八一頁）

とある。『新論』との出会いが、保臣の水戸行きを決定づけたこと明らかである。

この保臣の旅に於ける観察眼は鋭い。天保十五年（一八四四、三十二歳）四月に出立した水戸行の途中、それぞれの藩領の治政を論じ、参勤交代する諸侯の行列から藩主の姿勢を評価している。心に期すところなければできないことである。以下、読み進むに従い心緊迫する所あり。

四月十六日小倉にて（以下「天保甲辰日記」）

唐津侯の国に就くに逢う、これを肥前（侯）の行装に比すにすこぶる美なり。

五月四日（新居関を過ぎて）

肥後世子の国に就くに逢う。衛仗の美、人馬の衆、蓋し天下第一なり。また長州侯の国に就くに逢う。路傍の民家に息《いこ》う。これを観るに、その鹵簿《ろぼ》（行列の次第）、これを肥後に比するに、蓋しこれに半ばす。而して矩規頗る密、君侯の新政、意また見るべきなり。越前侯、大洲侯（伊予・加藤氏）、久留島侯（豊後・森氏）等に逢う。皆見るに足らず。

五月七日（箱根山を過ぎて）

阿波侯の国に就くに逢う。行装甚だ美なり。而して美観に供するのみ。一の兵杖に似たる無し。蓋しまた、国に人無しか。

また「弘化丁未日記」（四年：一八四七、『真木和泉守遺文』）の孝明天皇即位の礼拝観のために山陰廻りで京都へ向かう途中の観察である。

九月十二日　萩公の封に入るより道路広く、而して両畔の松樹森々日を障《さえ》ぎる。政教の素とする所、此れ小事と雖もまた見るに足るのみ。

九月十六日　浜田城は松平右近将監氏の治する所なり、城海を枕にして粉壁波間に婆娑《ばさ》す。而して市家衆多、亦一方の都会なり。予ら経るところ長州・津和野皆一新の治なり。是を以て民間惟れ富裕を務む。総じて絃歌の声を聞かず、此の境に入るや判然別に天有るが如し。その風俗観るに足るなり。

四　吉田松陰の送序

吉田松陰は、遊学し先師・先学に教えを受ける姿勢について注意を与えた。「赤川淡水の常陸に遊学するを送るの序」がそれである。門人赤川淡水は、安政二年（一八五五、二十二歳）三月水戸に遊学し、会沢正志斎に師事すること三年に及んだ。その出立に際して云う、

古昔盛時の学を為すや、上は治教経芸の大より、下は歌章音楽の小に至るまで、師承する所あらざるはなし……近日読書稽古の士、前輩を軽んじ、師匠を慢《あなど》ること、天下皆是なり……夫れ常陸の学は天下の推す所にして、其の老輩碩師、皆師承する所あり。今淡水遠く往いてこれに従うは、

固より以て学の蘊《うん》を尽くさんと欲すればなり。嗚呼淡水、師道を慢るなかれ、私見を立つるなかれ。取捨去就、唯だ先生に是聴かば、則ち古道及び難からざるなり」（『吉田松陰全集』第四巻、二一・二二頁）

と。まず、謙虚に素直に先師の学を聴き学ぶことが大切であると強調した。

また、吉田松陰は門人となる入江杉蔵（字は子遠）に「杉蔵を送るの序」を与えた。杉蔵は胥徒《しょと》（小役人）として長州藩の江戸屋敷に勤めていた。安政五年（一八五八、二十一歳）七月飛脚となって萩に戻り、はじめて松陰を訪い、その後十一月に入門した。松陰は「吾れの甚だ杉蔵に貴ぶ所のものは、その憂いの切なる、策の要なる、吾れの及ぶ能はざるものあればなり」と記し、杉蔵が時世を憂い、それの対策もまたすこぶる松陰と付合したことを「吾れ深くこれを喜びとす」と称えた。杉蔵は松陰と肝胆相照らす中となり、やがて高杉晋作・久坂玄瑞・吉田栄太郎・久保田清太郎等と共に松陰門人の中心となる。

安政五年七月十二日、この杉蔵が再び胥徒《しょと》として江戸藩邸に戻る際、期待を込めて東行を激励した。即ち、

杉蔵往け、月白く風清し、飄然《ひょうぜん》馬に上りて三百程、十数日、酒も飲むべし、詩も賦すべし、今日の事誠に急なり。然れども天下は大物なり、一朝奮激の能く動かす所に非ず、其れ唯積誠これを動かし、然る後動くあるのみ（『吉田松陰全集』第五巻「戊午幽室文稿」）。

と。

何と清々しく雄大であることか。壮途・遊学への賦、これに勝るものはないであろう。かくも多くの志士たちを迎えた水戸藩ではあったが、その後に大きく深い混迷に陥った。苦悩する水戸藩、藩主から領民までがそれぞれの立場に於いていかに煩悶し奮闘したことか。先人の至誠に思いを馳せるとき、明暗交々至り涙なしには通ることはできない。

やはり、歴史は生きものである。過去のできごととし、自らを離して捉えることは、歴史の単なる趣味に過ぎない。私どもは、歴史を離れては歩むことはできない。義公光圀は「彰往考来」を掲げられた。歴史から学び続けることこそ、私どもの「生きる」証しでもある。

第一部　他藩士と水戸

第一章　高山彦九郎と水戸

一　高山彦九郎との出会い

高山彦九郎
（『高山彦九郎全集』第１巻より転載）

平成二年四月、茨城県立歴史館に長島照子氏から国の重要美術品に認定されていた「高山彦九郎日記」（自筆本）四冊が寄贈された。それらは、安永六年（一七七七）の「丁酉春旅」、天明二年（一七八二）の「江戸日記」、そして天明二年と三年の「京都日記」の四点である。長島家は、後述する筑波山麓小田の庄屋・農政学者長島尉信《やすのぶ》の子孫である。この史料の収集・調査研究を担当した。鑑定は『高山彦九郎日記』をまとめられた前橋市在住の萩原進氏、この「高山彦九郎日記」が、高山彦九郎との出会いである。

高山彦九郎が水戸に関心を持ち、来水するきっかけは、水戸藩そのものを知ることからであった。

水戸史学会は、水戸藩主徳川光圀、その父頼房以来の水戸家の学問を学んでいる。歴史学から云うといろいろな捉え方があり、水戸学を是とする者、否とする者、また農村史研究を主とする者などさまざまであるが、水戸史学は、『大日本史』編纂の精神を以て日本の国体を学び、また「安民」の政策をも求めていくものでその学問の本質と意義、普遍力、これらをきちんと学んでいくものである。

時に、経済関係を専攻している方面からは、「我々は戦後の考え方から歴史研究をやってきたが、やっぱり骨・柱がないんだ、なんともこう落着かないんだ」との言を聞くことがある。歴史のきちんとした筋道、これを土台に据えながら多彩な分野を学んでいくというのは実に大事なことである。

水戸藩と他藩の異なる大きな特色は二代藩主徳川光圀の考えにある。江戸時代の幕府絶対の幕藩体制の中にあって、「わが主君は天子（天皇）であり、今の将軍はわが宗室（徳川家親類の頭）である、ゆめゆめ思い違いしてはならない」と言い切ったところであり、いわゆる「尊王敬幕」の考えであった。ここに水戸の学問の根本がある。歴史には、栄枯盛衰があり、その時代〳〵で捉え方は違ってこようが、やはり根本には光圀が示した「尊王」を据えてまいりたいと思う。

二　高山彦九郎と藤田幽谷の出会い

この水戸へ高山彦九郎が来るきっかけは、水戸の地理学者長久保赤水（一七一七〜一八〇一）との出会いにあった。安永四年（一七七五）二月、それも十七日までの間で柴野栗山の京都の屋敷古愚軒であったと思われる（柴野栗山「送高山生序」）。それまで、赤水は蝦夷に大変関心があり、芭蕉にも関心があり、その足跡を訪ねて東北へも出かけていた。赤水の出身地近くの磯原（北茨城市）、そこの漁民が漂流し無事戻ってきたのを預かりに長崎に出かけたこともあった。その赤水に彦九郎は天文・地理などの教えを受けることもあり、二人は、親交を重ねること兄弟の如くであったと云われた（「呈諸君為高山処士乞祖母寿書」）。

その後彦九郎は、天明元年（一七八一）に江戸で赤水と再び出会う。そこで豊王問題が出てきた。豊臣秀吉を「豊王」として讃えたのが赤水、それに対して彦九郎は、これは名分の問題、臣下である秀吉を「王」と表現するのはおかしい、「義公水戸家は名分を正すと兼ねては聞けり」という指摘をしている（『高山彦九郎日記』第五巻）。これ以降、赤水は彦九郎に非常に関心を持つことになる。

天明六年（一七八六）、赤水はかって神童と称された藤田幽谷に「彦九郎は魯仲連の風あり」と紹介し、彦九郎の祖母の米寿の賀詞を求めた。幽谷はそれを受けてたちまち二首を献じて彦九郎の孝養に

応えた。「高山彦九郎の王母八十八賀詩」がそれである。即ち、

「聞くならく君が高節一心の雄」（彦九郎の深く高い志を聞いていた）、「奔走す賢を求めて西復《ま》た東、遊学元より懐く奇偉の策」（賢者を求めて東奔西走し、また奇偉の策をもって遊学に努めたことを）、「正に知る踏海魯連の風」（その姿はまさに支那の魯仲連を想い起こすようである）と讃えた。その彦九郎の祖母が八十八歳になられたことは大変すばらしくめでたい、貴兄とまだ会えないことは残念と思うがお祝い申し上げる（意訳）。

と。十三歳の少年がこれだけの賀詞を詠んでいたのである。幽谷がやがて後期水戸学を興すにいたったことだけのことはある。

寛政元年（一七八九）六月、幽谷は赤水に従い江戸に出、九月十二日にその江戸を発っている。その間に赤水宅で初めて彦九郎と面談をする。彦九郎は、十六歳の幽谷について「私は、方々で人に会っているが、あなたのような優れた人物は見たことがない、あなたは体が弱いと聞く、そのためには剣道をしっかりやって体を鍛えることであり、これが学問のためにも良い」と激励した（杉山忠亮「高山正之伝」）。一方の幽谷は、「卓犖《たくろう》不羈《ふき》にして意気慷慨の士、言行正しく一畸人なり」（石川桃蹊「得高山彦九郎之書紀事」）と石川桃蹊に語り、滅多に見られない優れた人物「奇人」と称えた。正に肝胆相照らすというところでろう。

三　高山彦九郎の水戸訪問

高山彦九郎は寛政二年（一七九〇）五月二十五日、湯島天神を拝しての帰途松前蝦夷の遊行を思い立ち、六月朔日に長久保赤水宅に宿してこの件を告げた。赤水は、建武二年（一三三五）楠木正成が鋳たであろう祭務具の鈴「玄武神」（北方の神）を出してその壮途を祝した。（「玄武神」は四足の付いた土鈴のように中が割れ、その上に亀が乗り、亀の上に蛇がとぐろを巻いているもの。これは、全国には四個あったとされ湊川神社に二個、他の一つは不明である。）彦九郎は「北行するに玄武神は吉事なり、心中の願い事、天地神明同意し給うと覚ゆ」と喜び、やがて七日に江戸を出立した。

同年六月三十日、彦九郎は鹿島灘海岸線より大貫、湊を経て、那珂川の勝倉の渡しから水戸城下下市竹隈の幽谷の師立原翠軒（萬）宅へ入った。彦九郎は、「立原萬よろこび迎へて宿す、長久保権三郎も居る、萬の子五歳、甚太郎といふ、能く字を臨写す」と記した。しかし、彦九郎はこの翠軒との出合いの感想を日記（『北行日記』）にほとんど記していない（『高山彦九郎日記』第三巻）。翠軒は非常に優れた学者であるが、歴史観的な事についてはさほど明解に自分の考えを述べていない。全国に知られた学者ではあったが、彦九郎との二晩の出会いは単なる親交であったのか。彦九郎が感じとった立原翠軒と幽谷に対する相違点である。

それでは、高山彦九郎の藤田幽谷観は如何か、「北行日記」に記す。

七月朔日藤田熊之助一正を尋ねける、「早余が来るべしとて待ち迎へたり、与助と名を替へたり、親を与右衛門と号す、よろこび出でて冷麺に酒を出す」、「一正と大義の談有りける」、「一正能ク義に通ず、存慮の筆記を見す」（「存慮の筆記」とは幽谷がそれまでの思索の跡を記した「幽谷随筆」ともいわれる）、「同じくは公よろしからんと示メしけるに、忽ち筆をとりて改めける、才子にして道理に達す、奇也とてよろこび語る事ありける」。

幽谷が考えていた大義について、彦九郎が、公（幽谷）よ、こう表現したらどうかと指摘されたことを幽谷はそれをよく理解・納得してすぐに改めた。翠軒に対してのこのような記述はない。彦九郎と幽谷との出会いの熱気が伝わるところである。

幽谷は、この後友人の石川桃蹊を訪ねた。桃蹊は「（彦九郎が）語った中江藤樹や熊沢蕃山ナトノ事実、其余ノ奇談多シ」（石川桃蹊「得高山彦九郎之書紀事」、「幽谷遺談」）と記しその談義の内容を明らかにしている。幽谷は後に「熊沢伯継伝」を著し、その中で「学は人倫を学ぶ所以、士君子の学はまさに文武兼ね資り、これを事業に施し、以て天職に供すべし」と蕃山の教えを示し、忠孝一致・文武不岐・学問事業その効を殊にせずに共鳴している。この考えは、やがて藤田東湖が起草した「弘道館記」に生かされてくる。

彦九郎は常陸太田に向かい、義公光圀の隠居所西山荘を訪ねた。長島尉信の「高山子遺書漫録」には、彦九郎遺書類の写しと合わせて西山荘図も綴られている（この時に彦九郎が西山荘附近を写したものか、または後に何かを参考にして描いたものか、あるいは長島尉信が描いたものかは不明である）。更に古刹佐竹寺や義公母堂の菩提寺久昌寺、瑞龍の水戸徳川家墓所を拝し、佐々宗淳の眠る正宗寺を訪ねた。その間、太田の先学立川淳美・小沢九郎兵衛・高野昌碩らと談義を重ねた。天下野（常陸太田市）の木村謙次を訪ねて時世を論じ、岩手村（常陸太田市）の孝子音吉や天下野の貞婦根本惣内の妻・孝子市四郎も訪ねて激励した。東・西両金砂神社を拝しては山岳信仰の霊感と歴史を体感した。

やがて彦九郎は奥州へ北上する。彦九郎の旅は、北方への関心と同時に各地における孝子、節婦の表彰でもあった。

四　高山彦九郎の水戸への影響

高山彦九郎の北方行が水戸に与えた影響の一つに黒羽藩家老鈴木武助が著した「農民懲誡篇」（後掲資料参照）がある。彦九郎は陸奥からの帰途黒羽（栃木県那珂川町）の武助宅に一晩泊まり、東北のいわゆる天明の飢饉の惨状を語った。

鈴木武助（号は為蝶軒）、その著「農喩」は土浦藩を含めて近隣に流布したようであるが、水戸藩領の庄屋の目に留まったのは「農民懲誡篇」である。庄屋は、奥書を書いてこれを近隣の庄屋に配っている、それを庄屋を統括する郡奉行が目を付けて、それに一文を付けて弘めて行く。このような流布の具体例をあげる。鈴木武助は記す。

予が耳に入る所を左に記し侍る、飢饉の後、上州新田の住人高山彦九郎と云ふ人、奥州巡見に志し、あまねく巡る旅の中にある山道を通りしに、山深く踏み迷い道を失へり、田畑の跡は茫々たる草群となり、屋内は篠竹縁を貫き、その間には人の白骨散乱したる有様、身の毛立ちて目も当てられず、物冷たく疾くとく馳せ帰り、大飢饉の怖ろしきこの一条を以ても観察有るべき事なり。

と。それを手にした常陸国富田村（行方市）の庄屋羽生惣助、文化五年（一八〇八）に、

当御領育子の儀、貧村窮里までも残らず行き届き、人皆御仁政を仰ぎ奉り候に付てもこの上奢を止め朝暮農業に委ね、丹誠せずんばあるべからず、もし凶作飢饉の節は大勢の家族に及ばんこと必然なり…是に付けても農事怠り候ては天災恐入ることとなり、兼ねて上より御下知これ有りたる溜穀溜稗の御仕法御仁政の有り難き事を弁え怠りなく出精専要なるべし。

と、飢饉の恐ろしさとそれへの備えの大切さを記し、その上で、

右、本文は野州黒羽子侯家老鈴木氏述する所なり、予熟読して感ずるの余り、巻末に聊か愚意を饗し、後来の人々懲誡の一助にもと不才の身、他見の笑を顧みず広く同士の人に知らしめんと遠近に配るものなり。

と奥書した。これを見た紅葉郡の郡奉行小宮山楓軒（幽谷と並ぶ立原翠軒の弟子）はさらに付記する。

右奥書は行方郡富田村の里正惣助が記せる所なり、惣助此の書を以て各村に分配し、農を勧め非常を戒めんとす、其の志し嘉尚すべし、此の節惣助より借り写しぬ、中間に低書せるは、予の増補せるなり。

と書き加えた上、「(これは)吾が邦にもかくの如き事ありしと云へるを後に知らしめ、戒めんとの寸志なり、観る者徒に蛇足とのみ思ふなかれ」と教諭した。

これは、高山彦九郎の見聞が口伝あるいは書物となり、それが庄屋に影響を与え、なおかつ郡奉行であった楓軒に伝わったことを示している。その楓軒は、二十年間農村の治政に功績を上げ、水戸藩の名郡奉行として称えられていく。これも彦九郎から影響を受けたといってよい。

このような飢饉の時、いつも犠牲になるのは子供達である。常陸、上野、下野に多いとされたのが間引きであった。関東に多いとされたが、長島尉信が筆写した岡山県久世代官早川正紀の「久世条教」にもある。「間引き」は全国的な風習ではなかったか。なお、この「農民懲誡編」は文化六年(一八〇九)春に三才村(常陸太田市)庄屋鈴木成允も筆写し、木村謙次も小菅郡奉行岡野逢原蔵書本を筆写して「両羽二助録」と名付けて冊子とした。流布の実態を示している。

彦九郎が幽谷に対して「大義」を説いたことは根本問題であろうが、父母への孝行も重大な問題である。彦九郎は祖母の喪に服すること三年、幽谷も父の死去に際して三年の喪に服した。同時に幽谷は、日本史上三年の喪に服した人物を探してまとめた。支那の大連と小連兄弟が父親の三年の喪に服し孝子として有名であるが、その兄弟の「連」をとって「二連」、日本のものであるから『二連異称』と称した。その中の代表は、後村上天皇と徳川光圀、幽谷はこうして孝行を奨励した。

彦九郎は四十七歳の寛政五年（一七九三）六月二十七日に自刃する。幽谷が父の喪に服している時であった。翌六年、喪が明けて幽谷は「祭高山処士文」（『幽谷全集』）を書いた。かって赤水が、幽谷に「高山彦九郎の伝記を書いたらどうか、彦九郎は非常にお前を期待していたのだ」との書簡を得ていた。幽谷がその約束を果たした一文である。その中で「英魂招くも返らず、彼の白雲を仰げば而して神馳せ、寤寐の間に耿々たり。猶、その雄偉の気と魁岸の姿とを見るが如し」と記し、寝ても醒めても輝いて浮かんでくるのは貴兄の雄々しき気迫と逞しい勇姿であるとその急逝を惜しんだ。かって彦九郎の訪問を受けた木村謙次も、この「祭高山処士文」を読み哀惜の詩を詠んでいる。

五　高山彦九郎遺書の伝播

1　幕臣林鶴梁（後掲資料参照）

高山彦九郎自刃の後、所持していた遺書類は盟友の簗《やな》又七次正に預けられた。次正は豊前中津藩の軍学者で水戸藩の指南役も務めていた。彦九郎が安永九年（一七八〇）七月に富士登山をした際に知り合い、以後親交を深めていた。文政十二年（一八二九）に次正が死去した後、遺書類は次正の甥簗紀平に引き継がれた。紀平は幕臣林鶴梁の門人であった。鶴梁は藤田東湖とも交流のあった儒学者で、遠江中泉や出羽の代官を務めるなど民政家としても知られていた上に尊王家でもあった。遺品は紀平から鶴梁に引き継がれた。この辺りの事情は「復滋野行康書」によく記されている。これは、林鶴梁が長野県小県郡海野宿の矢嶋行康（後に滋野姓）に与えた文書である。

矢嶋は鶴梁を訪ねて云う、「足下（鶴梁）は久しく高山仲縄（彦九郎）の人となりを慕い、日記・諸書など凡そ八十余巻を獲ていると聞く。それらを借覧したいが」と。

鶴梁は矢嶋に云う、「あなたは彦九郎に関心を持っているようであるが、その本心はどうであろうかと疑念もある。かつて自分が集めた彦九郎の遺品は今は手元に無い」と。

鶴梁はまた云う、「掌て仲縄の忠義人たるを聞くや密かに慕う、又聞く仲縄世を憤り自刃して以て終わる、一激昂の士に過ぎずと、共に其の詳を得ざる也」と。

さらに云う、「仲縄（高山彦九郎）は豊前の人簗又七と善き友なりと、たまたま（鶴梁）門下に豊前の人簗紀平なるものあり、これを問えば即ち又七の甥なり、よって紀平を介して仲縄遺書一筐を又七の家に獲る、これその十数歳より死に至る一年前、前後数十年間、日記数十余巻を手書し筐中に蔵す」と。

また云う、「僕、悉くこれを読み、初めて仲縄の操行の誠実思慮の摯篤《しとく》を知る、その屠腹尋常過激の所為の如きは、蓋し真の忠義人たり」と。「ここに於いて旦夕披閲、恍として仲縄と対晤するを覚ゆるなり、喜びて寝ねず」と。

やがて鶴梁は、遺書類を親友の藤田斌卿（東湖）と相良一雄即ち桜任蔵に見せた。任蔵は藤田東湖と非常に昵懇であり、水戸の尊王論を学んだ人物。「一雄号哭これを請う」、鶴梁は任蔵の至誠に感じ入り、十数巻筺を開けて与えた。ただ二点だけが残った、その一つは、彦九郎が故郷を出る時に祖父に与えた「誓書」であって、他の一つは白旗村を過ぎる時に詠んだ「和歌」である。「一通奉じ奉り候、拙者京学に罷り出候、此の儀申し上げたく存じ奉り候えども却ってお留めなさるべくと存じ奉り、密に罷り出候云々」なる誓書は、藤田東湖の懇望を受けて与えた。「而して僕は即ち国風一紙を取る」と記す。鶴梁の手元には和歌のみが残った。こうして自分が所有していた遺書類は、それぞれ三人の元に分かれたのであると（『鶴梁文鈔続編上』）。

その後、この和歌は大久保信弘に渡った。大久保は水戸藩士で筑波山事件（天狗党の乱）の際に武田耕雲斎と京都へ向かい、最後は降伏して敦賀で処刑された人物。「信弘は天下の士なり、而して一小紙窒慾する能わず、僕豈に割愛せずこれを残すを得んや」との思いで鶴梁は信弘に与えた。これにより彦九郎の遺品は鶴梁の手元に皆無となった。やがて東湖も任蔵も信弘も皆亡くなり、遺書類は藤田家にはあるが大久保家には無く、任蔵の子が所蔵しているのは僅かに九巻のみ、他は散逸してしまった。しかしながら、あなた矢嶋行康が持っているその八十余巻は、きっと桜任蔵が集めたものではないかと鶴梁は推測したのである。

2　桜任蔵

桜任蔵は、林鶴梁から高山彦九郎の遺品を譲り受けたばかりでなく高山家を訪ねている。しかし、高山家にはほとんど残っていなかった。高山家の子孫も行方がわからない。それを調べた結果は、

武蔵台村の人剣持正業は仲縄の叔父なり、仲縄遺物書画今に存するあらん、余大いに喜び、直ちに台村に至れば正業既に没して久し、即ちその義子万蔵を訪う、万蔵余を留めて宿し、款接懇到《かんせつこんとう》縷《る》々仲縄と正業との居喪の事を説く、其の祀堂を捜し敗簏《はいろく》三を獲る、これを開けば即ち皆仲縄と正業と奇廬に詠める哀詞及び平生父兄諸友と応答の書札詩歌なり（原漢文、桜任蔵「高山仲縄遺書記」、『高山彦九郎全集』第五巻）。＊はいろく＝破れ竹で作った函

と記した任蔵、彦九郎の遺書等はこの剣持家に預けられていたのである。任蔵は剣持家を訪ねた。「余ここに於いて即ちその書を抱え、舞踏自ら止むあたわず」と。しかしその書、既に、虫が喰い、腐りかけていた。そうして「人これを知る者無し」と。「或いは（彦九郎を）以て侠客狂人という」と。ところがこの正業の遺児万蔵は、「愍滅《びんめつ》せざれば即ち吾の幸なり」と任蔵に懇願する。任蔵はその思いを遂げようと帰郷、昵懇であった土浦神龍寺の住職如連《じょれん》と長島尉信《やすのぶ》に見せた。二人は共に彦九郎の忠孝の至誠に感嘆涙した。殊に尉信はこれらを模写し、欠を補って冊子にする決意を固めた。長島家に残る彦九郎の遺品類は、この時に任蔵から得たものであろう。

3　長島尉信《ながしまやすのぶ》

長島尉信（肖像写真、土浦市立博物館蔵）は、日常訓として「一日一万字」を課題としていた。高山彦九郎の遺文や櫛、短刀、前髪、水指などを懸命に模写した。その尉信の手元から水戸藩士の杉山忠亮の所へ渡った。忠亮は、それをまた同士に分かち与えた。当時、水戸に勤皇会があった。高山彦九郎をはじめとする志士達の遺墨を集めて鑑賞し、懇談しながら心を養っていく集まりであった。勤皇会があったことからも余計に遺書類が集まった。それらを水戸へ訪ねて来た人達が分けてもらうことになる。それを杉山忠亮の「高山処士の遺墨に題す」（『高山彦九郎全集』第五巻、四〇八・四〇九頁）に見ることができる。

長島尉信（土浦市立博物館蔵）

長島老人高山処士の書牘《しょとく》数通を得、装潢《そうこう》して一冊と成す、序を予に請ふ、予受けてこれを閲す、すなはち処士の遊学中その王母に寄せる所のものなり、国字の簡読といへども、或いは倉卒に出るものまた皆洞々属々、その遺詞用紙の間和気愉色宛若在目なり、ああこれを読むもの、孝敬の心以て油然として生ぜん、蓋し処士南朝忠臣の後裔をもつて世々上毛の野に居る、その奇節偉行人口に膾炙《かいしゃ》するものもとより多し、安芸の頼襄その伝を成す、余もまたかつてその行実を録す、詳悉あたはずといへども、併せてこれを考へ亦以てその人となりの大略を見るべし、相良一雄（桜任蔵）なるもの有り、慷慨の士なり、平素処士の人となりを慕ふ、かつて上野新田に到り、処士の旧廬を訪ふ、留ること数日、よつてその遺物及び真跡若干を獲て帰る、また中津藩簗《やな》又七の江都の官舎に就ひて処士の日乗十巻を得る、ここに於いてか、その事蹟頗るその本末を推考有るなり、一雄敢えてその書を私有となさず、即ちその半ばを分かちて以て同好に贈る、老人と一雄と善くす、故にこれを得ること最も多しといふ、処士寛政五年（一七九三）を以て筑後久留米藩森嘉膳に客死す、

今ここに天保壬寅（十三年、一八四二）、距てること五十年、而して六月二十八日は、たまたまその忌日に値するなり、老人将に同好の士と会し、共に詩と酒とを薦め、以てその英魂を慰めんとす、しばしば人によつてその意を致す、以て余もしたがひて文す、このごろ、久留米木村某の書に又云ふ、今年六月処士の忌日を以て嘉膳の子某と謀り、将にその墓に弔せんとす、ああ簗（紫）と常（陸）と相距てること三千余里、而してその事の異ならず、符節を合するがごときは、奇なりと謂つべきや…（中略）…

余既に老人の挙を嘉し、且つ徳の孤ならざるを楽しむ、而して同好の士東南応ずるや遂に書を以てこれに与ふ、老人名は某、常陸小田の人なり、年踰《ねんゆ》六旬（超六十歳）好学倦まず、尤も田制に精《くわ》

し、以て本藩の均田の事有り、故に俸を賜ふ、水戸に寓居し暇あらば則ち喜びて忠臣孝子の事を談ず、而して処士を尚慕すること尤も深し、その好むところを見てもつてその人となりを知るべきなり、

天保壬寅五月　　復堂居士杉山忠亮　　江都礫川邸舎に於て書す（原漢文）

長島尉信の筆写した日記は後掲するが、そのほかに「高山子遺書漫録」五冊にもまとめられている。それらは天保七年（一八三六）から同九年にかけて集中的に筆写されたものである。天保七年六月に筆写した「高山子遺書漫録」五の奥書には、

右高山仲縄子、寛政二年五月江戸日記一冊、上州伊勢崎藩伊与久氏所蔵、天保七丙申年夏六月、高山君カ手沢の本を以て写し畢《おわんぬ》、山人ひそかに君カ事蹟を推すに、君カ此の行江戸を発し玉ひ、後ながく帰らさるになル、今是をおもふにあハれやるかたなし、嗚呼痛《いたましい》かな、三村山人長島信

とある。これによって、尉信がそれぞれの遺書を筆写しながら彦九郎の心中に思いを走せていた様子を窺うことができる。

また尉信は、実際に蒐集した遺書について、彦九郎の精神の保存及び伝承のためには分割所持が望ましいとして同志・同好の士に分与している。それらは、先の日記のほかに次のようなものがある（「高山子遺書漫録」、（　）内は譲渡された者）。

• 「子女せいの命名の記」（藤田東湖）

・「石巻辺の吉野先帝碑」・「祖母服喪中の弔慰金等記録」・真蹟「忍」（桜任蔵）
・和歌「新玉の旦したの風にとけ初めて四方のささ波文を成すらん」（久留米藩村上量弘）
・「親を思ふの誠は天津神の御心にて万の行是よりなりぬ、この心推ハや満ん天カ下かたミに残す言の葉としれ」（笠間藩加藤桜老）
・妹きんに与へし「刀銘の記」（土浦藩大久保要）
・「高山筆記並杉山忠亮序」（薩摩藩有馬新七）

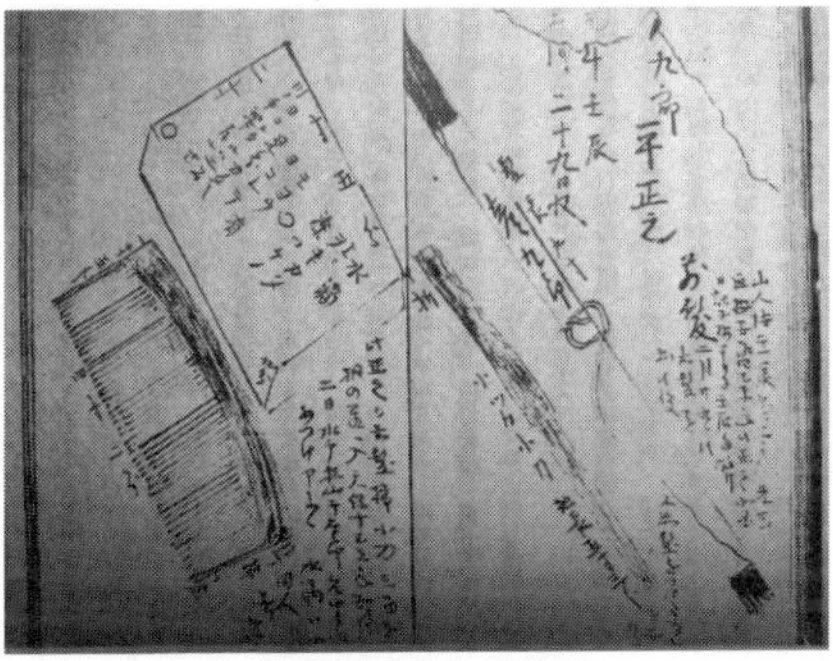
「載水秘録」（部分）
（茨城県立歴史館『館報』18より転載）

これらのほかに、安永元年（一七七二）彦九郎二十六歳の時の前髪、櫛、小刀、水滴類がある。これらは、天保六年（一八三五）に桜任蔵から譲り受けた尉信が、同十一年五月二日に杉山忠亮に与えている（長島尉信「続載水秘録」、なお、前髪は桜任蔵夫人も所持していたが、それは夫人が世話になった長倉（常陸大宮市）の大森恭平宅に預け今に保存されている）。忠亮は史館総裁となり「高山正之伝」を著すなど深く彦九郎に心酔しており、尉信とも昵懇であった。

杉山忠亮は天保十三年（一八四二）五月、水戸藩に出仕中の長島尉信から高山彦九郎遺墨の冊子に序文を求められて「題高山処士遺墨」（前掲）を記した。その中で「而して其の処士における、尚慕うこと尤も深し」と尉信の彦九郎に対する景慕の情を称えている。二人の親密さを窺うに足る。

忠亮の所持した彦九郎の遺品類は、忠亮歿後の弘化二年（一八四五）に藤田東湖の推薦もあって尉信の手を介して猿島郡岩井（坂東市）の間中雲帆に譲られた。雲帆は文政元年（一八一八）十二月に生まれ、詩を大沼枕山に学び、大橋訥菴や藤田東湖・藤森天山らとも交流があり、江戸谷中の臨江寺にある蒲生君平の墓所の傍らに高山彦九郎の墓を建てるなど、彦九郎の敬慕者として知られていたのである。その後は、さらに土佐の山内家に伝わり、やがて高山神社に奉納されていった。

4　水戸訪問者

ア　久留米藩

長島尉信と交流のあった人物に久留米藩士の木村重任、村上量弘、久留米水天宮の神官真木和泉守らがいる。木村は会沢正志斎の「新論」に感嘆し、それを村上・真木に紹介し水戸行を勧めた。彼らは水戸へ入る前に土浦の長島尉信を訪ねた。村上量弘には「水戸見聞録」、「祭高山処士文并序」があり、真木和泉守は杉山忠亮の『高山正之伝』に朱注を入れている。村上は通称守太郎、天保十三年（一八四二）から翌十四年三月まで水戸に遊学し会沢正志斎の塾に入り学んだ。その後、陸奥・出羽・

越後・下野・下総を遊歴した後再び水戸に戻り、八月に水戸を発っている。この水戸滞在中の見聞を「水戸見聞録」として著し、その中の「土地方御正しの事」の項で尉信について詳述している。また、天保十四年三月、尉信が水戸藩を去って土浦藩に仕えるに当たっては「送長島翁帰土浦序」を贈り、その中で「田制に於けるその一・二を知るを得るは皆翁の賜なり」と謝意を表した。村上は、尉信遠来の友三人の一人でもあった(他は仙台の小野寺鳳谷、関宿の船橋亘)。村上も深く彦九郎を敬慕し、水戸に在った天保十三年六月、彦九郎歿後五十年祭を催し、「祭高山処士文并序」を著して「君の天性は忠孝に篤くして胆勇は豪悍、抜山裂川なる」と称えた。

真木和泉守は天保十五年(一八四四)七月、水戸遊学の途中土浦の長島尉信を訪ねた。真木の「天保甲辰日記」(『真木和泉守遺文』)には次のようにある。

十八日　微明に発し、藤代に休む。昏に接し土浦に宿す。逆旅主人を雇い、書を長島氏に贈る。
十九日　朝長島氏を訪う、但馬の池田碩一郎在り。喜びて余を迎う。晷《き》に移りて去る。
二十日　鶏鳴乃ち発し、漸く水戸の部に入る。途濶《ひろ》くして樹茂る。亦政の美を見るに足る。
廿七日　雨、水戸を辞し昏に接して土浦に到り長島を訪う。門掩《おお》い人在らず、乃ち帰りて会宿なる所に投ず。(原漢文)

なお、真木が杉山忠亮の「高山正之伝」に朱を入れたのは水戸であったか、長島宅であったか、はたまた帰郷後であったかは定かではない。

イ　有馬新七

薩摩の有馬新七（正義）も水戸訪問者の一人である。天保十四年（一八四三）十二月から翌十五年冬まで江戸に滞在し、一旦帰郷した後、安政三年（一八五六）十二月二十日再び江戸に入り、同五年九月二日に出立するまで一年九カ月滞在している。この間、江戸で学び、また富士登山、関東周辺の遊歴をする。水戸へは安政五年五月から六月にかけて訪れ、会沢正志斎や豊田天功等とも接したと思われる。それは、新七が郷里の叔父坂本六郎に宛てた書簡に次のように記されているからである。

水戸之俗一体強健、気を尚ひ、且古農兵之余気ニ而、百姓者村里之学校ニ出候て、文武盛ニ仕候、夫故只今之会沢、豊田等か如キ百姓抔より出候而、名を振ひ候者も出候半、併此等兎角上ニ英傑之主出候而、宜敷不ㇾ致二所置一候而、却而害ニ罷成可ㇾ申歟、水戸之事色々六ケ敷候も、此等之事より歟抔と被ㇾ察事も御座候（『有馬正義先生遺文』）。

このように新規の人材登用を称すると同時に、新旧の家臣団を束ねる強力な藩主の登場が待たれるなどと、鋭く水戸藩の実情を分析した新七であった。また、水戸入り前後の周辺の状況を「雑録」（『有馬正義先生遺文』）に次のように記している。

常陸州也

（表紙見返）　四五町マナベ（真鍋）より右江入る

土浦より六里　村ヲ廻ルト
水戸江十一里　田布施《たぶせ》郷士　斎藤貞吉
間に古ノ府アリ、府中アリ
右之処より手賀　柴田八郎左衛門　隠居
右よりイタコ《潮来》江七里　近来風景　地理志ヲ著　宮本尚一郎
右より濱延方　聖堂預り　沢田平角（格）……
鉾田よりハ那珂湊　堀川潜蔵　聖堂預り

この初めに「マナベ町」とあることが、有馬新七が土浦の長島尉信を訪ねたことを示していると考えられる。尉信は、その著「丙申水府紀聞」の中で、安政五年五月二日に有馬新七に対して根本雄介・高山彦九郎筆記の冊子へ杉山忠亮が序文を認めたものを与えたと記しているからである。

また、新七には「書高山彦九郎手跡後」（安政六年四月作）がある。その中で、

右、高山正之送二其祖母一之手跡、而予所レ獲レ之於二土浦藩士長島氏者一也……正之特以二南朝忠臣之裔一、慷慨懐二大志一、以二一匹夫一周二遊于四方一、挺然不レ顧レ身、以下翼二戴皇室一靖中邦国上為二己任一、奮二孤忠一誓正将レ正二名分大義於天下一、嗚呼亦偉哉

と述べて、尉信から彦九郎の祖母宛の書簡を譲られたことを明らかにし、彦九郎の真髄にも触れている。

更に「雑録」には次のように続けられている。

親に事るの誠ハ　高山の歌　笠間に有レ之　このこころ今
験さハは　天下形見に残すことの葉としれ
右高山　臨月方　　　　養孫正之

関宿戸領分
岩井村　久世伊勢守　間中与右衛門　延宣行(之)　正之前髪
有馬藩中　牧(真木)和泉守神主

この中の「親に事るの誠ハ」は、前述したように笠間の加藤桜老に分与したものであり、岩井の間中与右衛門(雲帆)の「正之前髪」は、尉信を介して杉山忠亮の子孫から分与されたものである。殊に、「正之前髪」については、有馬新七が「安政挙義記事」の中で「久世伊勢守関屋戸分岩井村間中与右衛門、右正之剃髪所持にて墓石建立の賦、長島仁翁話ニ而候事」と記しているように、長島尉信から直接聴いていることが分かる。

これらによって、有馬新七が水戸よりの帰途、長島尉信から聴いた笠間の加藤桜老、岩井の間中雲帆をわざわざ訪ね、彦九郎の遺書・遺品を拝し、いよいよ尊王心を振起させ、「今高山彦九郎」と称されるに至った赤誠を窺うことができよう。

ウ　矢嶋行康

長島尉信が慶応三年（一八六七）に八十七歳で歿した後、長島家を訪ねたのは矢嶋行康である。行康は、天保七年（一八三六）信州海野宿《うんのじゅく》（長野県東御市）に生まれた。平田鉄胤の門下生として国学を学び、高山彦九郎を敬慕して彦九郎の遺書・遺品の蒐集に努めた。林鶴梁を訪ねたのもその一つであり、長島家訪問も、蚕種販売で関東を歩いていた折に尉信の蒐集の件を聞いたからであろう。行康は、明治五年（一八七二）から六年にかけて長島家を訪ねて高山彦九郎の遺品を筆写しているが、さらに尉信自筆の「高山子遺書漫録」五冊、「高山仲縄紀行集」一冊、「高山北国日記」二冊を得ている。行康が譲渡されたのか購入したのかは定かではない。

行康は、こうして蒐集した遺書類を上田藩の能書家二人と経師屋を雇い自宅に住まいさせ、製本および複製本を作らせて「玉能御声」や「高山錦囊」などにまとめた。明治七年には、彦九郎遺書の縁で岩倉具視との交流が始まり、同十一年の明治天皇の北国御巡幸に際しては、「玉能御声」などが天覧に供された。これらはさらに同二十年十二月に桐箱三箱に納めて天覧に供され、その内数点が献上されている。

続いて行康は、明治十年頃から有志と協力して高山神社創建を企図し準備を進めた。これは同十一年三月十八日付で允可《いんか》され、同十二年十二月十二日に造営された。行康は、彦九郎遺品の中から浄衣、

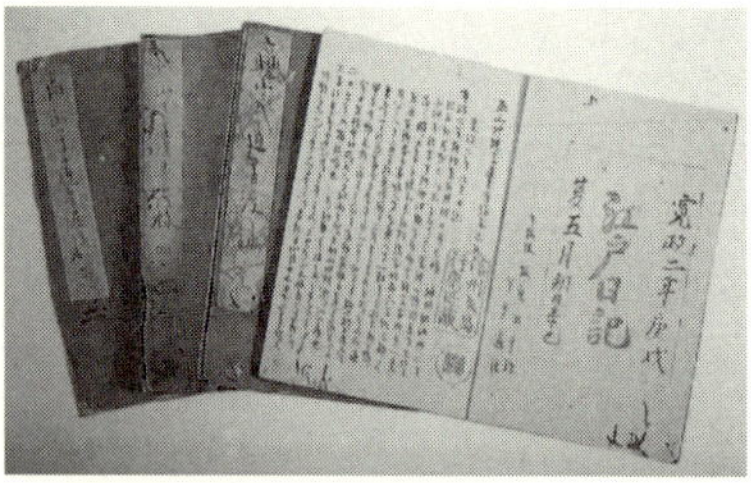

「高山子遺書漫録」
（茨城県立歴史館『館報』18より転載）

笏、冠、沓の四点を献納した。前年三月八日の彦九郎への贈正四位の宣下にも、行康の尽力するところが大きかった。

※　この項は矢嶋憲三郎著『矢嶋行康と高山彦九郎』による。なお、矢嶋家のある本海野は中世は海野氏の城下街として栄え、近世に入って寛永二年（一六二五）に北国街道の宿駅として海野宿が開設された。北国街道は、中山道と北陸道を結ぶ重要な街道であり、海野宿は約六五〇メートル、街道の真ん中に用水を引き、西側に屋並みが続いた。寛保二年（一七四二）に隣の田中宿から本陣が移されて天魔屋敷五十九軒、旅籠は享和三年（一八〇三）の記録では二十三件あった。

明治に入っては、宿場時代の広い部屋を利用して養蚕業や蚕種業をはじめた。矢嶋家もその一つである。平成二年十一月三日、前橋の萩原進氏の紹介を得て訪問し、矢嶋瑞夫氏の案内を受けて関係資料を拝観することができた。整理された彦九郎の遺書・遺品類を確認したが、自らが目当てとしていた長島尉信の筆写本である「日記」類はなかなか見いだせなかった。あきらめかけて引き上げようとしたその間際、念のためにと開いた片隅の筐底から尉信筆写の「高山子遺書漫録」類八冊を発見出来た感激は、今尚忘れ難いことである。

なお、矢島行康の尽力によって創建された高山神社は、平成二十六年十二月三十日夜、放火によって全焼してしまった。まことに残念なことである。

エ　吉田松陰

長州の吉田松陰、嘉永四年（一八五一）の暮れから翌年正月にかけて水戸に滞在した。この間、松陰が水戸の碩学会沢正志斎を訪問すること七度、その心酔ぶりがわかる。水戸訪問を前にした嘉永四年五月十四日付兄梅太郎宛の書簡（『吉田松陰全集』第八巻）で、「高山彦九郎伝、武士たるものの亀鑑此の事と存じ奉り候故、さし送り申し候。即ち水府会沢常《ママ》蔵著す所に御座候。本藩義勇の衆へも示し候はば、必ず感激発励する所これあるべきかと存じ奉り候」と記している。松陰が高山彦九郎の忠義心に感服して亀鑑としようとしたことが窺えるとともに、その伝記を水戸の会沢正志斎が著したと認識していたことがわかる。しかし、この年の暮れから正月にかけて水戸を訪問した日記には、「高山彦九郎伝」について会沢に直接あるいは他の藩士たちにこれを糺した記載はない。

しかし、「塩谷翁（宕陰）の高山（彦九郎）・蒲生（君平）合伝、御手に触れ候はば御録贈下さるべく候、此の文名誉の作なり、水戸に在りて曾て一目す」（『吉田松陰全集』第八巻久保清太郎宛書翰）とあって、松陰は水戸に於いて高山彦九郎と蒲生君平の伝記を見ていたことは確かである。

なお、松陰が会沢恒蔵（正志斎）著としていた「高山彦九郎伝」は、水戸の杉山忠亮が著した「高山彦九郎伝」のことではなかったかと思われるがいかがであろうか。会沢本は未だ見い出していない。

この他、松陰は「頼杏坪の高山彦九郎の一絶は見得甚だ浅し、蓋し未だ其の事を詳かにせざるのみ、山陽、伝を作りて稍や其の意を得たるも、而も尚ほ憒々たるを免れず」（『吉田松陰全集』第五巻「幽窓随筆」）ともあって、松陰が彦九郎に対して大いに関心を持っていたと云うことはできるであろう。

六　史料蒐集の意義

史料の伝播はその精神の伝播である。高山彦九郎の水戸に与えた影響を振り返ると、社会改革、家族の問題、環境問題等々大変大きなものがある。彦九郎を多角的に捉えて学ぶ必要がある。彦九郎に学ぶ一つは、忠孝の精神とそれを弘めようとする熱意と行動力であろう。あの当時全国をあれだけ歩いて説き回ったというこの情熱と行動力はとても今の車社会でも出来ない。インターネットも便利なものであるが、やはり直接その人物に会うことによってその熱意・志が伝わるという事実は重要である。史料をたどりながら、史・資料保存の大切さ、またその威力をしみじみと思う。

また一方で、高山彦九郎はネットワーカーだとも云われる。全国に多くの知己を得ている。これが大きな財産になっている。常陸の長島尉信もそのような役割を果したと思っている。

彦九郎の和歌で惹かれるのは、「君思ふ心の人をたづぬるに親を養ふものにぞありける」である。国家社会を考える者は、やはり親を大事にしていると云っている。しかも彦九郎は、それを子供にきちんと言い残している。子息義介宛書簡に「学問を志した以上はよくよく心掛けるべき肝要のことがある、語句や文章に拘泥して実事を研究しないものは、学問の何たるかを知らないものである。人倫の大道は、身を修め、家をきちんと守ることであり、それであってこそ天下国家も治めることができるのである。役に立たない詩文をつくり、学問を文《かざ》ることは、悪しきことである。必ず、実直に学問することが肝要なのだ」と。

また、史料蒐集は単なる好事家であってはならない。林鶴梁が矢嶋行康に忠告したことである。有馬新七も「そもそもその手跡を慕うことは乃ちその人を慕うことである。後にこれを見る者は宜しく正之の志を体して皇室を翼戴し、大義を立つるを以て思いとせよ」と説いている（「書高山彦九郎手跡後」）。お宝ブームの今日、継承に値する至言である。

【参考資料】

〈高山彦九郎の家族略系図〉

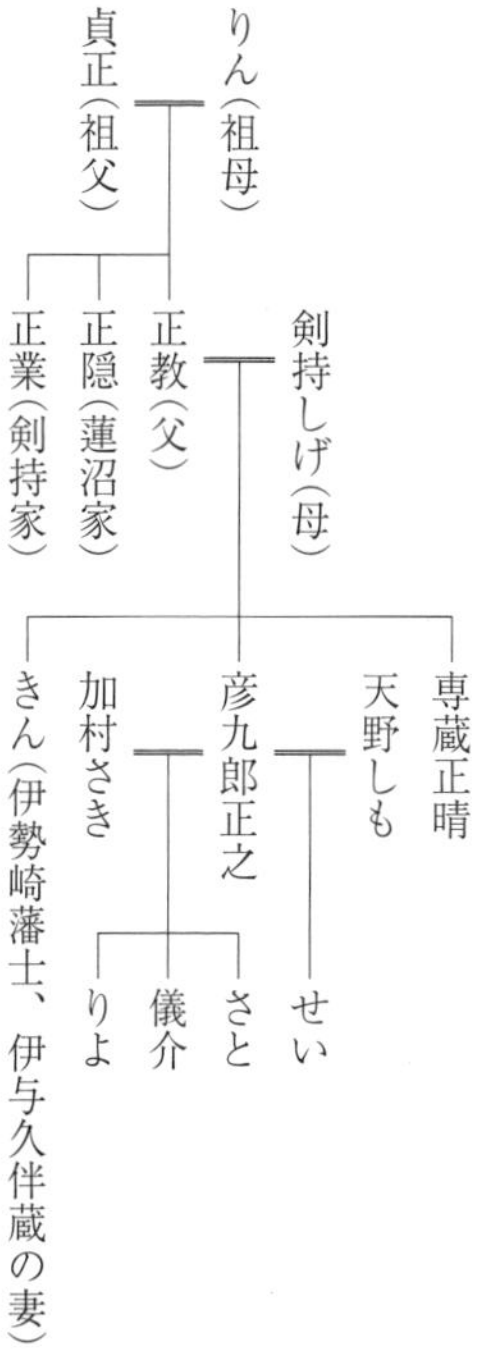

1　長島照子氏寄贈の『高山日記』

（昭和十年〈一九三五〉五月十日、国の重要美術品に認定される）

イ、「丁酉春旅」（安永六年〈一七七七〉、三十一歳）五十五葉

三月二十七日から四月十四日まで（途中四月七日から十日までと十三日は欠）

祖叔父石井政重の甲州身延山行きを慕いて郷里を出発し、同処へ赴き、それより東海道を経て江戸入り帰郷するまで。

ロ、「江戸日記」（天明二年〈一七八二〉、三十六歳）四十七葉

二月晦日から三月五日および三月十一日後半から二十七日まで

江戸在中、叔父長蔵の依頼による祖父高山伝左衛門貞正を神祭する祀堂の模型を得ようとして、諸友人を訪ねた。特に神道に造詣の深い学者を訪ねてついに目的を達し、帰郷するまで。細井平州、長久保赤水らの名あり。

ハ、「天明京都日記」（天明二年〈一七八二〉、三十六歳）七十六葉

十一月十八日から十二月二十五日まで、（十二月十九日は欠）

ニ、「天明京都日記」（天明三年〈一七八三〉、三十七歳）四十五葉

二月二十三日から三月十四日まで、（二十四・二十五日は欠）

※このほか、高山彦九郎の天明期の初回の上京に関する日記は、『高山彦九郎日記』（西北出版）によれば次のようなものがある。

「上京旅中日記」（一部宮内庁所蔵、他の一部は林鶴梁所持の筈も無し）天明二年十月十六日から同十一月十六日

「京都日記」天明三年一月五日から同二月十一日（↓は伝播）

（長島尉信↓筑後の松浦寛敏↓同師富進太郎↓品川弥二郎↓京都大学附属図書館）

＊一枚目に尉信の解題あり、また、尉信の付せん二カ所あり

「京都日記」天明三年三月十五日から同四月三日

（長島尉信↓岩倉具視、ただし、国会図書館の憲政資料室「岩倉具視文書目録」・「岩倉公旧保存会所蔵文書目録」には見当たらない）

「京日記」天明三年四月三日から同月七日

（木村謙次↓坂場流謙↓昭和十五年、水戸高山会刊行）

「天明下向日記」天明三年四月七日から五月三日

（長島尉信↓松浦寛敏↓師富↓松浦）

これらは、京都滞留の日々の行動を細密に記している。滞留の期間は、最も長い寛政の在京に次ぐもので、約五カ月に及んでいる。特に、皇居への伺候の苦心、王道振起のための学校建設運動、祖父

の神号下付請願、公卿及び盟友との往来などあり。

2　高山彦九郎の水戸訪問（『北行日記』）

安永四年（一七七五）　京都の柴野栗山宅、長久保赤水
天明元年（一七八一）　江戸、長久保宅
天明六年（一七八六）　赤水・藤田幽谷、彦九郎の老母喜寿への賀詞
寛政元年（一七八九）十月六日　江戸水戸藩邸で立原翠軒・赤水・藤田幽谷に会う、
寛政二年（一七九〇）六月三十日・七月一日　水戸竹隅の立原翠軒宅宿泊（立原家にて、岩田咸章堂・杉山策に会う）。藤田幽谷一正宅訪問（「一正と大義の論有りける、一正能く義に通ず」などの記述）
七月　二日　太田の中島屋伊十郎宅宿泊
同月三・四日　太田の小沢九郎兵衛宅宿泊（西山荘・佐竹寺・久昌寺訪問）同月五日太田の高野昌碩宅宿泊（旌桜寺・瑞龍山・正宗寺訪問）
同月六・七日　天下野の木村謙次宅宿泊（岩手村孝子音吉・鎮守春日大明神・天下野節婦根本惣内妻・西金砂山などを記録する）
同月　八日　大中（里美村）の白石利兵衛宅宿泊（孝子市四郎・東金砂山を記録する）

3　高山彦九郎の北行と黒羽藩《くろばねはん》鈴木武助宅訪問

ア　陸奥国久慈の琥珀及び天明の飢饉の惨状

高山彦九郎「北行日記」（寛政二年九月）（『高山彦九全集』第3巻、二五七頁、ゴシック筆者）

十七日

八日町より南十五里に小久慈といへる山有り。是レより**琥珀出ツ**。金を掘るが如く山を横に掘り入る。金づるの如く琥珀のつる有りて伝へ掘るといふ。幸助平太郎所に於て琥珀を求め侍る。都て九百文相場壱貫四百文也。八日町朔日迄神明の祭礼今日ハ秋葉権現の祭也。山伏舞有り。笑ふに堪へたり。暮に及ひて雨少ク降る。夜風吹く、寝ねけるに**今夜も夜具なく畳を着たり**。風すき間より吹き入れて寒し。

十八日

晴れて風吹く。八日町八の日を以テ市日とす。明日琥珀掘る所を見んとて細工人の所へ至りて約束す。帰へる、八ツ過になりける。早魚類皆ナ売れたり、たこ二はいを四十文に求めて宿りに帰へる。（中略）久慈より巽の方三日路平ノ宮古とて繁昌の所有り。其南きりきりといへる所有り。宮古より二日路斗といふ。善兵衛とて南部第一の富豪あり、**飢年に大野村中庄屋と酒造家と二軒**

のミ人を食はず、其余ハ皆人を食らふ。小太郎とて十七にて死せしを同じ村二十二のもの、其ノ親の所へ至り乞ふ。与へすは如何なる事をや仕懸けんと親も恐れて許ルしけれは、鍬を其ノ親に借りて掘り出し薦に巻き横さまに負ひ来りて手の指を空ラさまにし、串刺しにして炉に立てて焼き居る所へ死者の母末の子を連れて来り見て、号哭して家に帰へり夫に告げける。夫は我レに物もあれば、夜盗にも入らんが是非もなき事也あきらめよとなだめたりと。即チ其親があるじ勘助に語りしといひし。八日町にても、餓死のものを川へ投込ミたるを隣村の女十七になりけるが、小刀を以テそぎ居りけるを旅人見付けたりけれは、耻恐れけるにや逃げ去りぬと旅人勘助に語りしとぞ。今は娵入りして息才に暮せるよし。其頃諸村を廻る事ありて見るに、塚墓をは井戸の如く掘り起こし屍を食ひたる跡恐ろしくぞ覚へしと勘助語りぬ。今夜寝ね後寒く又起きて炉に寄る事ありて寝ねける。

イ　「農民懲誡篇《ちょうかいへん》」の流布

農民懲誡篇文化二乙丑年（一八〇五）十月（黒羽藩家老鈴木武助為蝶軒述）

当御領育子之儀、貧村窮里迄無二残所一行届き、人皆御仁政を奉レ仰候ニ付ても、此上奢を止メ朝暮農業に心を委、丹誠せずんハ有るべからず。若凶作飢饉之節ハ大勢の家族に及ハん事必然也。返々も農業専らに心を用度事なり。風雨順能豊作之節は深耕し助多田方も浅耕し助少なき田方も取実格別に甲乙不レ分共、大凶作に至りてハ手入れ薄き田ハ実法の劣る事手入厚き田乃十ケ一とかや甚歎敷ことなり。既に当村に勘左衛門といへる下百姓あり。農事出精朝暮抽二丹誠一四十年来身代を持ちけれども壱ケ年として小検見御引不二申請一上之御不益ニも不レ成也。天道の恵有てや、貯置し雑穀共凶年之節高値ニ売払大に利を得たり。今孫子之代と成ても勝手向不レ乏、上百姓之類ニ連れり。誠に明ケ暮農事無レ怠、小検見御救だに申請多しと。田畠手入を心掛なは其身一代に千金を積事も難からし。例ハ治世之百姓農事に心を用、金銭米穀貯多豊饒なるハ乱世の武士戦場の勲功に寄て厚禄を得ると同然也。世の諺にも運ハ天にあり、貧福ハ其身の行に有りといへり、能々此理を勘察有たき事也。凶年の節飢饉に及へる者ハ、常々心掛悪敷かつき商漁り等を業とし農事を疎に心得たる者也。幸にして死を免たるも、翌年ニナリテ大病を煩、困苦むばかりなり、是に付ても農事怠候てハ天災恐入こと也。兼てより上より御下知有レ之たる溜穀溜稗之御仕法御仁政之有かたき事を弁へ怠りなく出精専要なるへし。

右、本文ハ野州黒羽子侯御家老鈴木氏述スル所也。予熟読して感るの余り巻末に聊愚意を贅し、後来の人々懲誡之一助にもと不才の身他見を不レ顧、広く同志の人にしらしめんと遠近に配るもの也。

文化五戊辰年九月　常州冨田　羽生惣助為章謹誌

右、本文之儀は小人之心得ニも相成候義も有レ之可レ申哉と乍レ恐奉存、依而村々同志之者江　御配被レ遊被二下置一候様仕度奉レ窺候、以上

文化五辰八月　　冨田村庄屋惣助

御奉行所様

文化七午年初秋中八日写之　　生年十九才　長谷川藤三郎

（端裏書）

下野黒羽家士鈴木武助書

旧冬十二月七日京都境町御旅館より御差出之貴札、同廿七日越堀駅丸屋助右衛門より相達致二拝見一候、先以新春之御吉慶不レ可レ有二尽期一御坐候、弥御壮健可レ被二成増一寿二大賀一候、旧冬者被レ為レ掛二御心一遠路御来臨被レ下、誠ニ忝仕合奉レ存候、御面会者始而候得共、数年来御厚志之程ハ承知居候事故、毫髪も御隔意ニ不レ奉レ存、遠慮なく御和談仕、大慶之至奉レ存候、依二内密一愚意之趣迄も致二御物語一候御事、誠ニ無二底意一義を顕候御交りと被二思召一可レ被レ下候、扨其節ハ御上京御急キにて一夜之外御逗留難レ被レ成御事故心せわしく、無論匆々なる御物語而巳《のみ》仕、且失礼麁略之御取扱仕、今以御残多存罷有候、然ル所以二御細簡一御礼謝意厚被二仰付一候趣忝次第奉レ存候、木曽路御旅行ニ而十一月晦日京都堺町通大村彦太郎方迄無レ恙御着被レ成候由、但御足

痛有レ之、思ひ之外道中滞、御難渋被レ成候趣、御尤之御事ト致二推察一候、其御地ニ而二十町共御歩行被レ成かね候由、御気分ハ無二御障一、御平生体ニ御坐候趣、是而巳大悦仕候、御足痛募候而者御側ニ而茂残念之御事ニ御坐候間、良医御撰無二御油断一御療養専要奉レ存候、御灸治なども可レ然哉、足痛灸治之大効を得候者数多《あまた》見受候事も御坐候、将又旧冬御出立之節、微少の御旅費及古物御取替仕候御礼謝迄厚被二仰聞一、御丁寧之御事共痛却仕候、右御返金壱両御封入被レ下落手候、当春花之頃迄ハ京都御逗留可レ被レ成之由、秋之頃又々御来臨可レ被レ下之趣、忝大慶、楽ミ御待可レ申候、御約束之通、御上洛之砌《みぎり》早速御紙面遠路御贈被レ下、忝次第奉レ存候、右御礼答得二貴意一度右迄御坐候、敬白

（寛政三年）
正月五日認

鈴木武助
正長（花押）

高山彦九郎　様

4　高山彦九郎遺書の蒐集

ア　林鶴梁と桜任蔵

高山仲縄遺書記（桜任蔵）（『高山彦九郎全集』第五巻、四一〇・四一一頁）

余初めて水戸に在り、諸君子に従ひて遊び、その議論を聞くに与かるを得る、よつてほぼ高山仲縄の人となりを知る、その義烈金石を貫き高風古今を圧する、而して平生の志は春秋の大義に本づき皇室を尊び夷狄を擯《ひん》するにあり、而してその至誠は青天白日の如く、凜々として摩滅すべからざるは以て百世人士の標準たるべきなり、余つねに恨むは、これを九原より起こし、これに従ひて遊び、議論を上下するあたはざるなり、

乙未（天保六年）の夏、痾を抱え四万《しま》に浴す、温泉は上毛に在りて仲縄の郷に近し、その遺跡行事を問はんと欲するも絶えて獲る所無し、豈命にあらざらんか、既にして一儒者に逢ふ、蓋し仲縄の郡人なり、始めてその郷里及びその父兄名居を詳にするを得る、ここに於いて余の喜びを知るべきなり、更にその事跡を叩けば即ち曰く、吾嘗てその面を知り又その事を記す、蓋し侠客博徒の流のみ、余愕然密にその仲縄を知らざるを歎くなり、即ちその邑にいたりてこれを問ふ、父老即ち曰く、これ昔時祖母家側に廬するの狂人か、その家今既に已に衰廃、即ち、一処を指して曰

く、これその宅址なり、余ここに於いて榛莽《しんぼう》の間を徘徊し、感激悲泣去るあたはず、既にしてその姪を訪ふを得る、破屋三間貧窶《ひんく》裁給、余を迎へて搶然、ためにその往時を談ずること殆ど聞くに忍びざるなり、且つ曰く、武蔵台村の人剣持正業は仲縄の叔父なり、仲縄の遺物書画今に或いは存するあらん、

余大いに喜び直ちに台村に至れば、正業既に歿して久し、すなはち其の義子万蔵を訪ふ、万蔵余を留めて宿し、款接懇到《かんせつこんとう》縷々仲縄と正業との居喪の事を説く、その祠堂を捜し敗簏《はいろく》三を獲る、これを開けばすなはち皆仲縄と正業と奇廬に詠める哀詞及び平生父兄諸友と応答の書札詩歌なり、余ここに於いてすなはちその書を抱え、舞踏自ら止むあたはず、然るにその書既に朽敗蟲蝕《ちゅうしょく》、而してその詩歌を見れば悲惻悽悽《せいせい》、すなはち正業もまた義烈忠孝仲縄と一流の人、豈欽重せざるべけんや、ああその人のごときは死して未だ数十年、而して人これを知るものなし、或いは以て侠客狂人といふ、而してその遺書朽敗することかくのごとし、慨《なげ》くに勝《た》ゆべけんや、万蔵尽推その書を余に授けていはく、願はくは吾れ、子の吾が父兄の遺蹟をして永く人間に存せしめ、而して泯滅せざれはすなはち吾の幸なり、余不敏、敢えて当然ならざるも平生これを嚮慕《きょうぼ》するところ、これを辞せず、すなはちその遺書及びその遺品数事を受けて帰る、

一日、出て土浦如蓮禅師に示す、禅師香を点じてこれに礼拝、感賞置かず、いはく、これ仲縄の血誠、盎然《おうぜん》紙面にあふるる真の一字一涙なるものやと、後に又、隠子郁子翁《いくしおう》（長島尉信）に示す、

亦々感泣、漣《れん》々自ずから禁ずるあたはず。いはく、これ皆仲縄の忠孝至誠に出るもの、すなはち為に、余その字を模写し考へ、その闕を完うして一冊子となし、余をしてこれを得る所以の由を記さしめんと、ああ、余のこの書を見るものをしてこれを愛すること禅師及び翁の如くせしめば、すなはち仲縄の遺蹟永く泯滅せず、使徒の忠臣孝子をして感歎するところ有りて興起せんか、余また万蔵の托に負《そむ》かざるを庶幾せん、すなはち喜びてこれを作り記す、

天保六年乙未　（原漢文）

イ　長島尉信《ながしまやすのぶ》（天明元年〈一七八一〉〜慶応三年〈一八六七、八十七歳〉）

享和元年（一八〇一）　小泉家より長島家の養子となる、文化五年（一八〇八）、名主職を襲う（二十八歳）

文政八年（一八二五）　名主辞職、江戸へ出て普門律師に師事（四十五歳）

天保四年（一八三三）　九月十八日、佐久良東雄・色川三中と義兄弟の契り

同　六年（一八三五）　桜任蔵（桜川市真壁町出身）、高山彦九郎の生家方面へ史料探訪任蔵持参の彦九郎遺品を見て「二左衛（尉信）感泣数行イハク、コレ奉公ノ至誠ニ出ス」（子息郁平、後の武石信徴の記録）

同一〇年（一八三九）　水戸藩へ仕える（五十九歳）

同一一年（一八四〇）　水戸藩士杉山千太郎忠亮に高山彦九郎の前髪、櫛など預ける

同一四年（一八四三）　土浦藩へ仕える（六十三歳）
元治元年（一八六四）　隠居（八十四歳）

☆長島尉信への推定入手経路（↓は径路）

高山彦九郎↓簗又七次正（宝暦二年〈一七五二〉～文政十二年〈一八二九〉、中津藩軍学者、中津藩・水戸藩の指南役で彦九郎の盟友）↓簗紀平（又七の甥で幕府の儒学者・民政家である林鶴梁の門下生）↓林鶴梁（文化三年〈一八〇六〉生、尊王家）↓桜任蔵（文化九年〈一八一二〉生、父は江戸の相良氏より真壁町医小松崎氏の養子となる、尊王家で林鶴梁の盟友）↓長島尉信↓岩倉具視・有馬新七・松浦武四郎、間中雲帆らへ

☆長島尉信が所持していた筈の原本

「高山生母、祖父、父墓銘草稿」、「富士山紀行」（安永九年六月十日から七月二十二日、彰考館本は、天保十四年写、写人不明、水戸藩産業史研究会本）、「天明丁未（七年）初秋壬辰寓草書」（尉信の注記あり）、簡数通を一冊とす（杉山千太郎の「題高山処士遺墨」）など。しかし、いずれも現存せず

◎尉信の高山彦九郎関係写本

「赤城行」（安永二年十一月十四日から同十九日、天保七年写、静嘉堂文庫所蔵）

「乙未の春旅」（別称「高山北国日記」、安永四年二月、天保九年十月十三日写、小宮山楓軒蔵書から‥静嘉堂文庫所蔵）

「古河のわたり」（安永五年三月、天保七年写、静嘉堂文庫所蔵）

「武江旅行記」（安永六年九月二十七日から十月二十四日、尉信の「風流男能形見」の中に写しあり、現存なし）

「小田原行」（安永五年九月十六日から同二十二日、天保七年写、小宮山楓軒蔵書から静嘉堂文庫蔵）

「赤城従行」（安永六年十月三十日から十一月三日、小宮山楓軒蔵書から静嘉堂文庫所蔵）

「江戸旅中日記」（天明元年四月二十七日から閏五月十四日、天保七年写、小宮山楓軒校訂し彰考館文庫所蔵、写人不明）

「沢入道能記」（天明二年四月六日から四月九日、天保七年写、楓軒蔵書から静嘉堂所蔵）

「子安神社道能記」（天明二年六月十五日・十六日、天保七年写、静嘉堂文庫所蔵）

「武州旗羅廻」（天明二年七月二十二日、天保七年写、静嘉堂文庫所蔵）

「高山正之道中日記」（天明三年九月三日から同十五日、天保年間写、天保十年小宮山楓軒写、同蔵書から静嘉堂文庫所蔵）

「江戸日記」（寛政二年五月一日から同六月七日、天保七年六月写、小宮山楓軒蔵書から彰考館文庫所蔵）奥書ニ云

右高山仲縄子寛政二年五月江戸日記一冊上州伊勢崎藩伊与久氏所蔵
天保七丙申年夏六月高山君カ手沢を以て写し畢、山人ひそかに君か事蹟を推すに、君か此
行江戸を発し玉ひ、後永く帰らさるになん、今是を思ふにあはれ　やるかたなし、嗚呼痛
かな

長島尉信印

常陸国筑波郡小田村

「三村山人」（彰考館本）

※　右記の静嘉堂所蔵本は、色川三中写本

◎彦九郎の遺髪

イ、長島尉信が桜任蔵より受ける→天保十一年五月二日に安永元年（一七七二）の彦九郎の遺髪を水戸藩士杉山千太郎忠亮に預ける→杉山死後、藤田東湖の推薦もあって尉信の手を介して猿島郡岩井の間中（野）雲帆へ→谷干城→山内家→高山神社

ロ、小沢九郎兵衛（常陸太田市）所持

ハ、大森道義（御前山村）へ

「道義君自蹟書上帳下書」（大森恭平家文書）明治二一年

巳十二月

道章

長倉村

大森彦重道義　行年五十五才　泉町菊地彦三郎次男

天保五午年中養子ニ参り候、同六未年松野口村ニ組頭役被㆓仰付㆒候、同七申年違作之砌、夫婦衣類等不㆑残売払籾三拾俵ヲ買求、小前六拾人江半俵ツヽ遣シ申候事　上聞ニ達候、其後、御城ニおゐて御赤飯御酒等被㆑下、其御懸物拝領被㆓仰付㆒候、

天保十五甲辰五月六日烈公様御退隠ニ相成候ニ付、同七月御国ニおゐて同志之族一同論一決之上、同九月中江戸表江罷出、井伊侯・会津侯江御慎開歎願罷出、十月下旬帰村仕、其後弘化二巳年君公冤罪御晴御家政御取障被㆑為㆑遊候様、且又御預之御身幽囚之族被㆑免候様、公辺江愁訴致し候差引として二月上旬同一同江戸表江罷出、四月中帰村致候、同五月中山様御下り候節、土浦迄罷出為㆓国家㆒愁訴致候、其以来悉嫌疑奸政ヲ凌居候事、

嘉永六癸丑年墨夷浦河入港以来江戸表江出府致、攘夷之儀苦心致候事ニ御坐候、同七寅年烈公様除奸挙誠之御政体御恢復ニ相成候砌、家格御引挙相蒙り候事、

安政二卯年結城寅寿松平様江御預候砌日々警衛向見巡り被㆓仰付㆒、右同人御所置相成候迄、無㆑恙御用相勤居候、同五午年二度御国難之御砌、江戸表江登り旁苦心仕事ニ御坐候、同六未正月より桜任蔵母子引取、文久三亥年迄厄介仕候、安政七申桜田一件後御用向被㆓仰付㆒井伊家之実事

探索仕候事、文久三亥二月、君公御上洛ニ付御供被二仰付一、五月下旬帰村仕候、元治改元甲子之年南発致し、小金町等ニ永々罷在候処、宍戸侯ヲ御目代として御下国ニ付、供奉シて帰国セシ処台町より戦争起り、其後塩ケ崎・祝町・湊・枝川等所々戦争致シ、二度湊江引取候所、諸侯之兵追々募候ニ付同意之族江中様ハ、各諸侯押寄候ては迚も奸家敵当難レ仕、依てハ一旦ニ決死よりハ一度此場ヲ避、奸家之虚ヲ窺水国恢復ヲ祈候外他事無レ議候て、終（ニ）湊ヲ脱南江罷出、本所江潜居、其後於玉ケ池ニ移ス、

丑五月中八丁堀ニ移リ候処、市中江潜居せし族時々出入シ、又は京師江数々文通セし事不レ顕《ひけん》也、嫌疑ヲ生（シ）子十一月一段柳江潜ム、其後御国より多人数脱走致候、潜居致候場等之周旋致候砌、京師より原市之進殿屋敷買求致候趣承り候ニ付、此潜居ニ幸と存、数々奔走致居候途口折本所ニ為口徒も被レ為レ縛、礫邸江幽囚ス、卯八月御国江被レ下又赤沼へ幽囚ス、終（ニ）昨明治改元戊辰正月獄中卒ス、

辞世

あわ雪と友に消行老の身もたた祈らるる君か御世かな

礫邸幽囚中私共備前侯邸中より文通せし時

述懐之歌とて

くろかねの鉄のひとやにすめる身もわすれさりかし敷島の道

身のうきをなにいとへけん大君の御世やすかれといのるはかりに
晴なはと待居しかひもなくなとか曇れる秋の夜の月

と。

ウ　矢嶋行康

日頃語りて曰く、
予は、高山正之を只信ずるにあらず、正之の生を捨てしその大義をとる。「正名分明大義」の六文字をとるのみ。―高山遺墨の蒐集は、徒《いたずら》に物を集めんとする蒐集欲に出たるにはあらず、其の純忠至誠一点の私心無く、生涯を勤王運動の実践に徹したる、その高風遺徳を慕ひ、後世勤王運動の亀鑑たる典籍を著し、尊王運動の思想の鼓吹と臣道実践の道を明らかにするにあり

と。

その矢嶋に林鶴梁が書簡を与えている。「単なる蒐集家・好事家になってはならない」と。

「滋野（矢嶋）行康ニ復スル書」（『鶴梁文鈔続編』上）林鶴梁
恵書に云ふ、足下久しく高山仲縄の人となりを慕ふ、よつて其の古里を訪ね、其の旧姻《きゅういん》を詢《と》ふ、又其の遺聞逸事を四方同好の士に諮《はか》る、百方捜索、意ひて仲縄日記諸書凡そ八十余巻を獲る、顧

みて又僕家蔵の仲縄遺書を聞き、借覧せんと欲して来たり請ふ、其れ仲縄に厚く、其の深きこといかんぞや、仲縄またまさに地下に笑含せん、然るに仲縄遺書の僕が家に蔵する者、今即ち亡せり、足下尚書を寄せ、その嘗て所蔵するところと亡せる所以を令して問ふ、懇々已まず、即ち一書を為し以て略ぼこれを陳べん、

抑僕嘗て仲縄の忠義人たるを聞くや心窃かに慕ふ、又聞く仲縄世を憤り自刃して以て終る、一激昂《げきこう》の士に過ぎずと、倶に其の詳を得ざるなり、後又聞く、仲縄豊前の人簗又七と善き友なりと、たまたま門下に豊前の人簗紀平なるもの有り、これに問へば即ち又七の姪なり、よって紀平を介して仲縄遺書一篋《きょう》を又七の家に獲る、是れその十数歳より死に至る一年前、前後十年間、日記数十余巻を手書し、篋中《きょうちゅう》に蔵す、仲縄出入し、自ら担ふところの者は南筑に赴く時に、簗家に託するところなり、僕悉くこれを読み、始めて仲縄の操行の誠実思慮の摯《まこと》を知る、其の屠腹尋常過激の所為のごときは、蓋し真の忠義人たり、

ここに於いて旦夕披閲恍として仲縄と対晤するを覚ゆるなり、喜びて寝ねず、よって藤田斌卿（東湖）、相良一雄（桜任蔵）に示す、一雄号哭これを請ふ、僕至誠に感じ峻拒するに忍びず、即ち所謂数十余巻篋を合せて悉くこれを与ふ、但し、篋底に別に二紙有り、その一は仲縄出郷の時その祖父に奉りし誓書なり、その一は白旗村を過ぎ、詠む所の国風（和歌）なり、斌卿亦一見流涎即ちこの誓書を贈る、而して僕は即ち国風一紙を取る、ここに於いて三人各家に蔵す、後数年大久

保信弘僕の所蔵を観、欲口の色有り、信弘は天下の士なり、而して一小紙窒慾する能はず、僕豈に割愛せずこれを残すをえんや、これ僕の昔多く蔵するところにして、今は皆これをなくせる顚末なり、

その後斌卿一雄と信弘皆逝く、三家の所蔵するものの存亡如何を知らず、その家を問へば、即ち大久保氏の所在を詳らかにせず、誓紙一幅は、依然藤田家に存す、日記も亦相良氏の子これを蔵す、而して所蔵は九巻に止まるのみ、その余りは筐と合せて散逸し、皆尽く、噫《あ》惜しむべきなり、然るに以て僕これを考ふるにその相良氏の逸するもの、足下の家に聚《あつ》まるもの必ずこれなり、然らざれば即ち高山氏の日記天下に豈にまた二本あらんや、嗚呼僕家に蔵したるもの今足下の有となれるなり、即ち知る、高山氏の日記ただに天下に二本無きのみならず、また深く高山氏を慕ふもの天下に二人なきを、

然りといへども、僕また足下のために一言欲する有り、それ仲縄は忠義の人なり、足下外は仲縄に深しといへども内は或いは忠義に浅からんか、即ち家に万巻を蔵するも何ぞ天下に益せんや、苟も天下に益なくんば仲縄の喜ばざる所以なり、しかればいはゆる忠と義とは古今の人々の為しがたきところなり、僕老ひたり、為すあたふるなし、足下仲縄の書を披《ひら》く毎に、すなはち果たしてよく仲縄の人となりを庶幾し、以て誠実摯篤《しとく》の行に従事せば、即ち仲縄また今日に生きるなり、知らず、足下以て如何となすを。（原漢文）

第二章　吉田松陰と水戸

はじめに――東北への旅立ち――

会沢正志斎は文政八年（一八二五）三月に『新論』を著し、泰平に慣れた世情を覚醒させ、弛緩した幕府政治を刷新させようとした。幕府が同年二月に異国船打払令を発したことを幕府政治刷新の好機と捉え、藩主斉脩《なりのぶ》にそのための具体策を献言したものである。しかし、内容に「忌諱に渉る点がある」としてその刊行は許可されず、公刊されたのは三十二年後の安政四年（一八五七）江戸玉山堂によってであった。しかし、その間密かに有志たちによって伝写流布されたことにより幕末志士たちのバイブル的存在となった。

一方、幕末天保期以降、水戸藩の江戸藩邸では藩主徳川斉昭のブレーンとして活躍していた藤田東湖の存在が幕閣および他藩主・志士へ大きな影響を与えていた。これら両者の影響によって、水戸訪問を企図する者が多く、それは水戸の学問が水府の学となって世に開く上で重大な役割を果した。そ

吉田松陰
（『吉田松陰全集』第１巻より転載）

の中でも、吉田松陰の東北行途次の嘉永四年（一八五一）十二月末から翌五年正月にかけての三十日弱に及ぶ水戸滞在は、その後の松陰の果たした功績を考えると特に大きな意義があった。この東北行について松陰は、「東北遊日記」の中で以下のように述べてその意義を強調している。

有志の士、時平らかならば則ち書を読み道を学び、経国の大計を論じ、古今の得失を議す。一旦変起こらば則ち戎馬の間に従ひ、敵を料り交を締び、長策を建てて国家を利す。是れ平生の志なり。然り而して天下の形勢に茫乎たらば、何を以てか之れを得ん。

余客歳鎮西に遊び（嘉永三年八月から）、今春東武に抵《いた》る（四月九日江戸着）、略ぼ畿内・山陽・西海・東海を跋渉せり。而して東山・北陸は土曠く山峻しくして、古より英雄割拠し、奸兇巣穴す。且つ東《ママ》は満洲に連り、北は鄂羅《おろしや》に隣す。是れ最も経国の大計に関る所にして、宜しく古今の得失を観るべきものなり。而して余未だ其の地を経ず、深く以て恨みと為せり。

頃ろ肥（後）人宮部鼎蔵東北遊を余に謀る（西遊に於いて親交を結ぶ「西遊日記」）。余喜びて之を諾す。会々奥人安芸五蔵も亦将に常奥（常陸・陸奥）に抵らんとす、遂に同行を相約せり。

註　「東北遊日記」は山口県教育会編、岩波書店発行『吉田松陰全集』第十巻、一八七～三二八頁。この文は一八七頁。

吉田松陰の水戸滞在の様子は既に多くの著書・論文に紹介はされているが、ここでは改めて、①水戸訪問の背景　②同行の宮部鼎蔵・江帾五郎とは　③斉藤弥九郎父子とは　④なぜ永井家滞留であったのか　⑤水戸での感激の実態とは　⑥影響を受けた書籍等　⑦会沢正志斎と松陰　⑧水戸の見た松陰

など数点に於いて再検証し、『吉田松陰全集』（山口県教育会編纂、岩波書店発行。以下『全集』を使用）を中心にして関連史料をあげておきたいと思ったのである。

一　庭訓と『新論』への関心

吉田松陰は後述するように水戸で受けた学問を衝撃的に告白しているが、そもそも松陰を国史および国事に目覚めさせたものは何であったろうか。その素地は、やはり実父杉百合之助による庭訓にあった。父百合之助は自ら『新論』を手写して松陰に示し、「楠公墓下詩」を愛読暗唱せしめた。叔

父玉木文之進もまた水戸学派の諸書を熱愛していた。則ち「(父百合之助は梅太郎民治・寅次郎松陰に対し)その誦読せしむる所は、文は文政十年の詔、及び玉田某(永教)の著はせる神国由来、詩は菅(茶山)・頼(杏平・山陽)諸家の毛利氏・両川(吉川・小早川氏)氏を詠じたるもの、及び楠公墓下の作を主とし、其の他忠孝を磨礪し、節義を鼓舞するものにあらざるはなし。(1)」とあり、安政六年(一八五九)五月二十五日江戸送りになるに際しては、

平素趨庭、訓誨に違ふ
斯の行独り識る厳君を慰むるを
耳に存す文政十年の詔
口に熟す秋洲一首の文
小少より尊攘の志早く決す
蒼皇たる輿馬、情安《いずく》んぞ紛せんや
温清《おんせい》剰《あま》し得て兄弟に留む
寒暖父母の身を労り仕へる
直ちに東天に向つて怪雲を掃はん(2)(原漢文)

と詠んだ。吉田庫三は「杉怡斎先生伝」の中で「此の詩は、其の勤王の素養実に家庭に存することを知るに足れり」と断じている。

註

（1）『全集』第十二巻、二一七頁、吉田庫三の「杉恬斎先生伝」。

（2）同右、二二〇頁、趨庭：論語李氏編、父の教訓を受けること。
仁孝天皇の「任家斉太政大臣詔」：将軍家斉は江戸に座ながらこれを受けた。
一首の文：吉田流神道の布教師玉田永教著『神国由来』

補

田中卓著『平泉史学の神髄』所収「吉田松陰〝国体観の再評価〟」。
百合之助は深く神道を尊崇し、神官玉田永教の撰になる「神国由来」を愛読しこれを松陰兄弟に暗誦させた。文政十年二月十六日の仁孝天皇の詔をも暗誦し、これを弟のために書き与えている。仁孝天皇が将軍家斉を太政大臣に任ぜられたことに対し、家斉は江戸に在り、世臣をして上京お礼を言上させた。百合之助はこれを聞き、衣服を改めて京都を遥拝し、「王室の式微、武臣の跋扈、終に此に至れるか」と泣いて歎いたという。松陰・兄梅太郎にとってこの『神国由来』と「文政十年詔」は「小少より尊攘の志早く決す」ことになり、生涯肝に銘ずる教訓となった。（一八五～一八七頁）

また、嘉永三年（一八五〇）十月十日には、

葉山（平戸藩家老葉山左内高行、佐藤一斎門下生）に至り新論を見る。篇名、国体上中下、形勢、虜情、守禦、長計、五論七篇なり。終りに文政乙酉（八年）とある。

とあって平戸で「新論」を見ている（「西遊日記」『全集』第十巻、五八・五九頁）。

さらに、嘉永四年六月二日兄梅太郎宛書簡には「新論は之あり候へども、未だ手に入り申さず候。官許之なき書故、書肆へは顕はれ申さず候。」（『全集』第八巻、三六頁）とあってかなり新論に注目していたことがわかる。

補

新論が志士たちに注目されていた例として以下のように久留米藩木村三郎および真木和泉守を挙げること

ができる。

余（木村）曾て諸州に遊び、水戸にて会沢翁に親炙し、翁の著す所の国体論を読みて、大いに感奮する所あり、携へ帰りて保臣に示すに、保臣一読三歎、奮然として、直に水戸に遊びて翁の門に入る（弘化元年〈一八四四〉）。（『幕末と維新の風雲』一一六頁、真木和泉の「遺稿」に木村三郎士遠が書した跋文）

二　同行の士江帾《えど》五郎と宮部鼎蔵《ていぞう》

二人の人物について、松陰が残した記録から紹介しておく。（以下傍線筆者）

1　江帾五郎

①「東征稿」

安芸五蔵は南部藩士江帾《えど》五郎の仮称である。国難にあって姓名を変えているが、那珂通辰の子孫でもあり五郎通高とも称した。十八歳で頼山陽門下であった大和の儒者森田節斎に数年師事し、後に安芸の藩儒阪井虎山に入門する。遅れて長州藩士土谷弥之助も入門した。ある日、知人の大坂人が書面で南部藩の変事を通報してきた。則ち、南部藩の田鎖左膳が先侯を廃して今侯を立てる。五蔵の兄春庵がこれに反対して獄に下りその後に獄死す。連座する者十余人。五蔵は大和の師節斎に謀り、江戸へ出府して知人である安房の鳥山新三郎の世話で桶町河岸に住した。五蔵は身を隠し、交流は出羽の人村上寛斎のみ。そこへ土谷弥之助が出府して五蔵と再会、弥之助により長州藩士・松陰門下の来原良蔵・中村百合蔵・井上壮太郎らが五蔵の知己となる。松陰に同行していた肥後藩士宮部鼎蔵は嘉永三年（一八五〇）以来の松陰の知己。共々に江戸での会友となる。松陰・宮部共に常陸・奥羽への遊学を予定す。五蔵も（兄春庵の復讐のため）東行の志在り。五蔵の発議した十二月十五日は赤穂義士が志を遂げし日なり、請う、この日を以て同じく発しては如何と。両人曰く「諾」と。松陰独り先に出立し、水府永井政介宅に住し、二子を待つ。宮部・安芸は二十四日到着、松陰は欣然として迎え、同宿す。（要約）（『全集』第十巻、三二一〜三二八頁）

②

嘉永四年十月二十三日付叔父玉木文之進宛

十二月十五日頃奥羽行出足の約定仕り居り、宮部鼎蔵同道、常州迄は安芸五蔵（江幡五郎の変名；後の那珂通高、兄の復仇のためこの行に同行。南部盛岡の人）も同道に御座候。五蔵が家主鳥山新三郎又本藩来原良蔵等常に相会す。皆慷慨気節の奇男子なり。五蔵文を能くす。……（鳥山）新三郎なるもの篤実人なり。

初め五蔵の水府に在りしとき、江戸村に其の同族斎藤権兵衛なる者ありと聞き、其の家を往訪し、請うて其の系譜を写す。白河に至り、一書を作りて之に附し、以て姪文《ふみ》・虎《とら》に与へ、且つ之を戒むるに、恨みを本藩に含むなからんことを以てせり（白河で五蔵と分かれる）。（『全集』第八巻、九八頁）

補　江帾五郎は那珂五郎通高、字は堅弥、梧楼と号し、晩年は蘇隠と称した。出羽大館藩の藩医道俊の次男。江戸村は水戸藩、上・中・下三村であったが後に下江戸村一村となる。那珂氏は南北朝の戦いで敗れた後、佐竹氏に従い佐竹の支城小場氏の家臣となった者もいる。小場氏は後に筑波山麓の小田に移り、佐竹本家が秋田移封となった際に同行し、やがて大館城代になっている。「大館藩医道俊」とは小場氏家臣の江戸氏であろうか。

　また、那珂氏は江戸郷を得て江戸氏と改称したが、下江戸に在住した一族は幕府が「江戸」にあるところからこれを避けて「斎藤」の姓を称したと思われる。これは、那珂氏が元は藤原秀郷から出ていることから「藤」を用いて斎藤を名乗ったと思われる。ただし、那珂氏に戻ることはなぜ避けたのかは不詳である。

　江帾五郎は、文政中父が南部藩に仕えるに伴い盛岡に移る。後、藩主の近習に挙げられたが志すところ在って出奔し、江戸に出て安積艮斎・東条一堂に師事し、更に大和の森田節斎に学び、遂に広島の坂井虎山の塾に入りその塾長となる。嘉永二年（一八四九）、南部藩で藩主廃立の内紛があり、この時兄春庵は姦臣田鎖左膳に反対して投獄せられ、その九月に獄死す。五郎は復仇の計画を立て、嘉永四年江戸に下り、ここで吉田松陰・宮部鼎蔵と知り合い、常陸・東北に赴き、石巻に隠れて敵情を偵察するも事は成らず、そのうちに仇は病死せり。安政六年（一八五九）六十石を給せられ、万延元年（一八六〇）以降は盛岡藩校作人館教授となる。博学多識をもって知られる。戊辰戦争に盛岡藩を代表して仙台藩との折衝に当たったため、維新政府から戦犯と目され、数年の幽閉生活を送った。明治四年（一八七一）赦されて以来東京で私塾を営み、やがて大蔵省、文部省に勤め、小学校用教科書、『古事類苑』の編纂にも参画した。明治十二年（一八七九）五月一日死去、五十三歳。

　東洋史学者那珂通世は盛岡藩士藤村源蔵政徳の三子で、三歳から作人館で学び、その俊才を認められて通高の養子となり成人して那珂通世を名乗った。（『国史大辞典』・『全集』第十二巻「人物略傳」・『那珂町史』中世　近世編）

　また、江帾五郎は那珂通辰の後裔であるという。常陸中世期に那珂氏は江戸氏に姓が変わっている。五郎通高の「江帾」は通高が初めてであるか、または先祖のいつから名乗っていたかが明らかではない。（通高が初めてであるとすると、盛岡出奔のため「江帾」としたのか？盛岡へ戻ってからは、先祖の「那珂」に戻したのか未だ不詳である。）

2　宮部鼎蔵

①

未焚稿《みふんこう》「中村道太に復す」　嘉永四年六月下旬

東肥の人宮部鼎蔵は毅然たる武士なり。僕常に以て及ばずと為し、毎々往来して資益あるを覚ゆ。

（『全集』第二巻、一二五頁）

②

嘉永四年六月二十二日　兄梅太郎宛

今日午後浦賀行より帰着、宮部鼎蔵同道にて道中益多く愉快に存じ候。過ぐる十三日出足、今日まで十日かかり申し候。（『全集』第八巻、四二頁）

③

講孟箚記（「尽心上篇」第四十四章）　安政二年八月末頃

「忠臣を求むるは孝子の門に於いてする」を主とする課題。ここで云う。

吾が友宮部鼎蔵、国を憂ひ君に忠し、又善く朋友と交はり信あり。其の人懇篤にして剛毅と云ふべき人なり。余素より其の人を異とす。後、果してその藩にて孝行の名ありて官府より称揚せられたり。その文に云はく、「其の方儀祖母父母存世中事へ方宜しく、別けて祖母並びに母病中、介護手厚く、死後追孝も懇ろに之れある様子、委しく尊聴に達し、尤もの儀と思召し上げられ候、此の段申し聞かすべき旨、之れを仰出さる」と。余是に於て撃節して云はく、鼎蔵唯だ懇篤剛毅の性、君には忠、友には信、而して親に事へて孝たり。然らば則ち忠孝信義果たして二心なきなり。豈に嘉称せざるべけんや。（『全集』第三巻、四三八頁）

④**未焚稿「家兄（梅太郎）に与ふる書」　嘉永四年正月十一日**

（自分が兄に望む所は詩文ではない。今日の急務は）民に稼穡《かしょく》を教へ、以て農勧み民富むことを致すの学に如くはなし。（嘗て西欧の書を見るに学校にて民の子弟に産業を治め耕稼を務めることを教えていることに出会った。民を仁し物を愛す、富国強兵というが「農を勧めなければ富強何を以て為すか、民が富まなければ仁愛は何処にありや」）この頃熊藩の人（宮部鼎蔵）と交はり、その農事を論ずるを観るに、大いに及ぶべからざるものあり。因つて是の説を作りて長兄に望む。（『全集』第二巻、一〇九・一一〇頁）

⑤**西村文則『会沢伯民』（二六二頁）「吉田松陰と水戸学及伯民」**

肥後の宮部鼎蔵は、松陰の同志である。「東肥人の心懸可ㇾ仰可ㇾ畏候。宮部などの事毎度敬服仕候」、とか「宮部は大議論者にて、好敵手に御座候」とか、松陰が家兄へ手紙に書いた通り、松陰は宮部を頼母しく思った。之より先松陰は、嘉永二年、長崎行きの途中、熊本に宮部を訪ね大に肝胆照らしたと共に、東遊の志頻に動く宮部と水戸行きを約した。

其の処で宮部は、常に師事する横井小楠から、藤田東湖への紹介状を貰った。（同藩宮部鼎蔵が此の度遊歴して貴地へ行くが、宮部は水戸藩を嚮慕する者故、万端指導戴きたい。）

3　肝付兼武の影響（嘉永四年十二月九日山田宇右衛門宛）

山田宇右衛門は松陰の叔父吉田大助の高弟で松陰の後見人として輔導に専念し、松陰もまた山田の人物識見に敬服し、終生その上に駕出することはなかった。その宇右衛門に対して「薩摩藩兵学者肝付七之丞兼武と交はる。肝付好んで辺事を論ず。向《さき》に（嘉永三年）松前・佐渡地方を跋渉し、形勢の梗概を悉《つく》す。その譚聞くべきものあり。」と書き送っている。

肝付は、豊田天功から外国船の日本列島周辺を横行する現状と蝦夷地守衛対策の緊急性を聞き取っている。これを聞いた松陰が危機感を持ち、「外夷の姦計・咄々たる怪事、牀を剥きて日に迫る。俗吏迂儒は與《とも》に論ずるに足らず。兵道に志ある者は其れ漠然として軫念せざるべけんや。」と覚悟を新たにしている。ここからは、松陰が東北遊を企図したであろうこと、豊田天功にも会いたいとの思いも抱いたであろうことを推察することができる。（『全集』第八巻、一一二頁）

三　斎藤弥九郎・新太郎父子と永井政介・芳之助父子

1　斎藤弥九郎

①『国史大辞典』

斎藤弥九郎は寛政十年（一七九八）、越中射水郡仏性寺村（氷見市）に生まれ、諱は善導、篤信斎と号した。十五歳で単身江戸に出て幕臣能勢祐之丞に仕え、岡田十松に就き神道無念流剣術を学び、門人江川英龍・藤田東湖らと交流し、十松歿後は江川の援助もあって道場練兵館を開いた。天保六年（一八三五）江川が伊豆韮山代官職となると請われてその手代を務めた。

長子新太郎は文政十一年（一八二八）の生まれ。父弥九郎に就いて剣術を学び、弘化三年（一八四六）十九歳で諸国剣術修業に出て実力を磨いた。特に嘉永二年（一八四九）、萩の明倫館では最も賞讃を得、藩士の指導を依頼されて約一年間その任に当たり、その後更に招かれて数年間その任に当たり、長州藩との密接な関係を作った。

②**『講孟劄記』（「滕文公上篇」第三章）安政三年（一八五六）八月中旬**

三年の喪行れざること蓋し亦久し。……礼法の頽廃是に至、実に歎息に余りあること也。然れば後世士君子、外習俗に従ひ、内心制を持するあるのみ。近世儒先往々是を行ふ、実に欽仰《きんぎょう》すべきこと也。吾が知る所江戸の人、斎藤弥九郎の如き、母を喪してより三年、未だ嘗て酒肉を御せず。余深く其操持に服す。蓋し其師水府藤田氏の教えを奉ずるなり。（『全集』第三巻、一二四頁）

2　斎藤新太郎

①**未焚稿「剣客斎藤新太郎に与ふる書」嘉永四年（一八五一）四月以降**

（松陰自身、士籍に列しながら鈍才・質弱、読書のみにて武門未熟、職務を怠たること二十二年）然れども

「志気ある者を得て以て議論する所あらんと欲す」

文人・儒士＝委靡柔懦にして文華に趨りて実論なし

武人　　＝学無く識なし

嗚呼、芸何ぞ尚ぶに足らんや。昇平の久しき、風習日に汚下なり。苟も志気ある者興りて之を振発するに非ずんば、即ち江河滔々、何の底止する所ぞや。而も僕の鈍弱又敢へて能くこれを為さんや。……僕幼にして学に従事シ、而かも天下の人をして其の風習を振発せしむるに足らず。徒だ一文人一武夫の際《きわ》を出づる能はざるは、則ち僕亦誓つて為さじ。

足下乃ち僕を以て荒職棄業の人と為すか。向《さき》に足下の弊邑に来るや、剣鋒前なく、声名籍甚なり。而れども僕時に意《おも》へらく。特だ粗鄙《そひ》の人のみと。既にして聞く、足下又詞章に工なる者なりと。僕又意へらく、特だ文華なるのみと。遂に敢へて一見せず。江戸に来るに及び、則ち藩人の足下に従ひて剣を学ぶ者あり。皆足下の武にして粗ならず、華にして実あり、毅然として志気あるの士なるを云ふ。僕聞きて蹶然《けつぜん》として起ちて曰く「是れ豈に僕の所謂其の人か」と。乃ち殆ど悔恥し、急に相見て席を進め臂を交へ、必ず議論する所あらんと欲す。敢へて書を以てこれに先んず。某再拝。（『全集』第二巻、一四〇頁）

② **「父叔兄宛」　新潟より　嘉永五年閏二月十五日**（傍線筆者）

水府自葬祭式一冊写し井上壮太郎迄送り置き候間、追々相達すべく候間、祭式抔御見合せ端にもなるべくやと存じ奉り候。

斎藤新太郎御国へも参り候や。追々同人へは懇意に仕り候。既に此の遊歴水戸にて永井政介・阿久津彦五郎、白河三田大六・会津の井深某・新潟の日野三九郎等皆新太郎の添書なり。

（『全集』第八巻、一二六頁）

③「斎藤新太郎宛」　嘉永五年九月四日

九月四日、吉田矩方再拝して斎藤新太郎足下に白《もう》す。三千里を遠しとせずして僻陋の境に来り、循々として人を誨《おし》へ、倦まず難しとせず、孔席煖かならず、墨突黔《くろ》まずと雖も、其の意何を以て異らんや。感謝感謝。僕帰国して百余日なり。客冬逋亡《ほぼう》せるの故を以て屏居して罪を待ち、敢へて人と問聞を通ぜず。但だ千古を尚友し、万国を黄巻縹帙の間に歴覧するのみ。昨、忽ち井上壮太郎の書を得、発《ひら》きて之を視れば則ち賜ふ所の高作一章なり。反復吟味するに、懇乎として其の狂を愛するが如く、懃乎として其の情を厲《はげ》ますが如し。

ここに於て赧然《たんぜん》愧羞《きしゅう》して曰く「甚しいかな、我れの吾が新太氏に負《そむ》くや」と。僕江戸に在りて数々足下の下交を辱くす。而して其の東北に遊ぶや、亦辱くも所在の名士を卜して書を附し之を託さる。二者未だ謝せずして又辱くも高章を賜はる。噫、僕何を以て之に謝せん。江戸に在りしことは暫くこれを舎《お》く。請ふ、概ね東北の遊を挙げて以て之を謝せん。

（『全集』第八巻、一三七・一三八頁）

④　永井政介宅

『幕末と維新の風雲』には、永井家は水戸吉田にあったとある（三五六〜三五七頁）が、松陰が逗留した当時は仲町であった（写真、永井家跡には松陰の詠んだ歌碑が建っている）。また、永井政介の家は剣客、江戸で斎藤弥九郎の門下生、弥九郎の子新太郎は長州萩へ。松陰は萩で逢わず、江戸に出て新太郎に師事。新太郎から永井家への紹介状を得ると紹介してある。

『東湖先生之半面』の母堂宛書翰（一八〇頁）には「一寸申上候、御きけん能恐悦、扨は永井にては重々の凶事……昨七日、建二郎、小四郎同道にて仲町へ遣し、しょう香にても為レ致可レ申と云々」とある。これは、東湖が仲町の永井家へ焼香に子供の建二郎・小四郎を遣わそうとしていたことを示すものである。仲町の永井家へは東湖の叔母に当たる父幽谷の妹が永井布道に嫁していた。その布道が嘉永二年（一八四九）五月二十七日に歿し、翌三年に妻が死去している。「重々の凶事」とはこの事をさしている。永井政介・芳之介父子は東湖にとっては従兄弟と又従兄弟に当たる。（永井芳之助道正は彰考館に出仕し、後に与力となる。元治元年の乱には湊郷校敬業館の取締りであったことから天狗派に属し、同校の有志隊の総裁となって鹿島方面を奔走中捕えられ、古河藩刑場・会ノ原で処刑された。墓碑は常磐共有墓地にある。写真）

永井芳之助の墓
（水戸市常磐共有墓地内）

永井政介宅跡（水戸市仲町）

3　水戸に勤王会あり

水戸藩の有志と他藩からの遊学者、（彼等は）勤王烈士の遺墨等を持ち寄って互いに尊王主義を研究した。天保の頃、杉山復堂（千太郎）等勤王家の書画及び雑器を齎して集合し、各々其の志を述ぶ。西野松宇（後ち西宮）は中山亞相公真翰、和歌懐紙一枚を以てす。其他高山正之、蒲生秀実などの遺器、書幅尤も多し。参集人は会沢安、藤田彪、豊田亮、吉成信貞等にして、他藩人は大久保要（土浦老臣）、加藤有隣（笠間）、村上守太郎（久留米）等なり。相良芳太郎（桜任蔵）齎し来るものは笏（高山彦九郎所用）なりき。この会を号して勤王会と云ひしとぞ云々（松宇筆記）。（『幕末と維新の風雲』一二一頁）

松陰が水戸を目指し、それが実現した背景には以上の事柄があった。

補　この頃の関係者の年齢は、松陰二十三歳、会沢七十一歳、豊田天功四十六歳、永井政介四十代、芳之助十九歳、斎藤弥九郎五十三歳、同新太郎二十三歳。

四　水戸訪問

吉田松陰の水戸到着は嘉永四年（一八五一）十二月十九日、宮部鼎蔵、江帾五郎が到着したのは二十四日であった。三名は水戸藩の有志と積極的に交流したようである。

水府の諸士、吾ら三人のここに在るを聞き、稍々来話し、夜々劇談して往々鶏鳴に至るを常と為す。ここを以て延留すること、二十四日より明年正月二十日に至る。凡そ二十七日なりき。（前掲「東征稿」）

1　「東北遊日記」から（嘉永四年暮れから嘉永五年正月）（傍線筆者）

嘉永四年（一八五一）十二月

二十一日　会沢憩斎を訪ふ。

二十三日　会沢憩斎を訪ふ。会沢宅にて青山量太郎を見る。量太郎は延于の子にて本天狗党たり。聞く、近ごろは姦党に駆使せられて史局に出入すと。意ふに所謂菎蒻《こんにやく》党《とう》なる者ならん。因つて爾後は復た相見ざるなり（厳しい評価である）。

二十五日　午後宮部・安芸と会沢を訪ふ。

二十六日　豊田彦二郎（天功）を訪ふ。病を以て逢はず。好文亭を観る、偕楽園は即ち是れなり。

二十九日　舟にて那珂川を済る。是れを青柳の渡しと為す。常福寺（向山浄鑑院、義公光圀が武田信吉の菩提を弔うために建立した寺で、水戸藩主の位牌所となった。歴代藩主は水戸に帰国して瑞龍山の墓所を拝する折には必ず参詣した）に過り、額田を経て大田駅に宿す。駅を出でて十丁ばかり、瑞龍山に登る。是れ列公の墳墓在る所なり。

嘉永五年（一八五二）

正月四日　宮部鼎蔵、江幡五郎と永井芳之助らと銚子へ向かふ。

古奈地（子生：恵比寿屋）にて詩を賦す。

足跡天下に遍く　　肩上一嚢軽し
書画数十葉　　詩文幾百章
郡国の形勢を詳かにし　　忠孝の心腸を写す
以て膺懲《ようちょう》に資すべく　　以て綱常を維《つな》ぐべし
男児平生の志　　蓬桑四方に報ず
誰れか知る汗漫の遊　　家国豈に暫くも忘れんや　　（原漢文）

一月十二日　午後、豊田彦二郎（天功）を訪ふ。彦二郎は学問該博、議論痛快、人をして憮然たらしむ。其の嘗て史局に在るや、独力以て神祇・氏族・兵制の諸志を作り、其の外の紀伝は則ち諸子に分ち任ず。著はす所に靖海全策・世書・明書あり。或は成り、或は未だ成らず。率ね皆巻帙浩瀚なりと云ふ。

十三日　会沢及び山国喜八郎を訪ふ、兵家なり。共に在らず。桑原幾太郎（信毅）を訪ふ。亦兵家なり。

【参考】　桑原幾太郎について

（ア）『講孟剳記』（「告子下篇」第十一章）

吾曾て水府に遊び、桑原幾太郎を訪ふ。桑原余が為に云ふ。諸藩の士を観るに、大抵東奥へ夷船の見えたるは、筑紫には思へず、北陸へ夷人の来りたる、南海には憂えざる者多し。何ぞ自ら小にし自ら私するの甚しきや。凡そ神州に生まれたる者は、切に此念を除去し、共に神州を憂ひ、四海同胞の如くあり度ことなり。況や夷虜の害、独り東のみにして西は関らず、独り北のみにして南は関らざるに非ず。一旦事変起らば東西を分つことなく、又南北を限ることなし。神州一同の大患なり。思はざるべけんやと。余乃起て謝す。（『全集』第三巻、三五六頁）

（イ）『三百藩人名辞典』

名は信毅、字は毅卿、号は照顔、幾多郎は通称、後に治兵衛。文政三年（一八二〇）勤学により白銀を賜う。同五年小十人組、同六年江戸詰。斉昭擁立に奔走、天保二年（一八三一）矢倉奉行、同四年順姫（一条左大臣治孝夫人）附格式馬廻列、同六年鄰姫（斉昭女、鷹司大納言政通夫人）に付いて上京。山稜調査して「畝傍山東北考」を著す。大番組、軍用懸、松岡（東郡）郡奉行、弘化元年（一八四四）、幕府の斉昭処罰に伴い逼塞、嘉永二年（一八四九）復帰し小普請組。同六年軍用懸。安政三年（一八五六）江戸詰・幕府軍制改革御用懸。

補　藤田東湖「送桑原毅卿之京師序」：天保四年十月あり。（『東湖全集』「東湖遺稿」巻之二、二四三～二四五頁）

2　水府の風（以下「東北遊日記」傍線筆者）

（正月）十四日　会沢を訪ふ。（中略）憩斎今年七十一、矍鑠《かくしやく》たるかな此の翁や。（向《さき》に会沢翁、僕の為に其の一聯を挙げて曰く、「一室五洲の謀、百年千歳の憂」と。翁七十一、其の豪なること此の如し。大丈夫、身、皇国に生れて、已に皇国の皇国たる所以を知らば、則ち皇国に報ゆる所以、正に此に在り。（『全集』第七巻「来原良蔵に復する書」三五九頁、嘉永五年六・七月頃）

十六日　豊田を訪ふ。酒を設けて歓語す。

十七日　会沢を訪ふ。会沢を訪ふこと数次なるに率ね酒を設く。水府の風、他邦の人に接するに款待甚だ渥く、歓然として欣びを交へ、心胸を吐露して隠匿する所なし。会々談論の聴くべきものあれば、必ず筆を把りて之を記す。是れ其の天下の事に通じ、天下の力を得る所以か。

二十二日　（磯原野口家に留宿して）夜、詩を作

会沢正志斎
（西村文則著『会沢正志斎』より転載）

る。曰く、

海楼酒を把って長風に対し、　顔紅に耳熱く酔眠濃かなり。
忽ち見る万里雲濤の外　巨鼈《きょべつ》海を蔽うて艨艟来る
我れ吾が軍を提げ来りてここに陣し　貔貅《ひきゅう》百万髪上り衝く
夢断え酒解け燈も亦滅し　濤声枕を撼し夜鼕々《とうとう》

① 率ね酒を設く

義公壁書（後掲七を参照）では特に「酒を敵の一つ」としている。義公壁書を尊重した吉田松陰と酒との関係は如何であろうか。それについて、松宮丹畝が明治四十一年（一九〇八）九月、松陰の妹千代子（七十七歳）を訪問して得た次のような談話がある。ここから、酒も飲まず、タバコも吸わず、謹厳実直で読書に専念していた松陰の様子が浮かんでくる。

松陰は幼少の頃より「遊び」ということをまるで知らなかったと同じようである。兄の梅太郎とは二才違い、妹千代子も二才違いであった。此の三人は実に睦まじい中であった。

松陰は別に酒を飲まず、タバコも喫わず、至って謹厳実直であり、読書以外にこれと云った嗜好を持たなかったようである。松下村塾を主催していた頃のこと、門下生にタバコを吸っていた者を警め、煙管を持っている者は悉くこれを自分の前に出さしめ、松陰はさらに是を紙縒《こより》にて結びつなぎ、天井より垂下し置けり。酒は素より口にせざりしゆえ、甘き物・餅などを好んだ傾向には在ったかも知れないが、さしてこれが嗜好なりとは云うほどでなかった。常に大食することを自ら戒めていた。そのために、松陰が胃を害し腸を痛めるなどのことはなかった。三十年の生涯は短しと云えば短かったかも知れないが、悔いなしであったと思う。（『全集』第十二巻、一五六頁「関係雑纂」）

それでは、前掲日記に記されたように「数次なるに率ね酒を設く」とある。水戸の碩学会沢正志斎や豊田天功を訪問した際にはいつも酒をもって歓待されている。この際、果たして松陰は酒を口にしなかったのであろうか。勧められるままに盃を重ねのであろうか。また磯原では、酒を呑み酔い太平洋の荒波の寄せる音を夷狄の来襲に擬し、これに備える気概を持った夢を見たという。「顔紅に耳熱く酔眠濃かなり」とあって多少かも知れないが飲酒があったと思われる。また、「回顧録」嘉永六年（一八五三）五月八日には（横浜の佐久間象山宅）「午時まで象山営にて酒を酌み談話す」とある。（『全集』第十巻、四二六頁）

また、安政六年（一八五九）九月二十二日付け堀江克之助宛書翰に「九月末の二日に工（堀江）より御酒賜りけるに、己れ下戸にて頬のいと赤くなりて人々に笑われ、吾が頬は桜色にぞなりにけり春来にけれと人や見るらん、酔字甚だいかがし」とある。（『全集』第九巻、四五三頁）

これらの記録は、松陰が「下戸」ではあったが全く飲酒をしない訳ではなかったことを示しているといえるのではないか。

②　必ず筆を把りて之を記す。……天下の力を得る所以か

（ア）「関係雑纂」明治三十年天野御民

一　先生毎に門人に諭して曰く、「書を読む物は其の精力の半ばを筆記に費すべし」と。故に先生は詩文稿の外抄録積みて数十冊に及べり。其の指の筆の当たる所固くして石の如し。諺に云ふ「タコ」が出来居れり。

一　先生諸生に諭して曰く、「書を読みて己が感ずる所は抄録して置くべし。今年の抄は明年の愚となり、明年の録は明後年の拙を覚ゆべし。是れ智識の上達する徴しなり。且つ抄録は詩文を造るに、古事類例比喩を索引するに甚だ便利なり」と。之れに由りて門生皆先生に倣ひ、読書の際所感あれば紙を裂きて唾を以て本の上欄に貼附し、一冊を読み了る毎に別冊に抄録するを常と為せり。

一　先生最も婦人教育に熱心し、常に其の良書なきを憂ふ。時に先生の外叔父久保翁隠居して詩書筆札を以て邑中の子弟を教授す。先生乃ち門人富永有隣をして曹大家の女誡七篇を訳述せしめ、之れを翁に致して子女に授けしむ。（『全集』第十二巻、一九六頁）

（イ）　佐賀藩士永山徳夫「庚子（天保十一年）遊草」（参考：「有用なるもの筆記す」）

一　額田の浄（常）福寺は頗る宏壮、所謂菩提所なる者、禄俸寡しとなさず。而して葬祭の事一切なし。寺僧私に牌を建て誦経す。三年七年等の忌ごとに、法会を修し供養をなす。官人を使はし拝するのみ。

一　学者は本邦の史籍を考覈し、紀事の文を善す。席上応酬の詩賦の如きは、背かす之を為す。多く著述を為すを好む者、小宮山楓軒の垂統大記の如き、其の書百巻を下らず。余輩の席上の説話の如き、苟も有用に属する者、衆皆筆を抽りて記す。用意の篤きこと此の如し。（久野勝弥編『他藩士の見た水戸』錦正社）

五　吉田松陰と永井政介・芳之助父子

「東北遊日記」（嘉永五年正月）

十九日　将に明旦を以て発せんとし、会沢・豊田・桑原に至りて別れを告ぐ。（永井）芳之助詩三首を書して吾が三人に贈る。宮部・那珂、皆詩あり。余も亦賦して芳之助に与ふ。云はく。

四海皆兄弟《けいてい》　天涯《てんがい》比隣《ひりん》の如し

吾れ山陽の陬《はて》に生まれ　来つて東海の浜に遊ぶ

長刀快馬三千里　路を迂《ま》げて水城に先ず君を訪ふ。
一見天を指して肝胆を吐き　交際何ぞ論ぜん旧と新とを
席を分かつこと三旬にして吾は去る　眦《まなじり》を決すれば奥羽万重《ばんじゅう》の雲
浩然の気は天地に塞《ふさ》がり　東西何ぞ嘗て彊畛《きょうしん》あらん
一張一弛あるは国の常　之を弛《ゆる》め之を張るは其の人に在り
濬菴の封事《ほうじ》金虜を愕《おど》ろかし　武侯（諸葛武公孔明）の上表鬼神を泣かしむ
大義今に至つて猶ほ赫々たり　丈夫敢へて事前の塵を望まんや
見る君年少にして気義を尚び、　白日剣を学び夜文を誦するを
斗筲《としょう》の小人《しょうじん》何ぞ数ふるに足らん　負《そむ》くなかれ堂々たる七尺の身に
吾れ亦外事孩提《がいてい》より斯の志を抱き　韜略《とうりゃく》をもつて国恩に報いんと欲す
聚散離合《しゅうさんりごう》は意とする所に非ず　誓つて功名を将つて遥かに相聞せん（原漢文）

二十三日（磯原）野口家を出て台場に登る。架砲なし。大津を過ぐ、人家稠密なり。二十八年前暎夷の船ここに来り、脚船二隻を卸し夷人十数人陸に登りて数日去らざりき。初め何れの夷たるかを知らず、会沢憩斎筆談役となり、地図を按じて之を詰り、其の暎夷たるを知る。時に永井政助豆（州）の韮山に在り。変を聞き走り返って藤田幽谷（政介の叔父）の所に至る。幽谷、政助に夷人を惨殺せんことを命ず。会々夷船颺去り事遂に果さざりき（大津浜事件）。蓋し、幽谷の意は鼂錯《ちょうそ》七国を削る

の策（領土侵略への対抗）にして、これを政助に命ぜしなり。而るに機を失ひて遂げず、識者これを惜しむ。

【参考】

①「水府系纂」（永井廣徳〈政助〉、父は丹長十郎布道で郡方勤、文庫役上座、弘道館句読師、松岡郡方勤などを歴任。嘉永二年五月二十七日歿。七十九歳。母は藤田次郎左衛門一正幽谷の妹で妻は土岐氏）長子政助は天保十二年（一八四一）に南郡方勤雇となり、弘化二年に雇を免ぜられ、父布道預けとなる。嘉永二年十一月解かれて小普請組となる。安政三年三月格式文庫役、矢倉方勤となる。政助の長子道正（芳之助、母は土岐氏の女）は安政四年史館雇となり、万延元年（一八六〇）四月これを免ぜらる。元治甲子（一八六四）の変で宍戸藩主松平頼徳の軍に属し、捕縛されて古河藩預けとなり慶応元年（一八六五）十月十六日刑死す（三十三歳）。（「水府系纂」八十六）

大津浜

永井政介が韮山に在ったのは、江川太郎左衛門と交流していたものと思われる。両者とも剣術士岡田十松の門下生であったことが交流に繋がっている。文政七年の段階では、太郎左衛門は未だ砲術の検査に届かなかった。水戸藩として、永井政介を武術見習いに派遣するまでに至っていない。友人として交流していたか、また既に砲術などに及んでいたかは今後の検討課題に留めておく。

② 永井芳之助宛　嘉永六年七月二十三日(カ)

肥藩宮部の知心の友末松孫太郎・国友半右衛門、頃ろ将に尊藩に至らんとす。国友は文を好み、而して末松は武を修む、皆有志の士なり。僕二子とまじわること宮部に異るなし。足下素より宮部を知る、而して未だ二子を知らず。願はくは相與に文を論じ武を較べ、以て二子の志を察せよ。則ち特《ひと》り宮部の願のみならず、実に僕の願なり。宮部書なし、蓋し二子の発軔《はつじん》事急なるに由るなり、以て念と為すなかれ。

矩方　再拝　順正雅兄　（『全集』第八巻、一八四頁）

③ 嘉永六年七月二十三日付永井芳之助宛（嘉永六年〈一八五三〉六月四日ペリー浦賀に来航）

○ 歳月匆《そう》々青柳渡頭の涙も亦已に一年半に相成り申し候。僕昨年五月十二日を以て国に帰り、爾後屏居して客朧月亡命の罪を待ち、四方の故人と音信を絶し、與に晤言する所の者は但だ千古万国の人のみ。然れども書を読み志を養ふも亦一益なきに非ず。……今年五月二十四日江戸に達す。事甚だ迂闊に渉る様なれども方今の急務専ら洋学を修め罷り居り候。……

○　浦賀の事咄々たる怪事、如何如何。定めて奇策妙論、老兄に於ては胸中鬱勃たらん。……先ず指し当たり天下の人心の離れざる工夫……

○　尊藩の正気重ねて振ひ候由……伊勢に至り足代権大夫を訪ひ、初めて其の詳を聞き、抃躍《べんやく》に勝へず候処、今般に至り賀すべき事言ふ所を知らず。方今天下此の大快事なかりせば、何を以てか固く人心を結ばんや……。

（斉昭の藩政参与は嘉永二年三月、会沢正志斎らの赦免は嘉永二年十一月、嘉永五年二月十五日戸田忠敞赦免、同月閏二月十五日東湖赦免、斉昭の幕政海防参与は嘉永六年七月三日、東湖は同年七月二十日藩政海防防禦御用掛）

○　僕江戸に在り、水戸を去ること近きのみ。然れども余り天下跋渉に日を送り候てもと存じ候。心は矢丈にはやり候へども、未だ尊藩に至を得ず、至憾至憾。

○　戸田・藤田・山国三先生御出府の由、之を承り候へども、一書生突然罷り出るもと差控へ居り候。老兄の朋友、何がし君なりとも御在府遊学の人も在らせられ候や、小瀬君は如何、根本君も亦如何。

（江戸、鳥山新三郎家に寓す）

長井芳之助《ママ》様　御案下

言ふべき事山の如く海の如くなれども先づは後鴻と申し残し候。……兄詩賦を好む、二三長篇を寄示せば幸甚なり。一昨冬昨春の事、時々胸中に往来す、中にも鹿島海浜・刀根舟中忘れ難し、忘れ

難し。（『全集』第八巻、一八五〜一八八頁）

六　水戸での感激

1　交友の人は皆奇士

水戸で会った永井政介・芳之助父子、会沢正志斎憩斎、豊田彦次郎天功、桑原幾太郎信毅はじめ多くの人々の評を残している。代表的なところをあげておく。（以下、傍線筆者）

①「斎藤新太郎宛」嘉永五年（一八五二）九月四日

僕、刀水を渡り、筑山を越えて水府に至り、先づ永井政介を訪ふ。政介父子は皆奇士、因て遍く会沢・豊田・桑原の諸士を見るを得たり。志同じうして才各々長ずる所あり、道通じて学各々造《いた》る所あり。明主士を造るの盛と奸人賢を蔽《おお》ふの甚だしきとを思ひ、之が為めに感憤し、真に涙も堕つる能はざるの嘆あり、而して其の沈滞坎軻《かんか》にして益々其の志を養ひ、益々其の才を老するを見、又其の得る所更に多かりしを喜ぶ。遊を為すの快、是れ最と為す。手綱にては則ち阿久津彦五郎、全くは雅ならずと雖も亦全くは俗ならず、且つ交遊を喜ぶの意あり。勿越関を越へて白河の三田大六を訪ふ。大六は魯鈍なるのみ、然らずんば吾れの人を知らざるか。……日たる一百二十、程たる四百五十（里）、而して背に一領の甲を負ひ、腰に三尺の剣を横はふ。僕の遊、是くの如きのみ。足下の遊の如き能はずと雖も、雪や浪や沙や野や亦以て気胆を張り才識を長ずるに足れり。然れども足下の附書あるに非ざれば、安んぞ能く是くの如くならんや。抑も快の最も忘るる能はずと為すものは独り水府の諸士のみ。而して政介の子芳之介は僕と年歯相如《ねんしあいし》き、而も士気精鋭甚だ畏るべし。常に僕に勧むるに撃剣を以てし、且つ屢々足下の名を挙げて之れを称す。足下帰都の日、若し芳（之）介往いて従はば、幸《ねが》願《は》くは僕の快と為し言はんと欲する所のものを語《つ》げられよ。尚ほ他事意を尽す能はざるも、且《しばら》く留めて後日に在り。時維れ秋冷、境異れば則ち水土従つて異り、万意に適せざらん。伏して惟ふ、眠食自愛せられよ。

　　　　辱知生　吉田大次郎矩方再拝

（原漢文）（『全集』第八巻、一三七頁）

②　「兄杉梅太郎宛」　嘉永五年正月十八日

水戸にて逢ひ候人は皆さるものなり。永井政介・会沢憩斎、豊田彦二郎・桑原幾太郎・宮本庄一郎。藤田虎之助・戸田銀二郎は未だ禁錮中にて得逢ひ申さず候。会沢の書二葉さし送り候間、篤好の人の手に落し付け度く存じ候。（中略）水府の遊歴は大分益を得候様覚え申し候。是より先き奥羽地いかが之れあるべくやと存じ候。（『全集』第八巻、一二〇頁）

③　断簡「谷三山と筆談」嘉永六年四・五月頃の後に記載

（谷三山について「父叔兄宛」に森田節斎の言として三山を紹介している。「谷三山は天下の奇人と謂ふべし。大和郡山高取藩士、耳に聾にして而も心に聡《さと》く、博洽比なし。敢へて軽々しく人に許さず。」「吾が大和に谷子正なる者あり、聾にして而も能く書を読み、経伝百家通ぜざる所なし」と。（『全集』第八巻、一五七頁）

この筆談の後綴りとして、

著はす所の新論尤も世に行はる。　会沢正志斎
大日本史校正の時甚だ功あり。　豊田彦次郎
気節識見一藩を圧倒す。　藤田虎之助
延于の子。近著四十七士伝、世に行はる。
然れども其の人物は前三人に及ばざること万々。　青山量太郎
右四人水藩の人物ならんか。（『全集』第八巻、一五九頁）

2　皇国の皇国たる所以《ゆえん》

①　「来原良蔵に復する書」（嘉永五年六・七月頃）

（来原良蔵は松陰の亡命救解運動に奔走して藩の要路と折衝するも失敗して、後に却ってこのこと

に坐して逼塞を命じられた。松陰は「矩方が一件に付き、（来原良蔵）身を捨てて働き候由、武士道の大節実に敬服感服仕り候」と記し謝している。（『全集』第八巻、一二一頁）

客冬水府に遊ぶや、首《はじ》めて会沢・豊田の諸子に踵《いた》りて、其の語る所を聴き、輒《すなわ》ち嘆じて曰く、「身皇国に生まれて、皇国の皇国たる所以を知らざれば、何を以てか天地に立たん」と。帰るや急に六国史を取りて之を読む。古聖天子蛮夷を慴服するの雄略を観る毎に、又嘆じて曰く、「是れ固《まこと》に皇国の皇国たる所以なり」と。必ず抄出して以て考索に便にす。鹵莽《ろぼう》の甚しきと雖も、亦已に一週を卒《お》ふ。続いて蒲生氏の職官志を読み、又古聖朝廷の官を設け職を命ずるの概、及び慷慨節義の士の著論する所を窺はんと欲す。傍ら輿地図誌を閲す。亦万国の形勢を観るなり。是に於て巻を投じて起ち、剣を抜きて跳り、慷慨悲憤、自ら禁ずること能はず。当今の弊を歴挙し、千古万国未だ嘗て有らざるもの若干事に至りて、啻に痛哭流涕長大息するのみならず、特に未だ老病死苦せざるのみ。唯其れ然り。（中略）夫れ天下を跋渉すれば則ち胆を錬り心を磨き、一室に幽囚せば則ち万国の形勢を観て、千古の得失を論ず。僕の平生然るなり。向《さき》に会沢翁、僕の為に其の一聯を挙げて曰く、「一室五洲の謀、百年千歳の憂」と。翁七十一、其の豪なること此の如し。大丈夫、身、皇国に生れて、已に皇国の皇国たる所以を知らば、則ち皇国に報ゆる所以、正に此に在り。（『全集』第七巻、三五九頁）

※　水戸訪問の背景の一つとして示した父百合之助の庭訓と合わせ考えてみるに、「身皇国に生まれて、皇国の

皇国たる所以を知らざれば、何を以てか天地に立たん」の感歎は父子相伝の信念「尊王」が、水戸に来ての歴史の実証によって裏付けされたといえよう。

②

帰るや急に六国史を取りて之を読む。

久保清太郎宛(カ)　嘉永五年十一月上旬

前文欠……六国史を読み爰《ここ》に至り、終に退屈して復た読むことを得ず。此れ迄も度々退屈すれども勉励して、大丈夫此れ位の事が遂げられでは大事業はならんと勉強すれども、夫れ夫れ大丈夫読むべきの急務是のみならず、空敷く斯様の書に精神を費すこと無益なりとて打置きぬ。

貞観三年正月朔は常例、一を見て百推すべし。……

十四日、むだごと。

十六日、難有く存じ奉る事なれども、亦常例となれば左迄めにも留らず候。此れ等の事も類従国史などの如く書き集め置き候はば、後世君臣上下の遠々敷き所へは攻道具にはなるべく候へども、今は其の儀に及ばず。……

二十八日、亦常例。

大抵是くの如く一月一年を推すべし、一年十年を推すべし。勉強して読みたところが、六国史も卒業したといふも名目のみ。前数巻にて此の時の勢と風を略知した上は、まづ他書を読まんと欲

す。全体此の時代の風、君臣とも上飾多く内実少なし。（後略）（『全集』第八巻、一四一頁）

この記述には驚く。水戸で学んだ「皇国の皇国たる所以」を自ら確かめようと挑んだ「六国史」などを読んでの感想、松陰の率直な面を垣間見た瞬間であった。

七　影響を与えた著書など

1　烈公斉昭の「明訓一班抄」

（ア）　水府公の「明訓一班抄」

①　兄杉梅太郎宛　　嘉永四年（一八五一）九月二十三日

○水府公の明訓一班抄、今晩写し終り申し候。凡そ六則

・仁心を本とすべき事　　・奢侈を禁ずべき事

・諫言を用ふべき事　　・刑は刑なきに期すべき事

・仏法を信ずべからざる事　　・夷狄を近づくべからざる事

通編御気象伺はれ感服敬服。末編銃船の論にも及び武備に御心を用ひ給ひ、実験の御論誠に驚嘆し奉り候。御覧成され候や。御手当方（異賊防禦御手当方）には之あるべきに付き、玉丈人へは珍し

からざるか。（『全集』第八巻、八六〜八七頁）

2　光圀卿御箇条「義公壁書」と景山公壁書

（ア）「武教全書講録」と景山公壁書

「衣食居」＝悪衣悪食を恥ぢ、居の安きを求むるは則ち志士に非ず。余野山獄にある時、家兄より水戸景山公甲寅春の壁書とて写し贈らる。披き見るに云はく、

「飯を得る毎に兵粮の粗々敷を思ひ、衣を得る毎に甲冑の窮屈を思ひ、居宅を構ふるに陣中の不自由を思ひ、起居の安きに山野の苦を思ひ、父母妻子同居し兄弟親族と交はるに、遠国離居の時の悲嘆を思ひやりて今日の無事安穏を大幸とせば、何ぞ奢の念を生ぜん」

と。因つて是を同囚に示して、獄舎の艱苦を怺《こら》ふるの一規に当つ。嗚呼、是れ亦此の編の訓と併せ考ふべし。（『全集』第四巻、二三四頁）（安政三年〈一八五六〉八月以降）

（イ）水戸斉昭卿の壁書に跋す　　安政戊午（五年）正月

丁巳（安政四年）の冬、墨使府に入り年を踰《こ》ゆるも去らず、天下皆これを憤る。松下《まつもと》の士乃ち謂へらく、徒らに憤るも益なし、且つ天下の事は身家より始まると。而して水戸の老公は当世の泰斗にして、其の隻語も以て吾が党を矜式すべし。況やその壁書と云ふものをや。ここに於て活写し

て以て同志に頒つと云ふ。（『全集』第五巻、一〇八頁「戊午幽室文稿」）

【参考】『講孟劄記《こうもうさっき》』（「滕文公上篇」第三章）

王者起ルコト有ラバ、必ズ来リテ法ヲ取ラン。是レ王者ノ師為ラン也。

君子の政を為すは、我一国の為のみに非ず、天下後世の法とならんことを要す。若し天下後世となり大に行るゝ時は、何（ぞ）必しも己より出自ら為すに誇ることをなさんや。近世水府の景山公の諸政を更張するや、他邦より来て法を取るを期せられし、他邦より来て其の政を問ひ其法を観んと欲する者あれば、必ず胸襟を開き情実を吐て是に示し、又其論説する所を取て国政に施用せられしと聞く。実に志ありと云べし。余近日諸藩の政治を為す者を観るに、大抵目前の計を為すのみ。未だ天下後世の為に志を立る者を見ず。方今国歩艱難の際に当れり。士教民政より軍防兵備に至る迄、悉く其至当至精の所を究め是を行はば、天下必ず来て法を取らん。是天下の師となるなり。此事是人君天地に事る誠心よりして成る所にして、区々功利の論に非ず。嗚呼是に非れば遂に其国を新にするに足ざるなり。（『全集』第三巻、一二七頁）

（ウ）兄梅太郎（在萩松下）との往復書翰

○光圀卿御箇条拝見感服し奉り、即ち最前景山公の壁書と並べ壁に糊し申し候、是は何にて見られ候や、空覚えどもか。御製も難レ有き御製なり。是も同断。（景山公の書感服の余り数通写して人々へも与へ候処、孰れも感服の趣に御坐候。獄卒民吉へ写し与へ候処、民吉乃ち脇にて光圀卿のを写し来る。）（『全集』第八巻、四〇八頁、安政二年二月三・四日）

（エ）　義公壁書考証

一　苦は楽のたねと知るべし、楽は苦の種と知るべし。
一　主人と親とは無理なる者と知るべし、下人は足らぬ者と知るべし。
一　子ほど親を思へ、子なき者は身にたくらへて、近きを手本とすべし。
一　掟に怖ちよ、火に威よ、分別なき者に怖ちよ、恩を忘るることなかれ。
一　欲と色と酒と敵としるべし。
一　朝寝すべからず、咄の長座すべからず。
一　小なることに分別せよ、大なることに驚くべからず。
一　九分は足らず十分はこほると知るべし。
一　分別は堪忍にありと知るべし。

（『水戸歴世譚』）

しかし、この壁書は義公徳川光圀（水戸藩第二代藩主）の言葉ではない。これに関する考証の一つは、水戸藩士である小宮山楓軒の義公壁書考である。（『楓軒偶記』文化四年〈一八〇七〉）これによると、名君・

家訓として流布した江戸時代中期に徳川吉宗作と云われたことがある。それが、水戸義公光圀の名君評判から義公作となったようである。この楓軒の論を受けながら、考証を進めたのが考証論者でもある森銑三である。森は昭和十六年（一九四一）の講演の中で、

私共は郷里の小学校で、義公の家訓だといつて「苦は楽の種と知るべし」云々といふ箇条書を教はつたことがございます。『義公年譜採余』にもそれは出ていますが、その後に（小宮山）楓軒が考を附け加へて、このことは先年吟味して見たが、安積澹泊の書いた物の中に、これは五代将軍綱吉公の作であるとしてあるのを見て、義公でなかつたといふはつきりした証拠を得た。しかし、それが公になつてしまつたのは、天下の善を皆公に帰し奉つたので、それによつても（公が）お徳の高かつたことが知られるとしています。果たしてこれが五代将軍の作かどうか、そこにはまだ研究の余地がありさうですが、とにかくその家訓といふものは義公の作ではないと見てよろしからうと存じます。（『森銑三著作集』第十二、「人物雑稿」）

と述べて、小宮山楓軒の考証を吟味し、また五代将軍綱吉作との論を紹介しながら結論として義公光圀作を否定している。この森の論考で、義公作であるか否かの結論は出ているものと考えられる。

義公作の真偽はともかくとして、水戸領内にもこの義公壁書は広く流布していたことは、水戸藩家老武田耕雲斎の写しをはじめ、飯田村（茨城県那珂市）の庄屋を務めた大和田家文書「記聞万歳」や中台村（那珂市）の石川家文書「視聴漫筆」の中にも見えることからも窺える。

これらによって、松陰や兄梅太郎および親族、松下村塾の弟子たちや周辺の仲間たちが、この壁書をいかに重視していたかが伝わってくる。

補　『幕末と維新の風雲』三八八頁。

（松下村塾）塾は初め僅か六畳一間で、壁間には夫の有名なる「苦は楽の種、楽は苦の種と知るべし」以下九箇条からなる水戸義公の壁書と「自非読万巻書云々（万巻の書を読むに非ざるよりは、寧ぞ千秋の人と為るを得んや。一己の労を軽んずるに非ざるよりは、寧ぞ兆民の安を致すを得んや：「学問事業その効を殊にせず」と一致）」の自作の詩幅を掲げて之を塾生に暗誦せしめたといふ。

（オ）　小泉《こいずみ》斐《あやる》作「水戸黄門光圀卿御教示」（「義公壁書」）

黒羽藩（栃木県）の小泉斐が、文字の読めない女性や子供たちでも理解できるようにと埴版画の「徳川光圀卿御教示」（「義公壁書」）を制作した（写真、大田原市黒羽町「芭蕉の館」発行『檀山人小泉斐』）。その

水戸黄門光圀卿御教示（図録『檀山人小泉斐』：黒羽町教育委員会より転載）

後書きに、

右條々慎守へきなり

天保六年乙未孟春之望造之

文元よまぬ女童なともかたち有を見ていかなるわさにやと思へかしとてかくは画ぬ

檀山人小泉斐画

とある。

埴版画は、膠泥（膠で固めた泥）をもって板を作り、これを窯で焼き、その後澄泥をまぜてその板に絵や文字を描き、再びこれを焼く。これを拓本に採ったものである。小泉斐がこの「徳川光圀卿御教示」を題材とした背景には、後述するように交流のあった水戸藩の学者小宮山楓軒からその存在を知ったと考えられる。楓軒は、「義公壁書」の出現について考証をしているからである。小泉斐は、その教えに「絵」を入れることで、普段文字に触れていない女子・童子たちにもその内容が理解できるようにと「絵入り徳川光圀卿御教示」を制作したのである。これは、楓軒がかつて幕府の天領の代官寺西封元《てらにしたかもと》が領民に示した「寺西封元八ケ条」（天は恐ろし、地は大切、父母はだいじ、子はふびんかわい、夫婦睦まじく、兄弟仲良く、職分に出精、諸人愛きょう）について、その教えを領民が理解しやすいようにと「絵入り寺西八ケ条」としたことに通じている。

小泉斐は幼名を勝明また亀次と称した。名は斐《あやる》、檀山・檀森斎と号した。明和三年（一七六六）一月芳賀郡益子村（黒羽藩）鹿島神社の神官木村市正の二男として生まれ、寛政年間の三十代のころに黒羽藩領桜田村温泉神社の神官小泉光秀の養子となった。「斐」の名の初見は寛政八年（一七九六）で「木村斐」とあるから、養子もその後であろう。木村勝明（斐）は酒造業を営み近江商人として芳賀郡茂木に逗留していた画人島崎雲圃に入門し、島崎の師で京都狩野派を学んだ人物・山水・花鳥画、中でも鮎図を描いて妙手と聞こえた高田敬輔にも直接学ぶことができた。また円山応挙の洋風画の影響を得た写実画も学んだ。

木村斐は、寛政七年（一七九五）近江に帰る師島崎雲圃に随行し、京都にも遊んだ。その京都で、『大日本史』の編さんのために関西へ史料調査に行っていた水戸藩の学者立原翠軒らの一行と出会い、大和や吉野へ同行し、その帰途一緒に富士登山を行っている。翠軒は木村斐の儒学の師でもあった。翠軒の子杏所は老中松平定信のお抱え絵師谷文晁の門下として知られるが、この杏所に円山・四条派の画風を伝えたのは木村斐である。翠軒は、門人木村斐の優れた画才を認めて杏所を入門させたのであった。

小泉斐は文化十一年（一八一四）に藩主大関増業に招かれ黒羽に移った。翌十二年、埴版画による「石」の画集『檀森斎石譜』を上梓《じょうし》している。これには儒者八人が序文を寄せている。江戸の亀田鵬斎、水戸の立原翠軒・小宮山楓軒・藤田北郭、京都の頼山陽・村瀬栲亭、大阪の篠竹小竹、備前の武元登々菴で、いずれも当時の儒者・書家として名高い面々である。（図録『檀山人小泉斐』：黒羽町教育

委員会発行）

八　会沢正志斎：水戸藩の仏教排斥への疑問

①　講孟箚記（「尽心」下篇、第二六章）安政三年（一八五六）八月末

余深く水府の学に服す。謂《おもえ》らく神州の道斯《ここ》に在りと。然ども其異端邪説を論ずるに至ては、頗る放豚を追ふに近き者あり。（逃げ出した豚を檻に追い込んだ上に更に手足を縛り付ける。則ち悔い改めた者を更に追咎めることで恕の心無きを云う）蜂蠍《ほうかつ》尚毒あり、況や仏法の如き、皇国に行る、こと亦已に千三百年、人心の帰依する所、園師は必ず欠くに非んば、安んぞ窮鼠却て猫を噛《かま》ざるを知んや。余、水府の諸先と此儀を論ぜんと欲す。而して身幽囚にあり、由なきのみ。因て仏害論一篇を作り、仏の害ある所を古今を証引して是を條列し、此害悉く除去せば、仏法固より亦国に益ありと云ふに帰せんと欲す。而して未だ及ぶに暇あらず。……余や執る所は、孔子の「人而して不仁なる、之を疾《にく》むこと已甚《はなはだ》しければ乱せしむ」（『論語』泰伯第八）の一語にあり。（『全集』第三巻、四七九・四八〇頁）

②　兄梅太郎宛書翰　安政元年（一八五四）十二月十一日

仏道の盛んなるは実に嘆息に堪へざる事に御座候。往年水戸へ参り候節、会沢（憩斎）翁法華宗の大患ある事を頻りに申し候へども、一向其の時は心付も御座無く候処、江戸の獄にて日命と申す法華僧と久しく同居仕り居り、其の説く所を承り候に中々俗儒の及ぶ所に非ず。日命素と会津の藩士安倍井弁之助などの朋友にて朱（子）学を学び候人にて、又曩《さき》に公の御小姓も相勤めたる奴なり。今仏者となり居ても、やはり程朱の事などへ引付けて申し候。且つ日蓮宗は多く現世にて説き候故、其の説甚だ理に近き事ども之あり、尤も夫れ計りなれば強き害にも之ある間敷く候へども、祈禱事に奇怪を言立て、人を誑《たぶら》かす事大方ならず、日命も已に紛らわしき祈禱の罪にて遠島仰せ付けられ候。尤も獄中にて共に談ずべきは此の僧のみ故、日々議論致し候処、其の英邁雄抜頗る人に過ぎ候男子に御座候。先ずは山師なり。然れども之が為めにその益を得候事も御座候。

（『全集』第八巻、三三八頁）

水戸藩主徳川斉昭の廃仏施策の徹底には、仏教界の腐敗堕落や攘夷施策の武備充実などが背景にはあったが、国体の上からも神道とは相容れないものがあった。しかし、徳川光圀が「梅里先生之碑」銘に記したように「仏老を崇めて仏老を排す」姿勢を松陰は求めていたのではないか。

③　会沢正志斎著書について　「兄梅太郎宛」安政二年（一八五五）正月八日

（ア）　新論追附（実は安政四年発刊）、何卒一見仕り度く候。寅等常陸に遊び候節、会沢此の作ある事は申し候へども、未だ脱藁仕らざる故見せられぬと申し候事。

・常陸帯御遣はし成され候はば写し申すべく候。（『全集』第八巻、三七五頁）

（イ）丁巳幽室文稿「小国剛蔵に与ふ」安政三年

新論は僕向《さき》に王民（僧黙霖）より仮り、写して之れを宝とす。因つて爰に璧上す。下学邇言五冊、原本は百合蔵（中村）蔵す。僕写して之れを蔵すれども、内四冊を欠く。足下蔵せられば、願はくは借覧せしめよ。（『全集』第四巻、三七二頁）

（ウ）「久保清太郎宛」安政三年七月頃

水府の書目委敷く御書記し下され辱く存じ奉り候。下学邇言、中村百合蔵が本を借り写取校読了る。但し論政の篇は未だ来らず、故に写すを得ず。（『全集』第八巻、五一一頁）

（エ）「久保清太郎宛」安政三年九月二十九日

塩谷翁の高山・蒲生合伝、御手に触れ候はば御録贈下さるべく候。此の文名誉の作なり。水戸に在りて曽て一目す。（『全集』第八巻、五三五・五三六頁）

（オ）「兄梅太郎宛」嘉永四年五月十四日

尚ほ又高山彦九郎伝、武士たるものの亀鑑此の事と存じ奉り候故さし送り申し候。即ち水府会沢常蔵の著はす所に御座候。本藩義勇の衆へも示し候はば、必ず感激発励する所之れあるべきかと存じ奉り候。（『全集』第八巻、二七頁）

ただし、ここに会沢正志斎著「高山彦九郎伝」とあるのは、松陰が正志斎宅を訪問した際に杉山復堂著「高山彦九郎伝」を見たのを正志斎著と誤解したものと思える。

九　師承する所あり

吉田松陰には「赤川淡水の常陸に遊学するを送るの序」がある。学問には「師承」の姿勢・態度が肝要であることを強調していた。

夫れ常陸の学は天下の推す所にして、其の老輩碩師、皆師承する所あり。今淡水遠く往いて之れに従ふは、固より以て其の学の蘊を尽さんと欲すればなり。嗚呼、淡水、師道を慢るなかれ、私見を立つるなかれ。取捨去就、唯だ先生に是れ聴かば、則ち古道及び難からざるなり。吾小少より好みて書を読み文を作ると雖も、未だ師承する所あらずして、自ら疑ふ。淡水往いて師として之れに事ふるを得ば、亦幸に斯の言を以て之れを質せ。（安政元年三月六日稿）（『全集』第四巻、二一・二二頁）

次の①・②によって、赤川淡水がこの学問の姿勢を忠実に受けたことを知る事が出来よう。

①「赤川淡水に与ふる書」（安政三年）

僕（会沢）正志先生の新論に（国体上篇）「天祖の神器の伝へたまふや、特に宝鏡を執り、祝《ほ》ぎて曰《のたまは》く、此れを視まさんこと猶ほ吾れを視るがごとくせよ」に至り、以て「聖子神孫、宝鏡を仰いで、影を其の中に見たまふとき、見たまふ所は、即ち天祖の遺体にして、視たまふこと猶ほ天祖を視たまふがごとし」と為せるを読み、粛然悚然《しゅくぜんしょうぜん》として、夙に其の義の精なるに服す。而して間《まま》先輩の所論を参するに、能く是れに及ぶ者少なし。（三宅観覧、頼山陽、栗山潜鋒、谷重遠、山鹿素行）……僕窃かにこれを疑ふ、此の義、古書已に明文あるか、或は先輩の論説に出づるか、抑も先生の発明に出づるかと。（新論特祝の勅は、以て皇孫に命じ給ふとなす……足下近ごろ先生に従ひ、皇道を覃思《たんし》す、其れ必ず考覈《こうかく》する所あらん。幸に之れを教へよ。）（「丙辰幽室文稿」）（『全集』第四巻、一六三頁）

②

「秩祭論に跋す」

吾が友赤川淡水常陸に遊び、正志先生に従ひて学ぶこと已に三年、益々師説を信奉し、鑽仰して罷めず。頃ろ秩祭論を著はし郵筒もて寄示せり。其の書、大嘗・祈年・鎮魂・大祓凡そ四篇、皆赫《かく》々たる正論にして、師説を述べて之を成す、祭祀の義明らかなりと謂ふべし。然れども其の所謂これを実務に施し、これを天下に敷明するには、其の方法宜しく如何すべき。吾れ其の書を読めども、少しも概見せず。昔孔子嘗て周の道に志ありしも、幽・厲は敗れ、杞・宋は徴するに足らず、而も魯の郊禘は礼に非ず。ここに於てか、狂簡を思ひ、帰歟《かへらんか》と嘆じ、春秋を作りて後世に伝ふ、周公の夢、蓋し復た見ずと。

今夫《か》の四祭は朝廷のこと、人臣の宜しく私すべき所に非ず。幕府すらこれを私するは不可なり、況や邦国をや。然らば則ち四祭の義、之を言ふは易きも、之を施し之を敷くは、是れ難しと為すのみ。之を施し之を敷く、実に難しと為すなり。然れども我が国をして姫周たらしむれば、則ち論ずるなくして可なれども、今宝祚無窮にして神勅鑑の如し、而も是の事これを難きに委す。是れ志士仁人の太息する所以なり、是れ淡水の此の論を作りし所以なり。而るに淡水独《た》だ其の易きを言ひて、未だ其の難きに及ばず。蓋し聞くことあらん。吾れ将に他日を待ちて之を叩かんとす。抑も吾れ淡水の書を読むに、立言措辞、何ぞ其の師に似たることの甚だしき。昔淡水の国を出づるや、吾れ嘗て叙を贈りて曰く、「師道を慢るなかれ、私見を立つるなかれ」と。今乃ち之を見、吾れ古道の往々興らんとするを喜ぶなり。此を書して跋と為す。丁巳重陽の日、二十一回猛士寅書す。（「丙辰幽室文稿」）（『全集』第四巻、三四三頁）

十　吉田松陰と藤田東湖

①

「父叔兄宛」　嘉永六年（一八五三）四月二日

藤田著す所の下斗米（相馬大作：名は将真、南部藩士、津軽藩主襲撃を企て失敗）の伝も亦却贈を願ふ。森田（節斎）翁、（江帾）五郎の志を遂ぐるを待ちて江帾兄弟の伝を立て、将真と合伝を為らんと欲す。因つて甚だ将真の事を詳かにせんことを求む。

註
『全集』第八巻、一五五頁。
『東湖全集』三〇三頁の「東湖遺稿　雑」に「下斗米将真伝」がある。

② 「兄梅太郎宛」　安政元年（一八五四）十二月二十四日
常陸帯随分写し申すべく候。（『全集』第八巻、三五四頁）

③ 「叔父玉木文之進宛」　嘉永六年九月十日
（長州藩の江戸防備に関して）斎藤弥九郎・佐久間修理等も本藩銃砲船馬の事開けざるを甚だ気の毒に思ひ呉れ候へども、致方之れなく、亦肥後人永鳥三平（文武を研修し、皇室の衰微を慨嘆して事をなさんと諸国を歴遊し、遂に佐久間（象山）修理の門下生となる。肥後藩士宮部鼎蔵や吉田松陰と交流して時務を論ずる。安政の初め頃より将軍継嗣問題にも着眼し、水戸藩家老安島帯刀等をして一橋慶喜を推すに至らしむ。）なども同病相憐れむ心にて、其の藩の武備も俗論多きより本藩の事をも頻りに心を用ひ呉れ候。……永鳥への水戸の藤田虎之助が申し候には、長州侯は文武之興隆と云ひ、国政筋何も残す所なき由にて明君と思ひ込み候処、当今の事に到り兵制さへ変ずる事能はざる位の様子、凡君に相違なしと申し候由。矩方是れを聞き候より骨も筋も之れが為め

砕くるの思ひをなし……閑昼静夜に此の事を思ひ廻らし候へば椋梨（藤太：俗論党の巨魁）・周布（誠之助：政務役）が刎《くびは》ねて君上の明を天下に顕はすべくかと幾度も幾度も思ひ出し候へども、再三思ひかへ候へば、器械兵勢の末事を以て国家の名臣を斃《たお》し候にも忍びず、只々慷嘆するのみ。（『全集』第八巻、二〇六頁）

④

急務条議（嘉永六年八月二日、ペリー来航への対応）

第一条　君上水府老公と交を結び給ひ度き事。附り、水府の臣藤田虎之助・戸田銀次郎・原田兵介・山国喜八郎皆有志の士にして今藩邸にあり。本藩執政の各官深く結納あり度き事。（『全集』第一巻、三一三頁）

⑤

「永井芳之介宛」嘉永六年七月二十三日

戸田・藤田・山国三先生御出府の由、之を承り候へども、一書生突然罷り出るもと差控へ居り候。（『全集』第八巻、一八七頁）

ここに示した史料により、吉田松陰は天下の藤田東湖を敬仰していたことがわかる。しかも、⑤によってその東湖に逢える機会もあったのだ。しかし、松陰には遠慮があったのだろうか、はたまた礼儀を重んじ失礼を考えたのであろうか。二人の出会いを是非とも実現したいことであったし、吉田松陰の東湖評を聞きたいところであった。

むすびに

最後に、厳しい学問の筋とは別に吉田松陰が水戸で出会った逸話をあげておこう。明治四十一年九月、松宮丹畝の「松陰先生の令妹を訪ふ」で残した松陰の「正直」を大切にしたところである。

松陰先生の水戸（?）に出遊されたる時、先生彼の地にて急に袴を要せられたるを以て、一呉服店に赴き、見計い裁縫方をも頼まれたり。やがて約束の日到来せるを以て、松陰先生は右の呉服店に至り、之れを受取り、代償を支払はるると共に、残余の小切を渡し呉れよと言はれたるに、手代はさも怪訝顔に「さる小切の残余はなし」と答へたり。松陰先生は物静かに「さる筈はなかるべし、嚢に購へるは尺寸若干、而して袴に要すべきは尺寸若干、旦那様に考へ合すも残余あるべき訳柄にあらずや」と問ひかへされたるに、手代は辞に窮し「さる事仰せらるるからには一応裁縫職に就きて見参らすべし」と答へたり。此の問答を奥間に聞きゐたる主人は、残りの小切を携へ出で来り、言葉柔かに「誠に以て相済まぬ次第、店員共の不注意平にご容赦を請ふ」とて、之れを松陰先生に手渡しせんとせり。松陰先生は主人に対し、「店員の過誤とあらば聊かだも咎めまじ、されども、商売に貴むべきは、正直と云ふことはあらざるか。残りの小切は値少なりと雖も、之れを訳なく客にかへさざるは、不当のことならずや。正直ならずして富み且つ栄ゆるは一時の事、苟も永く富と栄とを望まば、正直を是れ守りとせよ。此の小切は余にとりて別に要なし、更めて余より之れを呈せん」と述べたるに、主人は深く感泣し、先生の訓戒に遵ひ、誓って将来正直を商売の秘訣となさんと答へたり。先生も深く喜び辞し去られたり。

此の呉服店は其の後彼の地第一の正直商家として知られ、家運も隆興せりと云ふ。

刀自（令妹）は、こは初耳なり。随って実際ありしことなるや否やも答へ難し。されども松陰の性格より察すれば、有り得べからざるの話にはあらざるなり。松陰は正直を重んずること尋常に過ぎたり。而して「人の為め」、「人の為め」てふ事を心懸けゐたれば、定めしさることもありしなるべし。（『全集』第十二巻、一六〇頁、「関係雑纂」）

なお、水戸で真実学問に目覚めた吉田松陰について、会沢正志斎や豊田天功の目にはどのように映っていたのかを探ろうとしたが、未だ其の記録には至っていない。当時の青年吉田松陰は、水戸の碩学たちには遊歴する一介の若者に過ぎなかったのであろうか。しかし私共水戸人にとっては、水戸についてこれだけの詳細な記録を残してくれたこと、さらにその水戸の学問を師承して明治維新を生み出す根幹を担ってくれたことを思うと、吉田松陰先生に対して深謝すること限りないことである。

【補足】

『吉田松陰伝』由来記

凡そ一ヶ月に及ぶ水戸滞在、会沢正志斎・豊田天功とのしばしばの対談、吉田松陰への印象がどこかに記されていないかを探ってたどり着かないまま、逆にそれでは吉田松陰が世に出て知られるに至った経緯はどうかと尋ねてみた。

① 松陰門下生として松下村塾に学んだ正木退蔵は、明治新政府の下で東京職工学校（後の東京工業大学）の初代校長となるが、明治十一年（一八七八）留学生監督と東京大学へのお抱え教授を求めて渡英。正木の知己、エジンバラのジェンキン教授宅で小説家スティーブンスン（小説『宝島』で有名）と出会い、正木は師松陰のことを話す。松陰云う「大丈夫むしろ玉となりて砕くべし、瓦となりて全うする能はず」と。スティーブンスン感激してさらに松陰について多くを聞き出し、明治十三年（一八八〇）三月、雑誌「コーンヒル・マガジン」に「ヨシダトラジロウ」を発表、刊行した。「（明治の元勲）多くはこれ松門（松下村塾）より出るの徒云々」）は有名。吉田松陰は、日本でより早く英国で紹介されたのである（『吉田松陰全集』別巻、大和書房刊）。

②　その後、明治十七年（一八八四）「近世古慷慨家列伝」が東京の春陽堂から出版された。吉田松陰ほか十名、他は頼山陽、頼三樹三郎、水戸斉昭、月照、渡辺崋山、平野国臣、堀織部（利煕）、武田耕雲齋、雲井竜雄などが挙がっている。編者は芝山居士、島根県平民西村参郎で発行者は岐阜県平民和田篤太郎である。この本は明治二十四年（一八九一）九月に第七版を数えるほどのブームとなった（インターネット）。

③　その後、単独の『吉田松陰伝』を刊行したのは水戸藩の旧郷士野口勝一と旧士族富岡政信である。野口勝一は、嘉永四年（一八五一）正月二十一日に吉田松陰が東北遊学の途次宿泊した磯原（北茨城市）の野口源七の一族であり、野口雨情の叔父でもある。明治三十八年（一九〇五）五十八歳で歿した。野口は明治六年（一八七三）三月三十一日に水戸柵町に開設された拡充師範学校に入学し、翌明治七年六月に卒業した後多賀郡の大久保小学校に奉職し、翌明治八年（一八七五）には額田小学校（那珂市）に奉職した。

その後、東京で笹島吉太郎（曙社、五大紙「東京曙新聞」発行）と交流するなど言論界に関心を深め、明治十一年（一八七八）一月に河野広中が福島県三春に政治結社「三師社」を結成した際には契約書の署名人となっている。同年九月に茨城県の新報社幹事（「茨城新報」発行）となり三春から水戸へ戻った。この頃の野口が書いた社説の根底には「人智の開発」を重視する姿勢が強く出ている。野口の「文学論』の中では、明治維新にも大きな影響を及ぼした著述として『大日本史』を挙げていることは注目される。

明治十二年(一八七九)四月五日に茨城県会の御用係に採用されたことにより新報社を辞職。その後、大津淳一郎等と下手綱に政治結社「有隣社」を結成した。

明治十四年(一八八一)茨城毎日新聞社を起こし社長に就任、二月十二日、「茨城毎日新聞」を創刊した。新聞には、「光圀の大日本史の影響、幕末の動乱期：東湖、斉昭歿し柱石を失った水戸藩の割拠の状況ながら、弘道館記述義、回天詩史、常陸帯、新論等の著述は海内に流行して志士の家、論客の机にはこれを蓄えずということなし」とあって、明治初期の雰囲気が伝わってくる。

明治十四年一月に茨城県議会議員に当選し、二月二十八日には県会議長に就任した。同じ二月、茨城新聞社を起こし「茨城日日新聞」を発行、十一月には河北三郡を遊説しているが、太田町、那珂郡水戸政談演説会では「勤王論」ほかを演説している。

明治十五年(一八八二)四月二十五日に県会議員を辞職し、その後明治十六年六月に上京した。『野口勝一日記』(北茨城市史、別巻5・6・7)の別巻5、明治十六年十二月一日の条に「実に光陰は飛丸の如し、余東京に来たりて従《よ》り半年、一事として成る無し」とある。その日記は「日記　完　東京牛込寓」とあり、明治十六年八月十三日の条から記される。この日「余卒然感有り、日々の事を記せんと欲す」と始まり、「余病によって三日閑居、今日始めて出仕」とある。東京牛込に寓居していた勝一が勤めに出ていたことを示している（水戸の藤田健や清水寅蔵、信濃の松井服義らが農商務省に来たり逢うの記事があり、勤務先は農商務省と思われる）。牛込の寓居には水戸の綿引泰や朝比奈知泉、笠間の加藤桜老らが訪問し、逆に勝一は青山勇や内藤耻叟・藤田健・高瀬真卿らを訪問、また郷里の大津淳一郎や富岡政信らとの交信があって多忙を極めていたようである。

そのような中、『日記』には「時事」として朝鮮・清仏問題並びに内閣人事、外交など国内外の問題を記述、また「茨城事件」「茨城通知」として加波山事件や弘道館再興問題・県令の評価など茨城の事柄には殊に大きな関心を持っていた。また、絵画会に所属して『東洋絵画叢誌』の編纂、その外「修正」と項目を出して諸詩稿・碑文などの修正の依頼も受けていた。

明治十九年（一八八六）十月十七日には「水戸内変始末修正成り、これを郡司篤信に寄す」とあり、十一月十四日に「水戸野史を修正す」と出てくる。明治二十年（一八八七）五月十三日には「水戸野史前編印刷成る、前編水戸家の始めより起こし松平頼徳下国に終わる、後篇維新に終わる。郡司篤信編次するところ、その文字余刪潤之、二編を通し、略水戸内訌の顚末を知るに足る」とあり、民間において水戸藩政の歴史的回顧が始まっていたことを知ることができる。六月十九日には「この夜、評閲憂国余涙脱稿す」とある。野口勝一が、世情に関し憂憤の情を抱いていたことを窺うことのできる一文である。

④　同明治二十年十一月十八日に初めて「野史台を訪う」とある。ここに、野口勝一が個人として歴史編纂に志を持ち、出版社「野史台」を創設したことがわかる。これより前の十一月五日の日記には、「維新史料」（別巻6、二二九頁）として、

顕官・要職の間に維新前後のことを問う、皆得意に談話、而してその席の前のことを知らず。彼ら、維新前国事に奔走し、往事を談ずる暇なし。維新時に率先進取の気性を持し国家を以て己が任と為す、これまた往事を談ずる暇なし。

維新以来政治組織漸く整う。彼らも老いが目立ち、勇気なく、俸禄に満足し安善たを知る状況に有り、維新当時と比べ保守の人となっている。自分はこれを見て感ずるところあり。維新前事を書記せんと。この事業、幸いに成立せば後世の史家に益するところ少なしとせず。綿引泰躊躇する。富岡政信任としてこれをなさんとす。余、その趣意書及び凡例を作り、且つその編纂順序を示す。香川敬三、趣意書を読み大感出資これを助く。是に於いてか第一編・第二編を発刊す。果たしてや、四方の古老皆喜びこれを購う。（要約）

明治二十二年（一八八九）十二月十一日には後藤悌吉（詳細不明）よりの書状に「請借、東北遊記」とあり、吉田松陰の「東北遊日記」が野口勝一の手元にあったことが窺える。ただし、翌日の返書に「東北遊記数年これを仙台人田中誼に貸す、田中今その居処を詳らかにせず。余が家にその稿止まず。故に請ひに応ずる能はず。」とあって、仙台の田中誼長に貸していることもわかる。

明治二十四年（一八九一）には「水戸殉難者小伝」、「桜田始末」など校正の記事がある。水戸藩の維新前の関連史料を蒐集している姿を窺うことができる。

明治二十四年六月二十四日　吉田松陰伝首巻一葉初めて植字成る。依ってその体裁を閲す。

六月二十八日　吉田松陰伝校正、茲に於いて全五巻完結

八月二十一日　吉田松陰伝跋文校正

八月二十九日　松陰既製本、今春来編むところ此処にいたりて始めて了、その書五巻、その体裁自信新機軸を出す。

とあって、この日に完本が成ったことがわかる。水戸藩郷士野口勝一、水戸藩郷士冨岡政信共編（野史台）である。この『吉田松陰伝』は、維新史料編さん過程で吉田松陰関係の史料が余りに多いため、維新史料編纂の一環として別途に編さんした編年松陰史料集とするともいっている。

題字は元長州藩主毛利元徳、伊藤博文・山縣有朋・山田顕義寄稿、序文に品川弥二郎・野村靖両内務大臣、林友幸（水戸県権知事）、楫取素彦（旧小田村伊之助）男爵、末尾に吉田家養子吉田庫三の跋文がある。野口勝一の『吉田松陰伝』は全五巻、勝一は跋文「二十一回猛士伝の後に書す」でおよそ次のように述べている。

早くから父野口勝章により学問を得、文天祥や藤田東湖の正気の歌を学んだ。また、さらに二十一回猛士の正気の歌も学んだが、この猛士とは如何なる人物かを問うた。父は言った。長州の

松陰吉田寅次郎である。嘉永年中に突然訪ね来て東隣の野口哲斎の家に一泊した。哲斎は、「吉田は年少ながら気局の英偉、神彩秀徹なり」と盛んにその器を称していた。後、果たして関西第一の烈士となった。三十歳で国に殉じた。この正気の歌は東湖や文天祥と光を争うほどである。自分はこの三賢人の正気の歌を誦して慕っていた。願わくば三人と同世代となって教えを受けたかった。明治維新後、歴史を談ずる者は近きを捨てて遠きを逐っている。嘉永安政以降の大変を忘れていることは残念なことである。（要約）

こうして勝一は維新期の史料蒐集に奔走したのであるが、その中でも松陰の事蹟が非常に多く、「それらに接しては欽慕の情から松陰そのものと逢っているが感じで、それに酔って瞑想の間に浸っているようである。その言論志気は楮墨（遺文）の表に躍々としている」と感嘆している。この共感の大きさが編さんを行う動機となった。しかし、これらをまとめて松陰の伝記を書くことは難しいと思い、伝記は史料集の手法を取ったと述べている。

野口勝一は、明治二十五年（一八九二）二月十五日に衆議院議員に初当選している。（野口勝一の略伝については『北茨城市史』別巻5・6・7の解説を参照した）

⑤　冨岡政信

旧士族で拡充師範学校に学び、水戸上市及び下市の小学校の教員を務める。明治十五年（一八八二）

水戸仲町に講習学舎（私立学校）を設立したが、改進党系の政治団体と見なされ、政府の圧迫を受け、翌年解散した。同十六年上京、約一年ほど遊学した後、埼玉県立師範学校に奉職、同二十年再び上京、野口勝一と野史台をおこし、以後二十三年間「維新史料」の編さんに心血を注ぎ、三百巻に及ぶ史料集を刊行した。

吉田松陰については明治二十六年（一八九三）に徳富蘇峰の『吉田松陰』初版本が出た。それは明治四十一年（一九〇八）までに十三版を重ねる大ベストセラーとなった（『北茨城市史』別巻5）。

これを以て見るに、明治維新以降、日本国内で『吉田松陰伝記』をまとめ世に出したのは水戸藩出身者野口勝一である。しかも、勝一は吉田松陰が宿泊した磯原野口家の隣家生まれでもある。深い縁を思う。松陰が水戸を訪問した際の松陰に対する感想的記録は水戸藩士の中には見られないが、後年野口勝一および富岡正信がそれを果たしたと云えよう。吉田松陰先生、願わくばこれを以て諒とせられよ。

第三章　越惣太郎と水戸

はじめに

故荒川久寿男教授著『水戸史学の現代的意義』の「自序」の中に、「父は深く水戸学に心を潜め、その史料を蒐集し、埋もれた勤皇の烈士越惣太郎の事蹟を明らかにし、以て贈位にあづからんことを建白して、その成功をみるに至った。」と、教授の実父隆之助翁が越惣太郎の贈位建白運動に挺身された件が記されている。水戸藩幕末の混迷事件、天狗・諸生の争乱に関係した旧結城藩士越惣太郎について、隆之助翁の『越惣太郎勤王事歴』を基にその贈位並びに事績を紹介する。併せて今年平成二十六年は天狗・諸生の争乱から一五〇年に当る。改めて、この争乱の意味について再検討してみる。

一　荒川隆之助翁の建白運動

翁は本務の医業の傍ら桜陰と号し、深く水戸学に心を潜め、日本弘道会々員ともなって二十余年に亘ってその研究及び史料の蒐集につとめられた。しかもそれらの保存に当たっては、やがて「水戸学文庫」の私営を志され、当初の五年、自らは嗜まぬ酒湮《しゅいん》の料を推算して蓄財にこれつとめられたが、世評は是を風流閑雅の徒事と誤解非難することもあろうかとも懸念されていた。蒐集に関しては、坂本左狂大佐・福地源一郎・坪井正五郎・井上通泰・萩野由之・大槻如電・志賀重昂・岡野知十等各博士、更には吉原謙山・越九如・落合要・竹村篁等の指導、選択、贈恵の恩誼を受け、それらはやがて大正二年（一九一三）十月『水戸学研究資料目録』として刊行、世に紹介された。「其の資材ヤ亦個人ノ独占私有タルヘカラス。是レ予カ資料ノ紹介ヲ敢テスル所以ノモノ、復タ以テ先考恩賚《おんらい》ノ余沢ヲ同好ノ徒ニ頒タント欲スルノ微意ノミ」とは、その緒言に述べられたところである。

翁はかつて先考仙右衛門から受けた棊戯《きげき》（囲碁・将棋）と表附下駄（畳表張の贅沢品）の教戒を肝に銘じ、爾来刻苦精励されたのであった。更にこの越惣太郎の事績調査に当たっては、一時医業を休み往事の関係者や子孫等を訪問或いは書簡を以て尋ねられ、事の厳正を期されたのである。こうして遂に大正三年五月十日、『越惣太郎勤王事歴』として発刊、翌十一日大隈重信首相に次のような御贈位追賞の嘆願書を提出されたのである。

追賞御願

茨城県筑波郡旭村大字今鹿島二千三百五十一番地

戸主　齋藤寅太郎祖父

旧結城藩士　中小姓格

故　越惣太郎温

文政六年　月　日不詳生

元治元年九月二十日死亡

右者別紙経歴書ノ通リ、夙《つと》ニ勤王ノ志ニ厚ク憂国ノ至誠ヲ竭《つ》クシテ贈従一位木戸孝允当時桂小五郎ト称ス　贈従五位平山兵介当時細谷忠斎ト変名ス　贈従四位田丸稲之衛門名ハ故直允　従五位西丸亮水戸藩大津郷士当時帯刀ト称ス　等ト国事ニ奔走シ、尊　王攘夷ノ義挙ヲ計画シテ　王政ノ恢復ヲ図リ、終ニ非命国難ニ殉ス。当時惣太郎ト死生ヲ誓ヒ、　王事ニ尽瘁《じんすい》セラレタル同志ノ多クハ既ニ贈位ノ恩典ニ浴シ、靖國神社ニ合祀被二仰付一タリ。仰キ願ハクハ、惣太郎ニ是等恩典ヲ賜ハラン事ヲ謹テ奉二願上一候。

侯爵　木戸　孝正

子爵　水野　直

正五位　田丸　税稔

伊讃村々長　西丸　健夫
結城町々長　堀江亀一郎
結城郡教育会々頭　藤倉　亮
　川田　誠之
　大久保不二
故越惣太郎遺稿遺書保管者　陸軍三等軍医　正八位勲六等　荒川隆之助

内閣総理大臣伯爵　大隈重信殿

この時、東宮御学問所総裁元帥海軍大将伯爵東郷平八郎の内鑑を得、殊には坂本左狂大佐を介して東郷元帥の指導を受けるという啓沃《けいよく》の光栄に浴したことは、翁にとってはこの上ない感激であった。このような翁の至誠によって、大正七年十一月越惣太郎は正五位に叙せられたのである。（靖國神社への合祀はならず）

二　水戸藩士との親交と混迷

越惣太郎（名は温、字は崇珉、又翠齢、子新・崇古堂と号す）は、文政六年（一八二三）荒川翁の郷里に近い真壁郡伊讃《いさ》村小川（筑西市）の農業越塚吉右衛門の長子として誕生、天保七年（一八三六）生家を弟定次に譲って新治郡有河（かすみがうら市）の儒医山本貞惇・大年父子（小川稽医館医生）の門に学んだ。業成り医を以て同郡三村に開業する傍ら子弟を教授しつつ、近くの小川（小美玉市）の水戸藩郷校「稽医館」に会講して水戸藩士との交流を深めていった。これが後に惣太郎が水戸藩に関与し、活動する起因となるのである。

天保十四年（一八四三）同郡柏崎村（かすみがうら市）の農業斎藤孫三郎の娘「こう」と結婚するが、なお大志を抱く惣太郎は弘化三年（一八四六）出府して室仁里の培根塾に寄寓しつつ昌平黌に入門、佐藤一斎・古賀謹堂・斎藤竹堂に就いて苦学力行、経史詩文の研鑽を積んだ後、翌年七月郷里小川に生母を訪ねた。この時、惣太郎の名声を認めた結城藩家老水野主水の推挙によって藩校秉彝館《へいいかん》の教授に抜擢され、侍医も兼ねた。惣太郎は、出仕の傍ら医治を郷閑に施し、療銭自給その俸禄を辞退するという「医は仁術」の実践者となった。

しかし、このような安定した境遇に満足できない惣太郎は、嘉永二年（一八四九）三月十日家督を長子龍吉郎に譲って一家を創立し、越惣太郎と称して江戸に出、ここでは井坂行蔵と変名して昌平黌北舎寮に入り学問を重ねた。この頃の惣太郎の宿志を窺うに、「書懐」と題して、（前略）

吾れまた神州の一男児、患は国家に在りて身は顧みず、
憐れむべし当年の読書生、心志は遠大なるも世情に暗く、

海外を学び得るも国家を誤り、口に堯舜を唱ふるも、
心は名を喜ぶは。君聞かざるや、神州の実に万国に卓絶し、
布帛百穀は異域に優り、皇統連綿として唯だ一姓、
三百の侯伯是を羽翼し、先王の遺徳は海内に周くして、
億万の生民渾《すべ》て温柔たるを。吾れ亦当年仁風を仰ぎ、
文武に潜心して国難に備えん。

と詠じ、皇統連綿の国体護持に志した。また、深く楠公を敬慕しては、（前略）

自ら知る王師復た振わず、誓いて大義を重んじ身を辱しめず、
桜井の駅下家児に諭し、奮死して顧みず湊川の浜、
老賊の基業《きぎょう》今尚凶たりき。当時は聞かず甘棠《かんとう》を惜しむを、
嗟《ああ》公の忠烈は天地に充ち、芳名は正に日月とともに長からん。

と詠じて、その節義を自らの志操としていったのである。

嘉永三年（一八五〇）、斎藤竹堂の家に於いて水戸藩大津（北茨城市）の郷士西丸帯刀と出会った。西丸は、水戸藩の儒者青山延光門下の勤王家でもあり、同志を求めて江戸に出てきたのである。この西丸との出会いは、稽医館以来の水戸藩との関係を一層密にすることとなった。嘉永六年九月、ペリー来航騒動後の世情混迷の中、古賀謹堂の久敬舎に移り、十月末には謹堂の従吏として幕府外国掛筒井政

憲・川路聖謨らとともに長崎に赴き、ロシア使節プチャーチンとの緊迫した外交応接を視察したことは、惣太郎の尊王攘夷意識を益々高揚させるにいたった。

江戸に帰った惣太郎は、久敬舎にあって尚一層広く諸藩の学徒・志士と交わり、時局を談じ対策を練った。この頃僚友鈴木仲与には、

談話時移りて気益々振るい、蛮夷何事か寄する書頻りなり、
神州の勇略君《ママ》まさに勉むべし、壮士は従来身を惜しまざるなり、
壮士は従来身を惜しまず、生平武を嗜むはこれ真の臣、
君を愛して猶丹心有るあり、特立魁然として世儒に出でん。

と贈り、また盟友となった西丸帯刀にも、

従来吾れもまた一男児、既に其の言を発しては自らを欺《あざむ》かず、
多感の壮心洩るる所なし、兵書を閲し尽くしては暮雲垂るる。

と詠じ贈っては自らの志を励ましたのであった。

安政三年(一八五六)五月、惣太郎は西丸帯刀を訪ねて常陸へ旅し、水戸・太田・磯原・大津・高鈴・袋田・八溝を経て江戸へ戻った。更に同五年三月には磐城など東北遊歴に出立、その途次戎《じゅうそう》装して水戸藩練武の追鳥狩を陪観してはその勇壮に感嘆、尚武の気象は益々鼓舞された。

時いよいよ政局逼迫し、安政五年六月十九日に大老井伊直弼が日米修好通商条約に違勅調印、これ

に抗議した水戸の斉昭、尾張・越前両藩主らが処罰を受け、八月八日には水戸藩に幕政改革支援等を命じる密勅の降下があり、これをめぐって水戸藩と幕府とは鋭く対立、藩内もまた混迷を極めた。続いて安政の大獄の嵐吹き荒れる中、万延元年（一八六〇）三月惣太郎は下野の大橋訥菴ら勤王の志士と親交を深め打開策を講じた。また、西丸を介して斉昭から依頼された久敬舎塾生草場又三（肥前藩士）蒐集の禁書を転写して贈呈した。さらにその五月には、水戸藩主徳川慶篤に対して密勅をめぐって揺れる党争内訌の政治弊害解決を第一義とすべく上書までしている。こうして惣太郎と水戸藩とは、全くその関係を深めていったのである。

この日米修好通商条約の違勅調印について、抗議した水戸藩主慶篤、斉昭や尾張・越前両藩主たちは、「違勅」に反対したのであって条約調印そのものに反対ではなかった。開国には賛成であったと観るのがよいのか、この時点では、明かな判断はできないが。条約締結を是とする勅諚を出さなかった孝明天皇はじめ朝廷の公家衆の判断は正しかったのかどうかは再考の余地がある。ハリスに迫られて時間的に余裕のなかった時期ではあったが、交渉に当たった岩瀬忠震らは白熱する激烈な論議をなしていたのである。

また、水戸藩への密勅降下は、はたして如何なる結果をもたらすのかの慎重・真剣な検討はなされたのであるか、「承詔必勤」の尊王の最高原理を学んだ尊王家たちは、勅諚に関して重大かつ懸命の覚悟で臨まなければならなかった。水戸藩と幕府の激烈な対立と水戸藩内の非常なる混乱・

対立・混迷は正に非常・異常事態であった。

三　丙辰丸の盟約

一方、桜田事変の後水戸藩士住谷寅之介らは長州藩との提携を図り、一気に幕閣の奸を除こうと同志西丸帯刀にその伝手《つて》を求めた。西丸もまた他の雄藩との結合を企図しており、惣太郎に対して古賀謹堂門下に長州人の存否を問うてきた。惣太郎はここに、嘗て禁書を借覧し転写した草場又三を登場させるのである。草場は、長州藩士松島剛蔵の友人であった。

万延元年（一八六〇）六月、松島艦長の丙辰丸が品川沖に入った。直ちに長州藩桜田邸内有備館塾頭であった桂小五郎と会談、両者も又情勢打開に水戸藩との連携を志望していた。七月十八日、長州藩の桂・松島・伊藤俊輔らは、草場の紹介状を持って水戸藩関係者との会見を求めた。惣太郎・草場を介して水戸藩の西丸及び岩間金平・薗部源吉らとの会見が実現し、その後幾たびか協議が重ねられることになった。感激した西丸は、早速惣太郎に懇切なる書簡を送って謝意を示し、尚今後の支援を依頼したのであった。水長両藩有志の会談は、

今日の策は一方では破壊し、一方では善後を策すという方針を取ろう。桜田一件は、草莽の志士の行動であった。大藩との連絡がなかったから、その後の発展がなかった。

連携成ったその機に乗じ、雄藩から幕政の改革を進言するのがよい。こうなれば斉昭・尾・越両公の幽囚を解くも容易であろう。

との方針で一致し、遂に八月二十二日品川沖に停泊中の丙辰丸に於いて盟約の議定書は取り交わされた。越惣太郎も参加したのは勿論である。以下は、その時の桂小五郎血判の議定書である。

当今の勢い、世間億万の人士視見する如く夷狄縦横に跋扈《ばっこ》し、しかのみならず内は姦吏私を営み天下に切迫、真に皇国未曾有の御最大時、幕府御安危の決定に一介の草莽といえども累世御明徳に沐浴し奉り候もの、身命を顧みず尽力仕るべく候はもちろん、就ては鄙生《ひせい》我々の如きと雖も、益々勉励致し、公平正大一点の私意を挟《さしはさ》まず、天下のために熱慮仕りご相談申し候。違背これ有るまじく、違背これ有るに於いては、神罰を蒙るべし。依って血判件の如し。

松島　剛蔵
桂　小五郎　血判

越　惣太郎　殿
西丸　帯刀　殿
岩間　金平　殿
薗部　源吉　殿

しかしながら、この盟約を具体的に両藩政府の連合に発展させねばならなかった。そのため、桂は長州藩家老の長井雅楽・周布政之助両人と水戸の名望家との接触を求めた。西丸・岩間・越らは、書林玉林堂にて求めた『大日本史』を周布政之助に贈呈すべく、帰藩する松島に託した。桂はまた、江戸在住の長井雅楽に対する水戸藩武田耕雲斎からの書簡を求めた。岩間からの依頼に対し耕雲斎は、「慶篤公謹慎中に加えて自分もまた嫌疑の中、桂とは斎藤弥九郎の塾で会っているが未だ書生同様、軽々には行動できぬ」と反対した。桂は、なお側用人美濃部新蔵を挙げ、西丸等も一計をめぐらして会見を実現させ、ために長州との交流は続けられた。対して惣太郎は、九月十七日江戸を発して上野・下野遊歴の途に上がり、所在有志を歴訪の後郷里に帰った。

明くれば文久元年（一八六一）、郷里結城に在って陽に悠々自適を装い、陰に諸藩の有志と往来国事を画策し、十月には児島強介（宇都宮）・河野顕三（下野医）・平山兵介（水戸）や西丸等と幕府要路の除奸を図って決死の同志を募った後、十二月密かに江戸に入って大橋訥菴の家に会し密議を重ねた。ところが事は未然に発覚して大橋訥菴は捕縛され、ために平山・黒沢五郎らは翌文久二年年正月十五日、急ぎ老中安藤信正を襲った。坂下門外の変である。惣太郎・西丸はそれぞれ郷里に身を隠した。長州の桂・伊藤も譴責を蒙った。丙辰丸盟約の延長である。

この丙辰丸盟約は、両藩の藩士・郷士同士が交わしたものであっていわば民間での締結であり公式なものではない。それを背景として行動を起こしていたことに混乱を招く原因があった。

四　筑波勢への加担

しかしながら、越惣太郎が頼った郷里結城藩は既に情勢を一変させていた。代わった藩主水野勝知は勤王の志士を嫌悪し、惣太郎を推挙した家老水野主水も罷免されて、藩内は惣太郎を嫉視していた保守佐幕派で占められていた。危険を感じた惣太郎は、生家小川村（筑西市）に退去し、その後は密かに水長両藩有志と連絡交流を保ち、十一月には高杉晋作・久坂玄瑞・松島剛蔵らと品川の相模屋に会合、異人館焼き討ちを計画するなど、志はいよいよ高くその実践に向けて奔走していった。

この間、幕府も方針を一変して安政大獄関係者は赦免され、水戸へ下った問題の勅諚もその返納命令は逆に攘夷実行へと変わっていった。その上、将軍へは攘夷の勅命が下った。事は、惣太郎の意図した方向へと進んだかに見えた。しかし文久三年（一八六三）八月十八日の政変は、これまたその情勢を逆転させてしまった。このため翌元治元年三月二十七日、水戸のいわゆる天狗党の藤田小四郎・田丸稲之衛門（写真、筑波山神社境内の田丸稲之衛門頌徳碑）等は、筑波山に於いて故烈

田丸稲之衛門頌徳碑
（筑波山神社境内）

公斉昭の神位を奉じ、奉勅攘夷の旗を挙げたのである（筑波勢）。

筑波山挙兵は、攘夷を唱える「烈公の神位」を奉じて旗を挙げた。しかし、烈公ははたして攘夷派であったのか。漂流の身を米国船に救助され、米国の事情に通じたジョン万次郎を招いて米国の国情を確認している。自らも藤田東湖とともに米国に渡る意図も持ち、交易は国内は許し難いが国外を拠点とする「出交易」を主張していた。

さらに、明治四年（一八七一）四月に明治天皇の水戸小梅邸行幸があった。その際に開かれた筐《かご》の中にあった烈公の書付には、海外との交流の内容が認められてあった。随伴していた大久保利通は「烈公は攘夷の権化と思っていたが、開国主義者であったか」と叫んだとの逸話もある。松平春嶽には「時世は開国でなければならないと思うが、自分の立場では今更それを口にできない」と語ったという。

これらからすると、藤田小四郎たちの旗揚げの大義名分は成り立たないのではないか。しかも、条約は既に発効している。箱舘・新潟・兵庫・横浜などの開港場のうち、慶応年間の横浜港の貿易額はおよそ八割前後を占めている。横浜を閉じることなど、現実には為しえないではないか。将軍家茂も、攘夷の実行にと上洛する。攘夷について、はたして実行可能と認識していたのであろうか、そうであるとしたら情報収集能力とそれらの分析力の不足を問われなければならない。認識していたとすれば、幕政いや日本を預かる最高責任者として余りに無責任ではなかったか。

筑波勢（波山勢）の立脚点は崩れるのである。

　また、文久二年（一八六二）会沢正志斎は「時務策」を論じ、その中で「開国」を主張した。その開明に対して、攘夷派は「会沢すでに老いタリ」と罵詈讒謗《ばりざんぼう》を以て応えた。蘭学に触れた豊田天功も「変通論」で開国を示唆し、斉昭からさらなる蘭学研究を託された天功の子息小太郎も開国を唱えたが暗殺された。水戸の学者は「師承するところ大なり」と吉田松陰に称えられたところ、はたしてそれ何処にありや。師への敬意は失われていたのである。


　この筑波山挙兵が、再び惣太郎を表舞台に登場させることとなるのである。まず四月四日、水戸の藩士沼田準次郎江戸より来たり、小山駅にて会同して惣太郎の出府を促した。ところが翌五日、宇都宮・日光に向かう小四郎等筑波勢が結城藩に対して兵馬の助力を強く要請してきたのである。驚いた藩では、急遽惣太郎を呼びだし、彼らとの応対を依頼するとともに藩主江戸在勤中の故を以て態度を保留した。

　惣太郎は、沼田との約束通り出府して有志と密議の後帰郷、五月十八日小山に出でて太平山に拠っていた筑波勢総帥田丸稲之衛門と会見、江戸の形勢を報告するとともに筑波勢への加担を約束して郷里に留まり、同志でもあった前家老水野主水の子息主馬にも加担を勧告、主馬もまた心中決するところがあった。折しも同月晦日、太平山から筑波山へ帰陣の筑波勢は岩谷敬一郎・田中愿蔵らをして再度結城藩に対して同盟を勧告、「もし談判不調に陥りたる場合には、忽ち城下市街に火を放ち、これを焼き払い城を攻撃せん」と威嚇した。

藩の苦悶を伝え聞いた惣太郎は、急ぎ走りて町奉行光岡恒と共にその間に入り、重臣水野主馬に伝えた。「御藩より五百両を贈られてその軍資金に供せらるれば、私儀中間に在りて双方の協和も万事穏便に取り扱うよう尽力すべし」と。

水野主馬もまた云う。

もしこれに参加すれば、一藩たちどころに滅亡することと明らかである。また不参加にしても、義軍はわが藩を許さぬであろう。この際我等藩を脱し、義軍に加わり彼らと共に行動すべし。もしこれについて幕府より責問あらば、水野主馬は脱藩士にしてわが藩の与り知らぬことと返答すべし。

と。

主馬は藩士四名、神官昌木晴雄等と共に筑波勢に参加し、藩もまた協力を約した。六月三日、筑波勢は退去し城下は焼失を免れた。惣太郎もまた藩士高木甚作と共に筑波山に到り、普請方兼周旋方として参画、軍監藤田小四郎・頭取竹内百太郎等と下山しては石岡周辺の屯集を往復して軍資周旋に当たった。

この藤田小四郎ら波山勢の挙兵、その後の見通しをどのように描いていたのであろうか。日光、大平山、筑波山へと定めなく迷走している。はては軍資金調達と称して金銭の強要や強奪が行われ、栃木・土浦をはじめ所々への焼き討ちにまで及んでいる。「攘夷運動」とはこのようなものであったのか。外国勢への対応ではなく国内の人々に危害が及ぶとは、不意を襲われた地域からの怨嗟と悲鳴が聞こえる。

また思う、水戸城内の諸生派市川三左衛門等と協議するために、江戸を離れることのできなかった水戸藩主慶篤の名代として宍戸藩主の松平頼徳が送られた。武田耕雲斎等が頼徳勢に合流していたとの理由があるにせよ、この名代の入城を拒んだ市川等は藩主の命に反したことになる。謀叛である。悲劇は、水戸藩は藩主と家臣団の意思の疎通・統一を欠き、まさに統治能力を喪失していたことにある。（写真は松平頼徳供養碑、笠間市大田、養福寺境内）

松平頼徳供養碑
（笠間市養福寺境内）

この頃盟友であった西丸帯刀は、水戸藩主慶篤の将軍供奉の機会に上京した後の六月、郷里大津に戻っていた。西丸は、筑波勢には積極的には加担せず事件の経緯を眺めていたが、筑波勢分派の田中愿蔵隊の粗暴に対抗するため、沼田準次郎・帯刀の実兄郷士野口友太郎・俵長太郎らと共に大津港を眼下に見下ろす西丸家の菩提寺長松寺を屯所とし、武道場を造って文武館と称していた。

惣太郎は、筑波勢が下山して那珂湊に赴く方針を決するや七月十一日同志と別れ、西丸等の拠る大津村に向け出発、途中水戸郊外長岡駅に屯集していた長子龍吉郎と永訣するが、心中まさに楠公父子桜井駅永訣に似たるものあったろうか。惣太郎としては、大津に於いて筑波の義兵並びに武田耕雲斎ら水戸藩の義徒と南北相提携し、更には長州藩勤皇の同士と連絡しようとしたのであった。

しかもまもなく同月十九日、禁門の変起こりて長州の兵敗れ、惣太郎等もまた八月九日大津の文武館が天狗党の拠点となることを懼《おそ》れた幕府の命の下、水戸藩附家老中山信徴の手綱兵並びに農兵達の襲撃を受け敗走するにいたった。西丸は郷里に匿《かく》れ、沼田は京に奔《はし》り、野口は水戸にて捕縛された。惣太郎は、同志鈴木民弥（多賀郡関本村出）とともに大津を脱して磐城に奔った。しかるに途中の山路梗塞《こうそく》して東白川郡中飢餓漸く迫るうち、農兵等山を囲み惣太郎等に迫った。最期を悟った惣太郎は、従容として辞世を賦した。

天地曽つて生ず五大洲、海山相隔てて悉く分流するも、帝王断たざること幾千歳、全く是れ五大洲に堂々たり。

この時の模様、農兵の一人山内山彦は野口勝一（友太郎の子息）に云う、

右ハ猟者数十人ノ、銃先ヲ揃ヘ縄ヲ掛ケントセン節、認メシモノナリ。之レヲ見テ、一人老人感ヲ起シ、立派ノ人ト見ユルニ、吾々共ガ縄ヲ掛ルハ無情ノ次第、此場ハ窃ニ逃カシ候方可レ然ト、

武田耕雲斎
（『武田耕雲斎詳伝』上より転載）

一旦助ケテ道ヲ指示シ遁《のが》レシメシヲ、赤坂辺（鮫川村赤坂中野）ニテ遂ニ棚倉ノ手ニ捕ヘラレシ趣ナリ。当時ノコトヲ想起セハ、実ニ愴然タルコトナリ。

八月某日、幕命を帯びた棚倉藩主松平周防守康英配下の兵によって捕縛された惣太郎らは、九日棚倉の獄舎に檻致せられ、九月二十日夜鈴木民弥・荒井一司（田丸配下小荷駄奉行）とともに上台村（棚倉町）の刑場に臨んだ。

如此ナルハ覚悟ト申シナカラ「シバリ首」ニ逢フハ遺憾ナリト。詩歌ヲ賦サレタルヲ、松本与兵衛ナル者右筆ニテ書留置タル旨、刑場ニテ酒ヲ賜ハリ快ク飲ミ、以テ斬セラレタリト。

とは、奥村新一郎（当時白川郡長）が野口勝一に書き送ったところである。

浮雲のかからはかかれ武夫の　赤きこころのいかてはすへき

と辞世を詠じた越惣太郎、時に四十二歳であった。

一方、波山勢の藤田小四郎や不本意ながら水戸城市川勢および幕府の常野追討総督田沼意尊勢と相対することになった武田耕雲斎（写真）一行は湊を脱して北上し、大子に於いて一体化し、今後の措置を水戸藩出自の京都御守衛総督一橋慶喜に頼ることに決し、耕雲斎を大将として西下を進めた。しかし、慶喜は断乎鎮圧の姿勢で京都を出立、それを知った武田勢は慶喜との戦いを避け、十二月二十四日金沢藩に降伏した。

それより前十四日、決戦を前に加賀藩では武田勢の新保宿陣屋へ白米二百俵、漬け物十樽、銘酒二石、するめ二千枚を送り遠路への慰労で臨んだ。

二十四日、「風は止み候え共、雪は益々降り寒さ甚だしく」の中、武田勢は降伏した。加賀藩では本勝寺へ武田耕雲斎、山国兵部、田丸稲之衛門、藤田小四郎ら三百八十七名、本妙寺へ武田魁介、長谷川道之介ら三百四十六名、長遠寺へ山縣半六ら九十名を収容し、士人には一汁三菜、軽率には一汁二菜、薬用の酒一日三斗、鼻紙、煙草、衣類、翌元治二年の元日に祝賀の気持として鏡餅、酒樽を以てした。武田耕雲斎の子息魁介が謹慎の意を表するため礼服着用を希望したのに対し、麻裃上下に定紋付き小袖が送られた。

鎮圧に出動した一橋慶喜は、若年寄田沼玄蕃頭意尊（常野追討総督）の申し出に対して武田一行を引き渡した。田沼は一行を寺より鯡蔵へ移し監禁し、やがて断罪を下し二月一日より敦賀の海岸で処刑に入った。執行を福井藩、彦根藩、小浜藩へ命令したが、福井藩は拒否した。斬罪者は三百五十二名にのぼった。流罪は四百五十名、薩摩藩へ三十五名。しかし、西郷は「薩摩藩は受取りし兼ねる」と拒否、その返書は、常野の浮浪輩、越前国において降参仕り候者共数百人斬罪に処せられ、其の余り軽率三十五人弊国へ流罪に行われ候間、同所敦賀湊へ迎船差し廻し候様仰せ渡され、国元へ懸け合いに及び置き候処、古来より降人過酷の御扱い相成り候儀、未だ嘗て聞かざる処に御座候、然るに大法に安んじ、死を甘んじて誅戮《ちゆうりく》を受け候に付いては、大に尋常の振る舞い御取り訳け成し下され、軽輩に於いては御宥免の御沙汰あらせられたき義と存じ奉り候、是非とも流罪仰せつけられず候て済まさせられずとの御義に候わば、弊国にては降人厳重の扱い方、道理に於いて出来かね申し候間、屹度御断り申し上げ候様、分けて申し来たり候につき、何卒御聞済み成し下され度願い奉り候、以上　　（平泉澄著『首丘の人大西郷』五七頁）

「尊王攘夷」をめぐって起こった水戸藩の内訌、大政奉還後も続くのではあるが、実に残酷悲惨な結末を迎えた。

五　子息東里

慶応元年（一八六五）九月二十九日、天狗党討伐の論功の結果武州川越に転封となった松平周防守康英は、その棚倉を去るに当たって志士達のために「三界万霊塔」と刻んだ石碑を置いた。生きながらえた盟友西丸帯刀は、明治四十四年（一九一一）四月先立った惣太郎等僚友四名の霊を慰めんと、屋敷内に「弔四先」の碑を建てた。

昭和四年（一九二九）四月、金沢春友氏ら地元有志によって、天狗党員処刑の地である通称「天狗平」に、周防守建立の碑石に隣接して「弔元治甲子殉難諸君之霊」なる碑が建てられた。惣太郎等総勢二十四名の霊が祀られた。この碑は、付近の方々によって今なお清められ、香が焚かれている。

ところで、長岡駅で別れた子息龍吉郎は、その後今鹿島（つくば市）から吉沼（つくば市）に移り、明治七年には高道祖《たかさい》小学校（下妻市）の初代校長となっている。この龍吉郎は東里と号し、明治四年「血誠歌」を残している。

　血誠々々吾れなんぞ驚かん　　八尺の骨髄みな血誠
　自ら健身を憶い児女を悲しむ　　嘲笑す神州腐儒の生
　糟粕嘗め来り胆激烈　　涵養す胸中十万の兵
　剣は鳴り腰間秋水冷たし　　義は碧天を衝き京城に
　向かう

と書き出して七言八句、六節に及んでおり、腐儒と堕した世人を批判し、自らは養い来った胆心義気を以て朝廷を護らんとの意気を示した。最後に、

　血誠々々吾れなんぞ驚かん　　八尺の骨髄みな血誠

越東里血誠歌碑（吉沼八幡神社境内）

西山を瞻望《せんぼう》すれば浮雲覆い　東岳を瞥観《べっかん》すれば暮烟横たう
紅々たる吾が血孰《たれ》か相識る　知らず、何れの処にか旧盟を結ぶを
好し有り東湖回天の史　浩然逸唱して去り南行せん

と結んで、自らの盟友を藤田東湖先生の『回天詩史』に求めている。父惣太郎が大楠公を敬慕し国事に奔走した心を体し行かんとの至情溢れ出ている。この歌は、明治三十五年（一九〇二）東里の弟子達によって刻され、吉沼八幡神社の境内に建碑された（写真）。

武田勢は一橋慶喜を頼った。その上で自分たちの素志を朝廷に訴えようとした。進退窮まった時点、大子でのその判断はやむを得なかったか、また、一行が無事に京都まで西下できると考えていたのか、一橋慶喜は水戸藩を同根とする間柄であることから何とか理解を得られる、仲介を期待できるのではないかとの判断は正しかったのか、これらは問われるところである。

一方、慶喜は同じ水戸藩勢としてなぜ救済できなかったのか、あまりにも冷血な処置ではなかったか、身に替えても救済すべきではなかったかと、心情的に問われるところではある。

しかし、禁裏守衛総督一橋慶喜と幕府の若年寄追討総督田沼意尊と双方とも幕府から任命されていた役職ではあったが、両者の立場を比較するとやはり若年寄の威力が勝る。水戸藩主斉昭が処罰された甲辰の国難を思い起こす必要がある。極刑は幕府の田沼意尊が下したものである。それに慶喜が強いて反対した場合は、身の危険があった。それでも「慶喜は救済すべきであった」

と主張するか。慶喜亡ければ後の大政奉還はなかったであろう。

むすびに

徳川斉昭は、天保四年（一八三三）越惣太郎も学んだ郷校稽医館に到り、「国朝医祖」の称号の親墨を与え、仁術をして神聖の道を綜《す》ぶることを得しめんとされた。惣太郎は公の至願をよく承け、医術を修めつつ神州不滅・皇統一姓の国体観を究めた。荒川隆之助翁は、郷里石下に近く生まれた同業の惣太郎に注目され、倣《なら》って医業並びに神聖の道を講究された。故荒川久寿男教授が、「自序」の中で「奇しくも父の志の一斑を継承することができた」と述べられたこと、このことであろうかと拝察するところである。

　また、惣太郎が参画した水戸藩の天狗・諸生の争乱、幕府・諸藩の勢力を以てしても容易に鎮圧できなかった。前代未聞の残酷な処断は、幕府の終焉を早める結果となった。同時期に起こった京都での禁門の変もそれに預かって力となったであろう。水戸藩の両派は多くのすばらしい人材を失った。王政復古後の明治政府治世下に、水戸藩出身の有力な人材は無く伯爵・男爵等を見出さない。しかし、それがなんであるか。平泉澄博士は、明治維新の実現を考えた場合、水戸藩の果たした役割は大きい。

長州藩・薩摩藩は、その倒幕の威勢をどこから得たのであるか、水戸藩からである。吉田松陰先生は水戸訪問により国体（皇国の皇国たる所以《ゆえん》）を自覚された。大西郷（西郷隆盛）は藤田東湖先生に心酔して国体を自覚された。実に水戸藩は、明治維新の生みの親、母親の役割を果したのである。「以て瞑すべし」であると断言されている（「弘道館記講義」）。水戸人としては、これを承け心を落ち着けて共に前進していきたいものである。

生前、荒川久寿男教授が「弘道」に東奔西走されたことを想うとき、教授は将に越惣太郎と共にありの感があった。教授の「自序」は、東湖先生『回天詩史』中の「斃れて後已む」の証しでもあった。

【附足】

慶応元年（一八六五）十月四日、将軍家茂は条約および兵庫開港の勅許を奏請したが孝明天皇は下されることはなかった。慶応三年（一八六七）三月五日、将軍徳川慶喜は家茂同様明治天皇に奏請したが許されることとなく、同三月二十二日の再度の奏請も空しかった。ところが、四月二十六日に前左近衛権中納言岩倉具視が前権大納言中山忠能、同正親町三条実愛に対して「済時策」を示し、その中で「先帝の叡慮を奉じ、上下協力攘夷を断行するを可とすれども、是れ容易に行ひ難き所なるを以て、薩長土三藩と熟議して其の成否を定むべきなり、……従来の情実に拘せらるるなく、寧ろ朝廷より進みて断然航海を実行すべきのみ」と開国進取を説くに至った。このような気風の変化もあって五月二十三日には兵庫開港の勅許が降りた。

慶応三年（一八六七）十二月九日王政復古の大号令が発せられ、翌慶応四年一月十五日朝廷は各国に王政復古を通達した。混迷の状が深かった攘夷に関して、『明治天皇紀』第一は「是より先、幕府の施政に反対し、攘夷を主張したる朝野の人士も今や外国交際の避くべからざるを知るに至りたれば、廟議一変を来たし、国書を外国諸公使に交付し、以て和親を図らんとするの議を決す」（五九五・六頁）と人心の変化と政策転換を記している。一月二十日、新政府は幕府締結の条約遵守を諸外国に通告し、三月十四日「五ヶ条の御誓文」が発せられ、「智識を世界に求め大いに皇基を振起すべし」と開国進取が宣言された。幕末以来国内を二分した攘夷論はやっと放擲《ほうてき》されることになった。此の混迷がもたらした歴史的損失は実に大きかった。

今日のＴＰＰ（環太平洋戦略的経済連携協定）問題も然り、国内産業により有利・不利は出てくる。世界の趨勢を見つめ、国内の双方の立場が相補いあう精神を以て日本の存立を確かなものとしていかねばならない。

第四章　小宮山楓軒の陸奥紀行

——「浴陸奥温泉記」を中心に——

はじめに

小宮山楓軒は明和元年（一七六四）、父昌徳、母細金佐野《さの》の嫡男として水戸浮草（蘋《うきくさ》）町に生まれた。天明三年（一七八三）父の跡を襲って仕官し、五人扶持、小普請組史舘勤となった。寛政元年（一七八九）稲垣香と結婚、翌年江戸に上り治保《はるもり》（文公）の侍読となった。寛政十一年（一七九九）十一月二十九日南組の郡奉行となり、翌年紅葉村の郡奉行官舎に移り（南組の中の南野合組十三カ村を改め紅葉組となる。享和二年〈一八〇二〉に五十六カ村扱いとなる）、以来二十年に亘って農民の指導に当たり名郡奉行として知られるにいたった。文政三年（一八二〇）六月十九日郡奉行を退任して留守居物頭となる。[1] この陸奥旅行は、その七年後六十四歳のことである。学者としては「水府志料」・「水城金鑑」・「憲法記」・「威公・義公年譜」・「威公・義公年譜採余」や「垂統大記」の編纂など、綿密な史料考証で知られ、また郡奉行時代の民政への深い関心、また藩主への強い忠誠心を家訓の一つとして承けていただけに、旅行途中に於ける諸々の事象への鋭い観察が随所に表れている。この旅行に携行していった文献は、「遊東《とう》陬《すう》録」（松崎慊堂著）、「標注図画東奥紀行」（長久保赤水著）、「東奥紀行」（韓珏聯玉著）、「磐城志」(2)（鍋田晶人著）、「道中記」、「分限帳」・「仙台鑑」・「仙台図」・「奥羽観蹟聞老志」などであるが、帰宅後更に参照するなどして直ちに整理したと思われる。(3)この「浴陸奥温泉記」（三巻三冊、自筆清書本）は、国立国会図書館の小宮山叢書にあり、『随筆百花苑』第三巻に所収されている。

ここでは、主に城下町の観察として水戸藩附家老中山氏の「高萩下手綱」・相馬藩の「中村」、途中他藩領民の「水戸評」および親交のあった幕府代官寺西封元《たかもと》関係等について、楓軒の観察と関連事項について考察してみることとした。なお、主な行程と日付けは次の通りである。

「往路」5／14出立、5／15大津、5／16泉・湯本、5／18広野・四ツ倉、5／19富岡・熊川・浪江、5／20原ノ町、5／23亘理、5／24仙台、5／25松島、5／27から6／1川渡（温泉「藤島吉郎衛門宿」）。

「復路」6／2鳴子、6／3岩出山、6／5仙台、（青根温泉は不浴）6／7白石・斎川、6／8桑折、6／9二本松、6／10本宮・須賀川、6／11矢吹・芦野、6／12黒羽（那須国造碑）、6／14野上河岸発舟下り、大内河岸上陸、戸村にて休憩、那珂川を渡り袴塚にて冷麵、夜水戸着。6／15子息壮次郎を以て城代・目付へ帰着報告、全行程三十日。

一　出立とその行程

文政十年（一八二七）四月、楓軒は目付に対して次のような出立願書を家人村島与平次をして奉行所へ提出した。

私義疝気《せんき》之症相煩候ニ付、木内玄節得二療治一候所、奥州玉造郡玉造温泉へ致二湯治一可レ然旨指図御坐候。依レ之可二罷成一候義ニ御坐候ハバ、往来之外三廻之御暇ニ而彼地へ相越入湯仕度と存候。依而療医手紙指添奉レ願候。

右之通日本大小神祇偽ニ無二御坐一候。

文政十年亥四月

小宮山次郎衛門（印）（花押）

御目附様中

右西内紙竪紙ニ認

右願書村島与平次ヲ以御奉行へ出ス（4）

則ち、楓軒は疝気なる腹痛・腰痛を病んで藩医木内玄節の治療を受けていたが、更に陸奥玉造温泉での療養を勧められて決心し、玄節の診断書簡を添えて凡そ三十日の休暇を願い出たのである。これは、五月朔日に家老朝比奈弥太郎より許可が出て、遂に五月十四日、同行者に入江忠八郎正身（楓軒の実弟で入江家に入婿し、この時書院番組。楓軒と同時期に大里組の郡奉行を務めた）を同行者として出立した。楓軒は途中の村々までの距離を記すと同時に、時に「歩数」を記している。これは六尺の「歩」ではなく、足を挙げる歩と断り書きしている。歩数を数えながら歩いていたのかとも思うが、はたして如何かとも思うところである。

那珂川の枝川の渡しを渡り、駕籠に乗り北へ向かった。市毛から佐和をぬける。「列松の間を行く、涼風至り、快云ふべからず」とあり、涼風を受けながら見事な松並木の間を心地よく行く楓軒の喜びを窺うことができる。

大沼の項に加えられた記事に注目する。即ち、

コレヨリ坂上陣屋郡奉行所ノ治所ニ至リ、観ンコトヲ謀ル。村人嚮導《きょうどう》シテ畑ノ間ヲ往キ陣屋ニ至リ、郡奉行梶清次衛門ニ面会ス。夷船防禦ヲ兼テ設ケタレバ、露台望遠ノ所モアリ。コレニ登リ東海ヲ眺望スルニ千里眼中ニアリ。又発銃習練ノ所モアリ。郷士大久保新次衛門、武藤七之助モ其旁ニ営ス。

とある。これまでこの地域を支配していたのは石神郡奉行所であった。それが「坂上陣屋郡奉行所」とあり、「陣屋」と称している。郡奉行所を内陸の石神村から海岸に近い金沢村に移していることになる。これは何故であろうか。

理由は、文政七年（一八二四）五月に起こった英国捕鯨船員の大津浜上陸大事件である。これの対策として、幕府は翌八年二月に異国船打払い令を発布した。水戸藩も海防を重視し、同七年七月十六日に石神郡奉行所の金沢村移転を決定し、翌八年三月四日に開所し海防を兼務させたのであり、これ以後この奉行所を「坂上御陣所」と呼ぶことにした。この陣屋は天保二年（一八三一）までの六年間置かれ、河原子詰めの海防農兵の指引《さしひき》（指揮者）を兼ねていた（『日立市史』上巻、第七章第二節）。

二　城下町

1　下手綱

高萩下手綱に入ると宿中に「備前」と書かれた制札があって、まるで小諸侯のようであると驚き、批判的感想を記している。これは、後述するように当時の藩内改革派が附家老中山氏の別高制に対して批判的態度を取っていたことに通ずることである。まず、実母細金佐野《さの》の実家を訪ねた。紅葉郡奉行となって以来三十余年ぶりであったが、その間家勢傾き、元の居宅は換えてその貧は哀れむべき状況にあった。しかし、当主幸助夫妻の丁寧なもてなしに感謝しつつ菩提寺である接引寺に詣でて先祖に焚香した。紅葉郡奉行時代、母佐野の墳墓がある水戸細谷天界寺まで頻繁には墓参ができないため、近隣の生井沢薬王寺に仮墓を設けたほど親孝行であった楓軒の心情を察するに余りある。
　下手綱宿は以前と比べると貧家が多くなっていた。怪しんで問うてみると、中山氏がこの度の築城工事に際して手間賃を弾んだために農民達が農業を疎んじ、怠惰の情が常となった結果であるとのこと。この年も大家十四・五軒も減じたとのこと、実に哀れむべき事であると嘆息している。しかし、柵門を入ると城門前まで数十家、下級の役人まで入れると百家にはなろうか、厳然たる諸侯の国である。城門前からの景観は、
　結構頗ル美ナリ。先年コノ城廃セシ時（中山氏は宝永四年〈一七〇七〉から享和三年〈一八〇三〉まで太田に移住）一覧シテ、其の雉子ノ尾ト云マデ攀タツコトアリシガ、今ハ旧観ヲ改メテ女牆《じょしょう》楼櫓モソナハリ、白壁樹間ニ陰映ス、実ニ佳城ナリ。(5)
とその復興ぶりに驚嘆している。
　また、
　中山氏財用窮シ、家臣の禄モ三年ノ借リ上ゲアリ。今年ハ皆旧禄ニ復シタレド、島村孫衛門ハ嘗テ根本国八ガ事ニヨリ隠居無役ユヱ、本禄ノ内半バヲ減ジ僅百石ナレバ、僕従養フベキ力モナシ。サレド、国八ヲ討留タル若党ニ妻ヲモ持セ、僕一人馬一匹アリ。コレヲ以テ耕作シ、粟《もみ》六十俵許《ほど》ヲ得テ経営ストゾ、其の志感ズベシ。(6)
と、家老島村孫衛門を称えている。

この楓軒の観察に関連して、水戸藩附家老中山氏知行地下手綱の由来を略述してみる。

大塚氏の出所は『新編常陸国誌』によっても不明であるが、元弘三年（一三三三）菅俣城主であった大塚員成は足利高氏の子千寿丸が、北条仲時の中先代の乱への出陣を聴き、新田義貞に荷担して奮戦した。しかし、それへの恩賞が無かったため、高氏側から南朝方に荷担するようになったが、南北朝の争乱で興国元年（暦応三〈一三四〇〉）に戦死。その後、員成の女子に小野崎成通（佐竹氏よりの養子）が入婿し、佐竹氏の配下に入った。応永二十七年（一四二〇）に竜子山城を築城。やがて大塚隆通に至り、太閤検地以後の慶長元年（一五九六）に広野折木（福島県広野町）へ知行替えとなった。これ以後暫く空き城となっていたが、慶長七年（一六〇二）戸沢政盛が出羽角館より入り四万石城主となって松岡城と改称した（ここで平山城形式に改築城）。元和八年（一六二二）戸沢氏は出羽最上・村山両郡併せて六万石城主として転封となり、これ以後水戸領となった。

正保三年（一六四六）正月に附家老中山信正の知行地となり、その後宝永四年（一七〇七）十二月に中山信敏は太田へ知行替えとなり、宝永六年には中山氏知行地の別高制が発足した。この制度は、正徳元年（一七一一）に一旦廃止されたが（松波改革の影響？）、寛保二年（一七四二）中山信昌の時に復活した。信昌は宗翰《むねもと》（良公）の侍読となって藩主を補佐したことも影響したかと云われている。この中山氏の別高制については、やがて改革派となる史館編修の会沢正志斎は文化年中の藩主への封事の中で「（中山氏の）知行を或ハ御分地或ハ別高と称候故、公儀より別に拝領仕候様聞え候へ共、是ハ妄作の僭称にて明白なる証拠も有レ之事に御座候。例え公儀より別に拝領仕り候ても、是を君の御高に結び度と存候こそ忠臣の心に候所、却而御高に結候禄を別高と称し候事、私門を経営仕候術にて不臣の甚しきに御座候。[7]」と、臣下にあるまじき行為であると厳しく批判している。その後享和三年（一八〇三）、信敬の時に再度松岡へ知行替えとなった。（二二、七二五石）。文化元年（一八〇四）正月に松岡館の普請が開始され、その時の総指揮官が家老島村孫衛門である。その結果、文政八年（一八二五）十一月二十日に「以後、館を内輪では『御城』と唱えてよい」と令達されるに至った。

　この当時、中山氏領内は緊縮財政策を推進中であったが、信敬（文公治保の末男）は江戸詰め家老落合五島兵衛・島村孫衛門らと共に権勢を専らとしていたこと、信敬の三男信共の疎薄扱いと信共を避けて水戸支藩松平頼説の二男信守が相続することになった相続争いが絡んだことなどから、文政五年（一八二二）十月、信共の付人根本国八（久二八）が両家老を殺傷する事件へと発展した。落合は死亡し、島村は負傷によって遠慮・隠居の処分、根本は闘死した。

　この国八の忠誠に対して庶民の墓参は続いたと云われるが、楓軒は、この国八の行為より処分後の不如意の身でありながら、島村の家臣に対する支援の姿勢に感動したようである。楓軒の在り方からすれば、意外なことであると思う[8]。

2　相馬藩中村

次に二十一日に入った相馬藩中村城下の様子を示してみる。ここには、雨にも負けずに精力的に奔走する楓軒の姿と彼の鋭い観察眼及び綿密な描写力が発揮されていて、城下を俯瞰するが如き感を覚える。

此所繁栄ニテ土浦ニ似タリ。又江戸日本橋ノ趣モアリ。町家ハ皆木羽葺《こばぶき》石ヲ載タリ、十町ホドモアルベシ。魚店多クアリ、相馬焼磁器ヲ売ルモノアリ、質屋ト表セルモ大家四五アリ。御買米場代三十文ト表セルアリ、何レモヨキ町ナリ。慶城山ト額セルハ円福寺ナリ。雨モ益々降レバ人ヲ遣ハシ天野屋三郎次ガ家ニ投ズ。猶予《なお》ハ雨装ノママ巡リ見ントテ四五町モユケバ武士小路ニ入ル。杉垣ガコイニテ足軽ニモアルベキト思フ者ノ居ル所ヲ過ギ、二三町ユケバ城隍ノ傍ニ出タリ。コレモ東ニハ士宅アリ。城ニハ不明門アリ、櫓モアリ、ソレヨリ南シテ大手前ニ至レバ下馬札アリ。コノ辺ハ士宅皆ヨロシク、四ツ足門扉ガマエ、居宅銚子木羽ニフキ石ヲ載セタリ。唐破風ノ玄関ナドモ見ユ。サレド長屋アルハ少シ。何レモ門ニ注連縄《しめなわ》ヲ張リ、南蔵院ト云モノ呪セル札制札ホドノ大ナル板ヲ下ゲタリ。大手ノ門ニモコノ札アリト見ユ。（中略）矢炮ノザマハアレド塗リガクシ、クボミアルノミナリ。城中ヲ見ラレマジキ為ナルカ、城モヨクカマエ、城下モ賑ハイテ磐城平ト伯仲ナルベク見ユ(9)。

城下を出て北上し大坪村において相馬領は尽きるが、その領内は長さ十三里と横幅七里、その途中に山林空原はあるが頗る大国であり、これを以て農兵二千を養うという。他の諸侯の及ぶところに非ずして、「万一事アランニハ、天下ノ用ヲ成スベキ藩国ナリ。」[10]と、その治世ぶりに感嘆・賛辞を記している。「一旦緩急あらば」に言及するところは、さすがに楓軒も海防論（「防海録」）を唱えただけのことがある。この他、黒羽藩大関氏の城下は、重臣鈴木武助の補佐による善政とその著書『農諭』に注目していたことから観察も丁寧であった。

三　水戸藩との比較評価

楓軒が旅の途中で特に注目したのは、水戸藩との比較であり、他領民の水戸藩への評価であった。十六日に入った磐城平城主安藤対馬守信義の領地である関田でのこと。宿を出ると松の並木道である。水戸を出てからここまでは、相馬侯（長門守益胤）の通行の後でもあり、道路は掃き清められていて綺《き》麗《れい》であった。列松の大木は道を挟み、東海道にもおさおさ劣ることはあるまいと思えるほどの良い道路であり、途中の山嶽・海浜の景色もまた格別であった。しかし、ここに来て列松は有れども大木ではなく、道も狭く掃除も粗末であった。その結果、

至レ此始テ我邦（水戸藩）ノ大ニシテ小諸侯ノ企及ブコト能ハザルモノアルコトヲ察シ知レリ。他

ノ国ヲ経歴セザレバ我国ノヨキヲモ知ルコトナキナリ[11]。

と記して、水戸藩の優れていることを実感し、これも旅をした結果であるとこの度の陸奥行きの意義を再確認したのである。

十九日に入った相馬領熊川は、道も広く列松も大きく水戸と並ぶほどである。相馬侯が帰国した後でもあるので、掃除も行き届き、橋にも手すりが付けてあった。小名浜など寺西封元代官（後述）の支配地に比べると、最も優れた土地である。領民は質実にして貧しくなく、水戸の人を敬っている。籠かき夫も六人も出てきた。多すぎると言っても聴かず。そして云うには「水戸侯ヲ敬シマイラスルハ言ニ及バズ、況ヤ近ク姫君ノ入ラセラレシカバ、余所ナラヌコトニ存ズルナリ[12]」と。是は守山侯（松平頼慎）の女が嫁いで来るのを、我が水戸の姫君のように思っていることであった。

二十四日の伊達藩領今泉。阿武隈川の流れは満水であった。那珂川の倍ほどの川幅であったが、平常時は那珂川ほどであろう。川を渡す舟子は、酒銭を貪るために川留めと称して密かに賄賂を取って渡す者が多くいたようである。馬夫の語りに、

君ハ水戸ノ人ナレバ舟子モ酒銭ヲ請ハズ、凡水戸ノ符アルモノハ、脚夫モコレヲ侮ドルモノナシ、屋形（伊達侯）ノ水戸侯ヲ尊敬シタマフコト大方ナラネバ、下々モ如レ此ト云ヘリ。コレヲキクニ付テモ、鴻恩ノ感カギリナシ[13]。

と記した。威公・義公の偉大さが知れ渡り、子孫もこれほどの恩恵を被っていることへの感謝の念し

きりであった。

ところで、当時他藩士がしばしば水戸を訪れているが、その観察や評価はどのようであったかも見ておきたい。

天明八年（一七八八）十月、幕府の巡見使に随行して来水した備中国（岡山県）の医師で地理学者の古川古松軒は「東遊雑記」を残している。十四日に陸奥棚倉から多賀郡に入ったその時の観察である。

常州に入りて見るに、実に上国の風儀見えて、民家のもやうもよく百姓の体賤《ていいや》しからず。農業も出精するにや、いづれの作物もみごとなり。御家中の諸士武風十分に備はり、威儀堂々として礼儀正しく、昔賢君光圀公の御政事今に残りてかくの如くなるべしと、人々感激するばかりなり。（中略）多く諸侯の領地を見て今日この地に来り、御領分の様子を見るに、なかなか並べいふべきものなし。（中略）貴賤万事備はりたれば、誠に西山公の御遺風かくまで厚きことを返すがへすも申し出し侍る。

十五日、（太田周辺）この辺の農家いよいよよし。この節は稲を刈り入るる時節にて、男女小児に至るまで農業を大切に勤むる体《てい》なり。宿々において料理向きなども奥羽と違ひ取り合はせよく、上方に似たれども、ただ味噌・醤油の味あしきには人びとこまりなりし。光圀公御代より民の奢《おご》りを大いに制し給ひ、分限に過ぎたる暮らしをすれば厳しく罰し、家業出精して奢らざる民を厚く賞し給へば、民百姓互ひに励み合ひて国主の倹約を移し、いつとなく質朴の国風となりて、味

噌・醤油など宜しきを食するものを奢りのごとく憎むゆゑ、今に至つてかくのごとしといへり。(14)

二本松藩郡奉行であった成田確斎は、文政六年（一八二三）三月祖先の墓参に棚倉を訪ねた折りに来水し、楓軒宅を訪れている。この時の記録として「南轅紀遊」を残している。楓軒宅について、「玄関があり、それを入ると十畳程の座敷二間、上の座敷にて蔵書数百巻を出し示し、好みに応じて貸し与へようと。諸書を転写する。」とした後、

主人を始、岡野氏（元郡奉行逢原）ノ児ニ至ル迄、皆、綿服刀剣ノ飾ニ華美ノ物ヲ見ズ。酒饗モ鮮鯛等ノ美味有ト云トモ、酒ヲススムルニ足ノミニテ、余計ノ事ナシ。義公御遺制ナリヤ質実ノ御家風ノ可レ欽可レ仰。(15)

と記して、質実の家風は義公の遺制であると欽仰したのである。

後年の天保十一年（一八四〇）正月に水戸・東北諸藩を視察した佐賀藩小姓・側目付の永山徳夫は、「庚子遊草」を残した。この中で、水戸の状況についておよそ次のように記している。家臣達の生活は倹素であり、宅舎は敝陋《へいろう》、宅地は大であるが家屋は小なるものが多い。中には犬馬の通行するほどに破れ痛んでいるものも見える。正月であっても補修する者もいない。藩全体にこのような草莱荒穢《そうらいこうあい》の感じが漂っているが、介冑鞍馬はほぼ備わっている。粗朴にして余分な飾りはないが、誠に実用的・実践的である。村落の敝穢《へいあい》は殊に甚だしい。しかし、貧富の別なく戸ごとに裏に必ず蔵を置き、粟麦蕎稗《あわむぎそばひえ》の類を貯えている。「外廃れ内実る、極めて美観なり。市井もまた相類す」と。これは、義

公以来百数十年一日の如く続いている貯穀の美風である。そのために、天保四年（一八三三）及び同六年以後の飢饉にも水戸藩では一人も餓死者が出なかったという。これまた先憂後楽の姿勢である。[16]

ここにも、楓軒が感じた義公光圀の功績・遺風を称えている。当時からいかに光圀（義公）の善政が称えられていたかを窺うことが出来る。

また、水戸藩の学者は「最も名分に厳にして、神を敬ひ仏を排し、大義燦然《さんぜん》として他藩の観《み》ざる所」であり、我国の史籍を綿密に考証して紀事を記述するのに長《た》けている。多くは著述するのを好み、小宮山楓軒の「垂統大記」の如く、その書は百巻を下らない。しかも「余輩の席上の説話の如き、苟も有用に属する者、衆皆筆を抽《と》りて記す。用意の篤《あつ》きこと此の如し。[17]」と、学問の厳密さ、姿勢に対して感嘆しているところはこれまた鋭い観察である。

この永山の水戸の学者への指摘は、この後吉田松陰が嘉永四年（一八五一）暮れから正月にかけて水戸を訪れた際の「東北遊日記」に、「水府の風、他邦の人に接するに款待甚だ渥く、歓然として欣びを交へ、心胸を吐露して隠匿する所なし。会々談論の聴くべきものあれば、必ず筆を把りて之を記す。是れ其の天下の事に通じ、天下の力を得る所以か。[18]」と記したのに通ずるところである。

このように、一を見て全てを見通す観察眼は、久留米水天宮の神官真木和泉守保臣が鋭い。天保十五年（一八四四）七月に水戸へ遊学した折りの記録「天保甲辰日記」[19]に「水戸之部に入る。途、潤にして樹茂れり。亦政之美を見るに足る。」と記した。更に各諸侯の行列の様を見ては「肥後世子の就国、衛杖之美、人馬之衆、蓋し天下第一なり」と絶賛し、長州藩主の就国について、その行列の規模は肥後藩の半ばではあるが「規矩頗る密なり。君侯新政の意、また見るべきなり。」と称えた。逆に越前侯・大洲侯（愛媛県）・久留島侯（大分県）ら、皆見るに足らずと厳しく断じた。阿波侯（徳島県）の帰国行列も、行装は甚だ美なるも供人の美観のみで一人も兵杖の様子・覚悟が見られない。「蓋し亦国に人無きか」と。幕末維新を志していた真木和泉守だけに、その視点・峻別基準は実に肺腑を衝《つ》くものがある。長州藩に入っての道路の広さ、両畔の松樹の繁り具合などを見て「此れ小事と雖も政教の素とする所、また見るに足るのみ。[20]」と小事と雖も疎かにしない政治力・教育力の大きさ、重要さを指摘している。

四　寺西重次郎封元《たかもと》

1　寺西代官の民政

楓軒にとって、この陸奥旅行はまた格別のものがあったと思われる。疝気療養のためではあったが、疲労の少ない最短コースを辿《たど》ったのではなく、帰路は仙台から桑折《こおり》方面に迂回していることからも想像できる。そこは、小名浜や桑折、中通りに塙を含めながら、多くの地域が三十年来の親交を持った幕府の代官寺西封元の支配地・代官所所在地であった。この地域の視察、また既に死去していた寺西の墓参もあったのではないかと推察する。この寺西について楓軒は、「懐宝日札」の中で、

「寺西重次郎江戸屋敷、湯島カラカサ谷円満寺ノ後ロナリ。[21]」「如是居士ノ君子ト称スル人ハ、酒井讃岐守、武州笠縫ノ名主寅次郎、奥州塙御代官寺西十次郎《ママ》、築土ノ成就院等ナリ。[22]」「如是居士……信心堅固ノ仏者ナルコト知ルベシト寺西十次郎ノ話ナリ。[23]」

と記しているように、二人の交流はかなりのものであったと思われる。この寺西の出自及び塙代官時代の主な施策は次のようなものである。[24]

封元は、寛延二年（一七四九）安芸三原に誕生し、宝暦十一年（一七六一）江戸へ出て西城徒士組員となった。寛政四年（一七九二）四十四歳で東白川郡塙代官に就任、この時塙・小名浜など八万石余を支配した。これ以後二十三年間の施策等を概略列挙すると以下のようである。因みに、楓軒の郡奉行在任は寛政十一年（一七九九）十一月二十九日から文政三年（一八二〇）六月十九日である。

向ヶ岡造園、寺西八ケ条の教え（楓軒はこれを元に「絵入り寺西八ケ条」を作成）、子孫繁昌手引草（間引き・堕胎の戒め）、幕府借用金で開発復興、妊婦登録令、野火取締令、子福者表彰、越後の幼児移殖、代官所内保育園設置、公休日制定、心学講演会[25]、育児並に懐胎改巡視心得、近領諸藩十一頭協議会主催[26]（文化八年、水戸藩から二名が傍聴参加しているが、氏名は不明）、文化十一年（一八一四）伊達郡桑折陣屋へ異動した。（併せて十一万石余支配、十三年間支配）。この赴任に当たって、封元は楓軒宛に次のような

書簡を送って通知している。[27]（文化十一年正月五日出）

　去冬中、私儀支配所増地弐万石御預リ所、壱万石余并奥州半田銀山取扱被二仰付一。猶右ハ引続倅《せがれ》寺西隆三郎儀私之御役筋見習被二仰付一難レ有次合に奉レ存候。右ニ付候て、私者伊達郡桑折陣屋へ引移リ、是迄之塙陣屋へは倅を為二引移一在住之上、私同様相勤申候。私儀者是迄之居所より凡三十里程遠相成申候。

これによって、半田銀山の支配権も併せ得たことも分かる。

文化十二年（一八一五）第二回近領諸藩十一頭協議会主催〔参加諸藩主・領主は白河（松平定信）・平（安藤信義）・神谷（牧野貞喜）・横田（溝口直諒）・湯長谷（内藤政環）・棚倉（小笠原長昌）・三春（秋田孝季）・釜ノ子（榊原政令）・泉（本多忠誠）・蓬田（土屋彦直）・塙（寺西封元）であるが、実参加者は郡奉行や代官である〕[28]、孝子表彰。

文政元年（一八一八）三月に、幕府勘定組頭兼務で一旦江戸へ住まいするが、翌二年八月兼務を辞職して代官専任となり再度桑折陣屋へ赴任した。遠隔地の江戸にいては、民政は十分には行き届かないとの理由であった。民政を重視する寺西の姿勢は揺るがないことを示している。下総国売女ら正業に就かせ、塙・小名浜へ引き取り、婚姻成立など。文政九年（一八二六）甫衣を賜る（五位に叙される）。同十年（一八二七）二月十八日、桑折官舎で歿（七十九歳）、後配太田氏も同月二十七日歿。

2　釈迦堂幻如照禅塔記

五月十七日湯本へ入る。寺西支配所である。

ココニテ寺西ノ事ヲ問シニ、イヨイヨ発喪アリ（実は二月十八日死去）、子隆三郎モ既ニ除服、去月中支配所巡行アリ、後役ノコトイカガナルコトニヤ、今ニ命ナキヨシヲ云ヘリ。

釈迦堂ニ至リ、幻如ガ碑ヲ観ル。桜ノ下ニ立テ、ヨク柵ヲユイタリ。寺西ノ託ニヨリ拙文ヲ刻シタルモノナリ。今ハ其託セル人モ泉下ノ客トナレリ。住僧曰、寺西君病逝ノ風説久クアリ、虚説ニモアレカシト心ニ祈リシニ、近ク位牌ヲ納メラレシニ実ト知ラレテ悲シ。(29)

楓軒は、この湯本において寺西の発喪を聴き、その後事に不安を抱き、また此処に建立された僧幻如の碑文を見ては、慈悲を本として民政に当たった寺西封元への思慕を一層募らせたのである。その碑文は、幻如が仏心をもって民に尽した功績を称えるために支配者であった寺西が楓軒に撰文を依頼したものであった。文政五年（一八二二）八月二十五日の作、書は水戸史舘勤石川清秋（慎齋、「水戸紀年」の著者）である。次に、碑文の全文を掲げておく。(30)

釈迦堂は陸前磐前郡湯本邑に在り。嘗て災に罹りて荒廃せるや久し。僧幻如字は照禅、肥前大村の人。俗姓は阿部氏、市兵衛と称す。少より俳諧を好み自ら永志と号す。郷を出でて名刹に巡礼し、陸奥塩釜に到り遅月に邂逅《かいこう》す。遅月素より俳諧を善くす。乃ち之を教導し、且て語りて曰く、仏に事ふる功徳は廃寺を興すに如くはなし。其の巡礼に勝るや遠し。永志感悟、披剃して僧と為り遅月に師事す。遅月為に名字を製し更めて瑩心と号す。遂に師に従ひて屢々水戸平潟等を往来す。寛政十年庵を湯本邑に結び居り釈迦堂再造を発願す。而るに檀越に助成者無し。幻如日々人家に出でて托鉢し米銭を乞者十有九年、未だ嘗て雨雪を避けず。又未だ嘗て錙銖《ししゅ》を費やさず、積累して数十万銭に至る。是に於いて地を卜し其の堂を再造す。衆生感喜し各々米穀を喜捨して之を助く。堂既にして成る。幻如又念誦の暇を以て地を択びて杉種を下す。苗従て息せり。乃ち数千株を分ちて之を堂側に樹ゆ。今に至って繁茂し林を成す。其の他旁近間地悉く皆之を樹ゑ、以て民を利す。人其の苗を請ふ者有らば、敢て少も吝《おし》まず、必ず其の地に往きて樹植其の方を授く。往返遠きに渉ることと雖も敢えて其労を辞せず。是を以て前後樹植する者八万余株に至る。既にして遅月寂す。親ら其遺骨を負ふて之を高野山に蔵《おさ》む。幻如嘗て多く名家の詞章を貯ふ。此に至りて便道太宰府に詣し、之を天満宮に納む。是其の宿志なり。遂に大村に出ず。郷親皆歿す。唯一孫有るのみ。大村侯其の道徳を欽び、之を留めんと欲す。幻如潜み去って湯本邑に還《かえ》る。自ら鍬耕を執り廃地を辟《ひら》き、水田若干頃を得たり。毎年獲《う》る所の粟七斛《こく》余、永く釈迦堂に入る。幻如仏門に入りてより持律堅固、毫も其の戒を犯さず、終身托鉢頭陀、水菽《しゅく》の口に入るに過ぎず。而して飢ゆる者には之を食せしめ、寒者には之を衣す。甚だ衆の崇敬する所となる。文化十三丙子十二月十九日を以て病なくして示寂す。享年六十有三歳。其の勤行人に過ぎ、而して功徳無量、其の廃堂を再造し、樹芸を民に教ゆるが如きは、最も其の大なる者なりと云ふ。桜斉寺西君、之を嘉《よみ》し親しく其の行事を状す。秀をして其塔に記さしむる此の如し。君陸奥代官に在り、政を為すこと三十有余年。其の意慈悲を以て本と為す。人苟も善行有らば、微事と雖も必ず之を録す。秀未だ幻如の人と為りを知らずと雖も、久しく君の交誼を辱ふす。則ち其の命辞するを得ざるなり。嗚呼君は幻如を目して、功徳無量と為す。安ぞ君之功徳無量中に出ざるを知らんや。幻如終に臨みて俳句あり。以て伝へざるべからず。乃ち其の辞を敬する。辞に曰く

奴岐須底底　枳弥与之悠其迺　不留和羅餌

（ぬぎすてて　きみよし雪の　古わらじ）

文政七年甲申秋閏八月二十五日

水戸　小宮山昌秀撰文

石川　秋清書丹

（原漢文）

これを要約すると次のようである。

幻如は肥前大村の人、俳諧を好み郷里を出でて名刹を巡礼していた。陸奥塩釜に来て遅月上人に出会い、仏に仕える功徳は廃寺を再興するに勝るものはないと教えられ、剃髪して仏門に入り遅月に師事した。屢々水戸・平潟などを往来していたが、寛政十年（一七九八）湯本村に庵を結び、荒廃してい

た釈迦堂再興を決意し、雨雪を避けず托鉢に励むこと十九年、遂に再興に成功して衆の歓喜・支援はいや増すに及んだ。更に幻如は念誦の合間に杉を播種・育苗し、堂の側に植林してそれが今に繁茂している。杉苗を欲する者がいれば、遠近を問わず植樹の指導に赴いた。その数およそ八万株に至った。師の遅月が歿してその遺骨を高野山に納め、幻如が蒐集した名家の詞章を太宰府天満宮に納めて念願を終えた。郷里大村に戻ると親類縁者は皆亡くなり、藩主の慰留を遮って湯本に帰り、堅固に戒律を守りながら廃田を耕し、その収穫を釈迦堂の維持費に充て、また飢寒に喘ぐ者たちの救済に当たった。このため衆の崇敬するところとなったが、文化十三年（一八一六）十二月十九日病歿、六十三歳であった。このような幻如の行状を嘉して、寺西は吾に其の塔の記文を求めてきた。寺西は陸奥の代官として三十有余年、其の意とする根本に慈悲の心がある。人の善行があれば微事といえども必ず記録に留めた。吾は未だ幻如の人となりを知らないが、寺西とは久しく交誼を頂いてきただけにどうして辞退できようか。ああ寺西の幻如に対する功徳は無量であり、自分はとてもそれに及ばない。幻如辞世の句は「ぬぎすててきみよし雪の古わらじ」であった。

現在も、成田山勝行院釈迦堂の前にあるこの幻如の墓前には、香花と線香が供えられている。

3　寺西支配地の観察

湯本

ここの制札貼紙に「養育料壱分弐朱、湯本村利惣次、弐分庄衛門、弐分彦助、右之通御手当被㆓下置㆒者也、戌十二月小名浜役所(31)」とあるのを見て「カカル些少ノタマハリモノヲ張紙シテ衆ニ示ス、心得ガタキコトニ思ヒシナリ。」と、果たして寺西の方針であるのかどうかと不審を抱いている。

以下は、赤井村に入っての観察記録である。

田畝ノ間ヲ行キシニ土地甚美ニシテ、耕シモ濃《こまやか》ナリ。惟一田ノ未耕サザリシアリ。其ノ旧株ヲカゾフルニ、一坪ニ二十余ヲ種《うえ》タリト見ユ。所謂岩城米ハ此辺ヨリ出ルナルベシ。凡米熱暑ヲ経ルトキハ多ク損ス、特《ひと》リ岩城米ハ損セザルヨシヲ聞ケリ。其土ノ善良ナルコト知ルベキナリ(32)。

土地の肥沃を株数から判断し、しかも農民の丁寧な耕作ぶりも見抜いている。郡奉行であった楓軒の着目するところ流石である。

四ツ倉・比佐ノ浜並ニ宿並(33)

人家宜シカラズ、聞シニ及バザル所ナリ。午食シテ暫ク休ヒシカドモ人馬出ヅルコトオソク、馬夫麁言《そげん》アリ。御代官所ノ民ト云ヲ以テ旅人ヲ侮ルト見エタリ。

寺西支配所ながら、人家も貧相にして馬夫も荒々しく誠実さを欠いて、代官所の民と驕《おご》り高ぶっているようであると厳しく批判している。

富岡まで(34)

御代官所ノ地ハ相馬侯通行ノ後ナレド、道掃除修造モナク、独木橋ニテ大名ヲ通スナド云如キソマツナルコト、スベテ私領ノ行届キタルガ如クニハアラズ。木戸宿ノ問屋悪キモノニテ、人馬次モ何カト六ツカシク、人労シ馬疲レタル時節ナレバ、騎乗ニ甚ガタシト云ニ至ル。

楓軒は、このような小人に頼むのも如何と思い、馬を使わずに遂に歩き出してしまった。憤慨した楓軒は更に続ける。

随テ其民モ風俗アシク、寺西ヲ誹謗スルコト聞モ苦シ、其言ニ曰ク、此度寺西様死去ニ付御悔トシテ郡中ヨリ金百両ヲ収メラル。是マデ御代官死セリトテ悔金収納ト云ハ無キコトナリ。其他モコレニヒトシク皆賄賂金ヲ納ム。タトヘバ公事訴訟其外願ノ事アル、皆金ナリ、定マリタル年貢ノ取立、米善悪ノ択方、其送等ニ出役アルモ、皆金を進ラネバナラズ、荒地アリテ一毛モ作ラネド年貢ハ免サレズ、賄賂ニテカカリモノハ多シ、民貧シカラザルコトアタハズ。コレニヨリ御代官ハ言フニ及バズ、手代ニ至ルマデ三百金五百金ヲ蔵セザルハナシ云々。

一般の人々も風俗・気風は良くない。寺西を誹謗する者も多く、此度は寺西死去に伴う悔やみ金を集めているとか。今まで代官が死去しても無いことであったのに。収穫皆無でも年貢は免れない。公事訴訟にも賄い金を贈らねばならない。このように、この頃は万事金が物言う風潮になってしまい、賄賂が横行している。役人共の上下役とも皆大金をため込んでいる。これでは民の風俗が悪くなるのも当然であると。

楓軒は「寺西ハサバカリノ慈悲者ニテ育子ノ事ニ世話厚シト聞ケリ」と。しかし「昔ハ去ルコトモアリシナラン、今ハ其事ナシ」との答え。感慨にふけり、嘆息することしきりなり。

寺西氏ハ予モ久シク通信スル人ナレバ、コレヲ聞イテ何トモキノドクナルコトニ思ヒシナリ。後ニ桑折ヲ過《よ》ギリシ時ハ、其民ニ誹謗ノ言アルコトナシ。サラバ、小名浜詰ノ手代ニ貪吏アリテ、コレガ為メニ誹リヲ受ケラレシモノナルベシ。其本ハ寺西氏ノ人ヲ知ラザルニ出ズルトイヘドモ、憎ムベキハ貪吏ナリ。細民ノカクマデ恨ミタルコト、行人ノ聞ヲ驚カシ、諸侯ノ侮リヲ受ケ、恐レ多クモ江戸執政ノ徳ヲ損ズルニ至ルベシ。源清クシテ末流濁ルコトアルベカラズ。賄賂ノ害甚シキコト如レ此、有司タルモノ慎ムベキノ第一ニアラズヤ。[35]

小名浜での寺西の悪評価は手代等下役人の貪欲さと賄賂の為であり、有司たるものの人物を見抜く力も重要であると自戒している。この項は、「桑折領民」との比較をしていることから帰宅後に整理したことを知ることができる。

桑折

ここでは、寺西について既に発喪、帰一寺[36]に葬り百ケ日の法会も終わったこと、寺西の妻も亡くなったが（二月二十七日）喪を秘して未だ発喪せず、葬礼もないことを聞く。墓前に進む楓軒。香を手向けつつ、観察細やかである。しかも小名浜での悔金のことも氷解する。

予も三十年来ノ知音ニテ書信絶エルコトナカリシカバ、其墓ヲ拝セント其寺ニ至リ、導者ヲ請ヘバ一僧出デテ案内ス。其墳ノ高三尺ホド石垣ニタタミ其上ニ五輪ノ形ノ石ヲ立タリ。中ノ石ニ松樹院殿ト刻セリ、前ニ香炉アリ、薄縁ノ席ヲ設ケタリ、即焼香一拝ス。石ノ背ヲ観ルニ賜㆓布衣㆒桑折郡宰寺西封元――年―月―日終㆓于任㆒、是其墓表也ト刻セリ。其旁ニ趺石ノミ設ケタル墓アリ。コレ封元ノ妻ナリ。内実ハココニ葬レリ。封元ノ墓前ニ石灯籠七基アリ。コレヲ問ヘバ郡中ヨリ上《たてまつ》リシモノト云フ。彼浜街道ニテ悔金納メシト云フハ、是等ノ費用ナルベキヲ、小民解サズシテ悔金トハ云ヘルナルベシ。何レニモ下吏ノアツカイヨカラズシテ誤リナラン[37]。

生前しばしば書信を寄越して桑折訪問を勧めてくれ、しかも費用乏しくば自ら負担しようとまで云ってくれた封元を想い出し、「遺憾ナルコト限リナク、涙下リテ悲シカリシカバ」とて「初志存㆓旧約㆒　古寺訪㆓新墳㆒　花落鳥空去　誰能問㆓九原㆒」と詠んで寺を後にした。封元の子の蔵太郎は父と違って懇志なく、父封元が死んでも自分に通知も無いと憤慨し蔵太郎宅に立ち寄ることもなかった。

4　「絵入り寺西八ケ条」と「惻隠語録」

寺西の農村改革の一つ風儀改革については、寛政五年（一七九三）正月に制定して各村に配付し教導した「寺西八ケ条」がある。その内容は大きく次の八箇条をあげ、最後にこれらを普段からよくよく相守るよう諭したものである。

（1）天はおそろし
（2）地は大切
（3）父母は大事
（4）子は不憫可愛
（5）夫婦むつまじ
（6）兄弟仲よく
（7）職分を出精
（8）諸人あひきやう

右八ケ条の趣をふたん心掛け守れば、人間の道にかなふ故、其身子孫迄繁昌に栄ゆる事疑ひなし。若し又右を守らず、身持心持悪き者は、改めの上、急度とがめ申付候間、良くよく大切に相守るべし。(38)

これに加えて享和二年（一八〇二）九月、楓軒は文字の読めない農民等のためにこれに絵画を添えて村々に示した。ここに楓軒の農民達に対する愛情と教えへの創意工夫が表れている。楓軒の支配区域であった牛堀（牛堀町）の須田家所蔵の「御教諭寺西八ケ条」[39]の末尾に「此書御郡奉行小宮山次郎衛門様扱、下二百姓一御教誡の根元なり。聖人の教へと雖も此の外に出べからず。永く家蔵すべきもの也。」と書き加えられている。[40]貴重な教えとして、農村に広く行き渡っていたものと思われる。この教えの中で、殊に「子は不憫・可愛《かわい》」には、この当時陸奥・常陸・下野・上野等に行われていた間引きの風習は、これを根絶しようとの願いが強く見られ、その背景には当時盛んになりつつあった心学の影響があったと考えられる。[41]

これに関して、楓軒や寺西とも交流のあった木村謙次も貴重な史料を編んでいる。則ち「惻隠語録」[42]である。その中に収められている主なものを抄出すると次のようである。

ア　文公治保の教諭「享和三年（一八〇三）七月、育子之義ニ付被二仰出一書」

•寛政三年（一七九一）五月、天下の庄屋六郎兵衛朋来宅にて村中男女呼出し（一ケ坪、一・二人ずつ留守居させこの触れ読み聴かす。）

•文化三年（一八〇六）九月四日、岡野庄五郎（逢原）大検見巡検の時、惣百姓集町庄屋木村孫左衛門本宅ニて仰渡候。

イ　寺西重次郎封元（塙御代官、江戸下谷三筋町）語曰、

下野か東奥の人か年頃越後へ商ニ行、定宿の婦人子沢山なる上に、或年は娘も其活計を思ひやり、其之児達多くて、其上此年は常ならぬ風流なるが関東（下野を称、奥越の人云）辺の人はあまたなれは、押かゑすと云事あり。何ソ斯せさるそ。婦人さはさり聞及べる。此活計の苦しさにはさもあらんと思へとも、如来様参りかよふ出来ますまいそと、なくなく語れりける故、此商顔赤ふして去りぬと云。越後の人、仏を信ずることは誠一にして道にかなへりと称《ねん》ころにかたれり。

右、文化五年（一八〇八）八月十七日得たり。此本ハ常州多賀郡神岡村佐藤牧次名維哲なる人、棚倉領民なる故有司より内々たのまれ稿せし由を話せり。（中略）嘗て交りける人なる故、其人の志をおもひ、又人のさとさん事を祈りて漫写す。（八月二十九日。）

ウ　「育子ノ一文」寛政十二年（一八〇〇）十二月水戸東海浜（湊）長光（長光寺）竹堂釈曜恵掛物ニ仕立（水戸清水町斎藤忠次衛門印に施）、水戸陣屋ヨリ庄屋六郎兵衛へ下さる。（村々庄屋へ一幅つつ陣屋ヨリ配分賜リ候は、文化元年（一八〇四）甲子四月なり）

エ　「堕胎禁止弁」

門人佐藤兼三に借す。寺西重次郎の元へ一覧に備たる。此人冊子を悉く写しめ、不肖の謙を篤志なると感賞せらるるは寛政五・六年の年なり。其の後も深く此慈幼の事は問ものせられたる事多し。寺西君は忠信の廉吏なりける。

右、寛政十二年（一八〇〇）写。上手綱村佐藤良元、塙御領赤坂村住塙代官所寺西重次郎へ申出し候よし。

オ「育子論」東蓮寺村郷医猿田玄碩、挿絵入り。

カ「虱論」医師村田隆民著、小林隆真珍蔵

キ「虱論蒲罸」寛政三年（一七九一）十一月、木村謙。

ク「小菅戸説」（岡野逢原行従著）の中の「育子論」文化元年（一八〇四）七月写。

ケ「長久保権五郎天祐伝」・「越後乳法」文化二年（一八〇五）三月、木村謙。

コ「育子論」杉山子方記　寛政三年（一七九一）五月水戸本四町目江幡次郎右衛門印行。

サ「育子篇跋」寛政五年（一七九三）十一月初旬柳下園より写来。

シ「三才村里正鈴木彦兵衛、寛政三年七月二十四日支配村民え申渡候書付の草稿」（先月中御郡奉行様御巡村にて、村々男女一同召寄読聞かせ候。）

「育子訓」太田村立川淳美著

更に寺西には、農村の振興策として文化八年（一八一一）十一月に布達した「寺西十禁の制」がある。項目をあげると次の十ケ条である。[43]

（ア）勧　農　　　　　　　　　　　　（イ）博徒の禁
（ウ）絹布着用の禁　　　　　　　　　（エ）神事遊びの禁
（オ）神祭供物の制限　　　　　　　　（カ）餅舂候事年に三度に限る事
（キ）婿取嫁取の奢を禁じ、一類の振舞を減ずる事　　（ク）地狂言買芝居を禁ず
（ケ）畑に死体を葬る事を禁ず　　　（コ）酒の小売、飴菓子の持出し売りを禁ず

これを更に詳細にした全文十七箇条からなる「御料私領申合民風御改正申渡書」を、近隣諸藩の村々にまで布達した。寺西は、この趣旨を領内に徹底させるため、同年十二月各村名主にたいして、村内物百姓に三度読み聞かせ、もし御法度を守らないものがいた場合は如何なる咎も受けますとの請け書を提出させている。

このような寺西の善政に対して、感化を受けた農民達は、寺西への崇敬を示すために「生祠」を建てて敬い続けた。それらは、現在次の三カ所に残されている。

（ア）文化十四年（一八一七）塙向ヶ岡公園、現在の神社は昭和五年六月の建立で、本庄栄次郎博士揮毫の標注が立っている。

（イ）文化十五年建立石川郡玉川村小高、庄屋須藤家の屋敷林内。現在の標柱は「嘉永三年（一八五〇）庚戌」とある。須藤家はなく、近隣で管理されている。

（ウ）文政二年（一八一九）石川郡平田村東山、現在は個人の私有地内にあり、地主が管理している。

祠には年号は刻されていない。地元の小学生等が見学に訪れている。

このほかに「記念碑」が二カ所にある。文化元年（一八〇四）古殿町大久田、年不明同町松川である。これら何れも奥深い山間地であり、寺西の善政に感謝の念が強かったのであろう。

このような寺西顕彰に対して、寺西代官の罷免要求が起こっている。寺西は、文化十三年（一八一六）十一月に新たに伊達郡の川俣陣屋支配地二万余石を組み入れ、併せて十四万石余を支配することとなった。これより半年前の同年五月、元川俣陣屋支配伊達・信夫・宇多郡四十ケ村村方三役らは、老中宛に寺西代官罷免要求訴状を提出する動きを示した。その訴状の主な内容は、「桑折役所からは遠隔地にあることから支配は遠慮したい」「小名浜・塙の御改正は名ばかりで実質は賄賂の横行である」「荒地起き返し開発の貸し金制は農民の実質負担増となっている」「赤子養育政策は手当金・養育費の元となる赤子改元帳に不正がある」「年貢の増徴、年貢延納の賄賂の存在」等々である。しかし、実際には老中には提訴されることはなかったようである。(44) それよりも、支配となった川俣郡内の頭陀寺（川俣町飯坂）境内には寺西功徳碑が建立されているのである。裏面に撰文が刻されていた形跡はあるが、すっかり摩耗していて判読不可能である。従って建立者が誰であるかも不明であるが、支配後の政治はよく為されていたのではないかとも思える。また碑の前の灯籠には文政十年（一八二七）二月十八日とあるが、この年月日は死亡日であり、死後直ちに建立しているのは不自然である。この建立年月日は再考を要する。

むすびに

このほか、楓軒が特に留意した件は相馬の「野馬追」である。妙見の神使として保護を加えていることを「古者神道説教ト云ハ則チココニアルベシ。此野馬アルニヨリテ太平二百年ナレド乱ヲ忘レズ、閲武ノ挙アルコトハ大ナル国用ナリ。必シモコレヲ以テ惑トシ、コレヲ以テ習俗ノ陋ト云フベカラズ。[45]」と、野馬追に批判的な松崎慊堂の「陬録」の見解に反論している。また、「オモヒオモヒノ働キセルハ戦場ノアリサマヲ親シク見ルガ如シ。……赤水紀行ニ、農事ノ害ヲ成スヨシヲマウサレタルモ理リアルニ似タレドモ、千載ノ古ヘヨリ伝ヘ来レル祭リニテ、殊ニ一両日ノコトナレバ、予ハコノママニテ古ヲ存シタルゾ宜シカラントオモヒシナリ。[46]」とて、長久保赤水の批判にも反論している。現実より伝統を重視し、古典の真髄から批判する姿勢は、楓軒の学者としての立場である。

また、(貝田にて)「東ニ霊山アリ、コレ顕家卿ノ保セシ所ナリ。サバカリノ名将二度マデ勤王ノ大軍ヲ起シタマヒシカドモ阿倍野ノ一戦ニ殞命《いんめい》アリシコト、皇家ノ衰コノ人ノ一身ニカカリシナレバ、懐旧ノ感堪ヘガタク云々[47]」と、北畠顕家の功績を称え追慕している。嘗て楓軒は、十三歳にして『太平記』を読み、楠木正成の忠誠に大いに感激したが、それは終生変わることはなかった。また、南朝方への思慕の情も同様である。顕家が多賀城府を出て義良親王を擁して拠点としたこの霊山、その岩山の屹立した様は、西において名和長年が籠った船上山と同様であったことに、偶然にしても相通ずるものがあったのかと不可思議さを覚えた。ただし、楓軒は南朝方への敬意と思慕までであって、『大日本史』を編纂して大義を明らかにし名分を正すことを以て己が任と為した気概にまでは至らず、藩主光圀・斉昭を始め、会沢正志斎や藤田東湖らの学問とは一線を画した感がある。

「脚気に川渡、目に鳴子」と評判であったが、旅行の目的であった玉造温泉では川渡の湯が最も心地よく、五月二十七日から六月二日まで湯治に努めた。しかし、鳴子は硫黄の臭いがきつく瀧の音もうるさくて熟睡できず、楓軒には合わなかったようで一日で去っている。

この「浴陸奥温泉記」には、楓軒の綿密な観察とその感想・記録が記されていて実に貴重なものである。ただ、当時の旅には各人それぞれ様々な目的が持たれていたであろうが、会沢正志斎は久留米藩士村上量弘に与えた「村上生を送る序(48)」の中では、その目的について「風俗の醇、人情の厚薄、君相の賢否、政蹟の得失、以て観るべく、以て戒めとすべし。天下の形勢、山海の険夷、兵財の強弱贏《えい》縮《しゅく》、及び夷蛮戎狄の宜しく慮はるべく、備ふるべきは、則ち其の情実を察し、其の緩急を審にし、以て天下のために長策を画さんとする者」でありたいとの期待が込められている。これを以て山川を跋《ばっ》渉《しょう》し、古人を追念し、自ら奮励すれば国家に報いることも可能であり、旅人の本質がそこにあると教えている。

楓軒の水戸藩との比較において、また水戸藩を訪問した他藩士の記録も、領民の生活面への視点が多い。しかし、水戸藩の学問の本質は、学問によって歴史の本質に迫り、その学問を弘め影響させることで現状を正すことである。吉田松陰が豊田天功や会沢正志斎から受けた「身皇国に生まれて、皇国の皇国たる所以を知らざれば、何を以てか天地に立たん。」[49]と嘆じ、帰るや急に六国史を取りて読んだ「国体への覚醒」はその代表的なものであることは肝に銘じておきたい。

註

(1) 「水府系纂」六二(茨城県立歴史館蔵)。
(2) 『随筆百花苑』第三巻(昭和五十五年、中央公論社刊)「浴陸奥温泉記」の「磐城平」の項、三二一頁参照。鍋田舎人は磐城平の住人で、楓軒はこの旅行途中で立ち寄り歓談し周辺の案内を受けている。
(3) 前掲『随筆百花苑』の解題、朝倉治彦氏が詳述している(四一九頁から四二二頁)。
(4) 「楓軒年録」三十(国立国会図書館蔵、小宮山叢書)。なお、このすぐ後に「六月十四日、玉造温泉より帰ル。同十五日、名代壮次郎御城代御目付へ遣。今日帰候旨遣申。」と帰宅の件が併記されている。
(5) 前掲『随筆百花苑』三一三頁。
(6) 同前。
(7) 『水戸藩史料』別記上巻九(吉川弘文館刊)五〇〇頁。
(8) 『高萩市史』上「松岡」に関する中世・近世の項目。
(9) 前掲『随筆百花苑』三三七～三三八頁。
(10) 同前、三三八頁。
(11) 前掲『随筆百花苑』三一八頁。
(12) 同前、三二八頁。

(13) 同前、三四四頁。
(14) 『他藩士の見た水戸』（水戸史学選書、久野勝弥編）四～六頁。
(15) 同前、四頁。
(16) 同前、六六～六八頁。
(17) 同前、六八頁。
(18) 『吉田松陰全集』第十巻（山口県教育会編）二一七頁。
(19) 『真木和泉守遺文』（真木保臣先生顕彰会編）三二九～三三六頁。
(20) 同前「弘化丁未日記」三四七頁。
(21) 前掲『随筆百花苑』一九頁。
(22) 同前、二一一頁。
(23) 同前。
(24) 『寺西代官領における農山村の庶民生活史料』（福島県教育委員会編）による。
(25) 『塙町史』第1巻、四九九～五〇六頁。当時、泉藩主本多忠籌、白河藩主松平定信を始め諸大名が競って領内の農民教化に、石田梅岩の創唱した所謂石門心学を採り入れた。その弟子手島堵庵によって精神修養と処世の学にまで大成された。寺西の心学導入による領民教化は塙村安楽寺や山野井村光源寺において説話・講話・法談などの名目で講演会が開催された。また、間引きや堕胎の悪習を戒めるため、心学者脇坂義堂の「童子撫育草」の抜き刷りを配付したり、「子孫繁昌手引草」を配付するなどした。
(26) 前掲『塙町史』五〇九～五一二頁「御領私領民政改正とその実施」。寺西は領内村々の復興を計るには、単に塙代官領だけの計画では不十分であり、隣接諸藩と協力する必要性を痛感し「民政改正要綱」をまとめて勘定所を通して幕閣に上申して認められた。松平定信の信任の厚かった泉藩主はこの要綱に賛同し、近隣諸藩にたいしても寺西の提案を元に一堂に会し、「民政改正要綱」について慎重に検討し、協調を計るべきであるとしている。この結果、文政八年と十二年に協議会が開催された。これの実現には、前白河藩主松平定信の支持があったからとも云われている。
(27) 前掲「楓軒年録」十二。
(28) 藩主・代官名は『日本史総覧』Ⅳ、近世(一)による。
(29) 前掲『随筆百花苑』三二〇頁。
(30) 『常磐市の金石文化財』磐城市文化財調査報告第二集（常磐市教育委員会編、昭和三十七年度。いわき市里見庫男氏及び勝行院住職の提供。『寺西代官領における農山村の庶民生活史料』の二七・二八頁に国文訳が入っている）。
(31) 前掲『随筆百花苑』三三〇頁。
(32) 同前、三三二頁。
(33) 同前、三三五頁。
(34) 同前、三三七～三三八頁。
(35) 同前、三三八頁。
(36) 『寺伝』では慶長元年(一五九六)良然が創建し、正徳寺と称した。享保年間徳川吉宗の允可を得て無能寺と称し現在に至っている。その途中に「帰一寺」の称号は出てこないが、当時一般に称されていたのであろうか。或いは楓軒の誤解であろうか。
(37) 前掲『随筆百花苑』三八四頁。
(38) 前掲『塙町史』第2巻　資料編、二〇二・二〇三頁。
(39) 「絵入り寺西八カ条」で「楓軒叢記」五(国立国会図書館蔵)に収められている。
(40) 前掲『寺西代官領における農山村の庶民生活史料』四九頁。
(41) これらは(☆)でも示したように心学の影響と思われる。常陸における心学の状況は、古くは『茨城教育』第五六七号「常陸の石門学」（稲垣國三郎氏論文）がある。楓軒と心学との直接的関係は明らかではない。心学導入について早くは下館藩主石川若狭守総弾が寛政四年（一七九二）・五年ごろに中沢道二や北条玄養等を招き領内を巡講していた。さらに、常陸では下館の「有隣舎」、小田の「尽心舎」、太田の「孝友舎」、土浦の「孝準舎」、水戸の「三省舎」が有名であり、かなりの普及を示したと思われる。殊に水戸と太田では中山備前守信敬が寛政六年には中沢道二と交信があり、同九年には北条玄養が水戸・太田へ行っている。中山備前守と心学の関係は未だ究めていないが、備前守の影響するところは大きいようである。稲垣氏は、武士は水戸学で、庶民は心学で養育されたようであるとも述べられているが、猶調査の必要を感じている。

(42)　茨城県立歴史館蔵（木村謙次編、収録文書から寺西封元と木村謙次の交流も判明した）。

(43)　前掲『塙町史』第1巻、五〇九～五一二頁及び第2巻、二〇五～二〇八頁。

(44)　『寺西封元』（福島人物の歴史シリーズ）一八四頁。

(45)　前掲『随筆百花苑』三三一頁。

(46)　同前、三三六頁。

(47)　同前、三八三・三八四頁。なお、三二四頁に「飯野八幡ヲ拝ス、大社ナリ。鳥居ノ前ニ円月橋アリ。コノ社ノ文書多クアリ。鍋田ニテ写シヲ見ル、重テ借覧スベシ。太平記、伊達霊山、宇津峰等ノ始末、コノ文書ニテ其実ヲ得ルモノ多クアリト云フ。」とあり、顕家戦死後の宇津峰に拠点を変えた南朝勢の動静にも関心を持っていたことを窺うことができる。

(48)　前掲『他藩士の見た水戸』二〇二～二〇四頁。

(49)　前掲『吉田松陰全集』第七巻「来原良三に復する書」三五二頁。

※　楓軒の往路地域は、この度平成二十三年三月十一日の東日本大震災・津波および福島第一原子力発電所の爆発により大変な被害にあったところである。しかも、いまだに帰郷できないところもある。行程を辿った往時を回顧して感慨一入のものがあった。

第二部　水戸藩至難の運命とその超克

第五章　藤田幽谷の人柄――「幽谷遺談」ほかに見る――

文政七年（一八二四）五月二十八日、大津浜に英国捕鯨船員が上陸しました。この時藤田幽谷先生は子息東湖さんの命を懸けて対処しようと重大な決意をしています。異国人が鎖国以来初めて不法上陸したこのいわゆる大津浜事件が、後に日本中に攘夷論がわき起こる契機となったのであります。今日、尖閣諸島や竹島問題など対外的に緊迫した状況にありますが、この時期に幽谷先生について学ぶことは大きな意義があることと思っております。

藤田幽谷（『幽谷全集』より転載）

本日、私に与えられました内容は「藤田幽谷先生の人柄」についてでありますが、内容は幽谷先生の友人石川桃蹊の「幽谷遺談」や門人飛田逸民の「逸民集抄」、さらには会沢正志斎、東湖先生の遺文から抄出しております。はじめに那珂市飯田に建立されている藤田幽谷・東湖の顕彰碑（写真）について触れておきます。当地では、昭和二十九年（一九五四）の秋に芳野村東湖会により「東湖先生歿後百年祭」が藤田家墓所内の顕彰碑の前で催行されました。私は小学五年生、それ以来「藤田東湖」の名を記憶することになったのです。

一　藤田幽谷・東湖顕彰碑

藤田幽谷・東湖顕彰碑（那珂市飯田）

藤田家の祖先は、信州あるいは武州の藤田家が遠祖でありその後常陸の佐竹氏の家臣として太田の馬場にあり、関ヶ原合戦の後に家康の嫌疑を受けた佐竹義重・義宣父子が慶長七年（一六〇二）秋田へ移封された際に、「主税」が飯田村へ移って土着し農業に従事するようになったと思われます。

この飯田に法満山一乗院千手寺（真言宗）があります。応永三年（一三九六）石沢村（常陸大宮市）に建立され、その後天文十九年（一五五〇）九月までに稲木（常陸太田市）に移り佐竹本家の祈禱寺院としての地位を固めております。天正十八年（一五九〇）佐竹氏が水戸に進出したことにより、水戸台町の薬王院の一郭に移り、元禄十三年（一七〇〇）に徳川光圀の命で飯田村へ曳き寺されたものであります。一乗院に、安永八年（一七七九）に立てられた供養塔があります。当時の干ばつ、暴風雨、冷害、虫害などによる飢饉や疫病で犠牲になった農民はじめ動物・植物までも供養するために、飯田村をはじめ隣接する鴻巣村、戸崎村の農民たちが浄財を出し合って建立したものです。その中の一人に「藤田金衛門」の名が刻されており、この「金衛門」が飯田村藤田家の先祖の一人であります。飯田村に残った藤田本家は今はなく、中島坪に「旧宅及び井戸跡」が残るのみであります。不可思議なことに、藤田家がいつまで存在したかも定かではありません。飯田村は、享保年間から享和まで（一七〇〇年代のおよそ一〇〇年間）戸数も人口も減少続きで、かなり荒廃が進んでいました。このような状況であることから、やむなく分家して水戸へ出て行ったものと思われます。水戸に出た幽谷の祖父顕一は、廃着業に従事して刻苦精励し、やがて暖簾《のれん》分けを得て古着屋「藤田屋」を興すまでになるのです。

ところで、この顕彰碑（写真）は「尊皇遺烈碑」と称され、題には当時の茨城県知事林信夫の筆で「遺芳」と刻されています。撰文は水戸学塾の大内逸郎、書は住谷金次郎です。昭和十二年四月二十九日、当時の天長節の佳日に建立されたもので、建設主体は帝国在郷軍人会芳野村分会（芳野村は旧飯田村・鴻巣村・戸崎村の三村から成り、現在は那珂市）です。碑文全体は以下のようであります。

水戸義公天下に率先して尊皇の大義を倡《とな》え、而して文武二公継述して墜《おと》さず。以て烈公に至り、更に先志を拡充し、復古の機運を醸成す。是に於て四方翕然《きゅうぜん》として帰趨《きすう》する所を知る。其の子慶喜に及び、入りて宗家を継ぎ、大政を奉還し、以て明治維新の魁《さきがけ》を為すは、蓋し偶然に非ざるなり。其の歴世の功烈赫奕乎《かくえきこ》として青史に長く没すべからず。而して文武二公に歴事して其の志を成さしむる者は藤田幽谷なり。烈公をして天下の木鐸《ぼくたく》たらしむるに与《あずか》りて力有る者は、首《はじ》めに藤田東湖を推さざるを得ざるなり。幽谷は父にして東湖は子なり。此の父子の功業、実に偉人と為すに背かざるなり。幽谷の祖父顕一分家して出で、那珂郡飯田村より居を水戸城下に徙《うつ》す。その子言徳、実に幽谷を生み、幽谷は東湖を生む。而して本家は則ち今に至るまで飯田の地に在りて其の祀を絶たず。頃日郷人相謀り、碑を建て以て幽谷と東湖との功業を記し、併せて人をして其の祖父顕一の出づる所為《た》るを知らしめんと欲し、余に文を作り以て其の由来を書するを請う。不文を以て敢て辞せざるは、事尊皇に関わること有ればなり。尊皇は則ち我が日本固有の精神にして、其の之を推弘し、之を拡充するは一に繫《かか》りて我等国民の双肩に在り。郷人若し能く之を観て感奮興起せば、則ち方今国家非常の時に於て世道人心を振盪《しんとう》激励する所尠《すくな》からざるや必せり。是れ、題して尊皇遺烈の碑と為す所以なり。

昭和十二年丁丑春四月二十九日

茨城県知事正五位勲五等　林　信夫　題額
水戸学塾　大内逸郎　撰文
従六位勲六等　住谷金次郎　書

（原漢文、読み方は『那珂町の碑文』による）

翕然《きゆうぜん》（一致するさま）　　赫奕乎《かくえきこ》（光り輝くさま）
木鐸《ぼくたく》（指導者）　　振盪《しんとう》（振り動かす）

　この碑の建設発起人は帝国在郷軍人会芳野村分会、建設委員長は平松源司（戸崎）、副委員長は高畠千像（鴻巣）・玉川昇（飯田）の二人であり、石工は飯田村山崎留之介です（この石工山崎家は今に続いている）。

　これら寄付者の多くは村の上層部に属する有志であり、中には勤皇事績顕彰会があったこと、芳野尋常高等小学校の教師たちも参画していたことが分かります。中沢亀松は郡の教育長を務めました。吉田尚彦は幽谷先生の娘で東湖先生の姉に当たる「本《もと》」が吉田令世に嫁しています。その吉田家の子孫です。豊田芙雄は東湖先生の妹雪子（桑原信毅の妻）の娘で、幽谷先生の門人豊田天功の長子小太郎に嫁しています。東湖先生の姪に当たり、夫の小太郎が不幸暗殺された後、苦難に耐え勉学に励み、東京に出てお茶の水女子大学附属幼稚園の保母（日本の保母第一号と称される）となった人物であります。桑原恒壽は東湖先生の妹雪子が嫁した桑原家の子孫。武田政義は武田耕雲斎の子孫で、耕雲斎の長子正勝には東湖の妹「いく」が嫁しています。また、木内富七は元は鴻巣村の宮本姓、幽谷先生の妻丹梅子の兄就道の次子虎次郎の妻が鴻巣村宮本家生まれの宮本もとです。それぞれ藤田家及びその学問にゆかりのある人物たちであり、顕彰碑建立に支援の手を差し伸べたのでありました。

この碑が建立された昭和十二年（一九三七）、当時の大陸の情勢は非常に緊迫していました。昭和六年（一九三一）九月に起こった満州事変以降、日本の大陸政策は混迷を深め、六年後の昭和十二年七月七日には日中両軍が衝突した蘆溝橋事件が勃発（支那事変）、遂に日中間は戦争状態に突入。

このような中で、地域の総力を挙げてこの尊皇遺烈碑は建立されるに至ったのでした。義公・烈公の尊王精神を受け継ぎ、それを拡充・発展させた藤田幽谷・東湖両先生の精神を体してこの難局に対処し、併せて郷土の誇りを再確認しようとしたのでした。当時の人々が、実意丁寧に、心を込めて確かに建立されたことを、この度の大震災がはしなくも証明してくれたのであります。碑は微動だにせず盤石でありました。

二　藤田東湖の誕生（誕生は母梅子宅）

更に確認しておきたいことがあります。東湖先生の誕生の地についてであります。

文化三年（一八〇六）三月十六日、東湖先生は幽谷先生の長男として誕生されました。その時幽谷先生は三十三歳、江戸出張中で水戸には居りませんで留守でありました。この東湖先生の誕生地について、先頃、幽谷先生の妻丹梅子夫人のご子孫である丹豊氏が、「東湖の誕生地として皆は梅香屋敷を挙げている。そこには東湖が産湯をつかった井戸との表示まである。しかし、私は東湖の誕生は梅香の藤田屋敷ではなく、妻の実家である丹家ではないかと思う。史料からもそう思えるのだが」とのお話をいただき驚きました。そこで、該当と思われる史料を改めて吟味してみました。

ここで、今後の理解のために、別添の「藤田幽谷・東湖関係人物略図」により、人間関係を確認しておきます（説明略）。

東湖先生誕生の頃、梅香の藤田屋敷には父言徳は寛政三年（一七九一）に歿して居らず、六三歳の継母益が存命、長女の本は未だ幼い。幽谷の妹は既に永井家に嫁していたと思われます。（実母根本氏は天明三年〈一七八三〉歿、継母益は文政三年〈一八二〇〉歿、七十七歳）

藤田家跡（水戸市梅香）

それでは、次の文化三年（一八〇六）三月二十四日付け丹武衛門（一言、就道の父）宛藤田介一正の書翰を見てみます。

御城拝見致し候。春暖益御揃、御安全珍重に存じ奉り候。然者、去る十六日梅方に於て安産男子出生致し、母子共打ち続き達者に肥立ち候由、御知らせ下され、御同様慶大致し候。私在府の留守、万端御世話共相成り、其の上兼ねて貴意を得置き候通り、武の一字御譲り下され、千万忝《かたじけ》なく仕合わせに存じ奉り候。右貴報の御礼旁貴意

を得たきこと此の如くに御座候。　恐惶謹言　三月二十四日

追て書き

再白、小児事もはや乳も付け、髪黒顔色渥丹ノ如く、音声煌々気象温和に相見え候由、甚だ安意致し候。事に十六日ハ吉辰にもこれ有り、尊丈御誕辰ト同日ニ御座候由、扨々奇事に御座候。桑孤蓬矢の礼、御執行下され候由、謝し奉り候。

（『水戸史学』第七十号所載、傍線筆者。文体の漢文体は仮名交じりに改めた。）

これは、江戸出張中の幽谷先生へ妻梅子の実父丹武衛門（慎斎）が三月十八日付けで男子誕生を知らせた手紙を受けて、二十四日付けで幽谷先生が認めた返事です。本文中の「十六日梅方に於て安産男子出生致し、母子共打ち続き達者に肥立ち候由」（傍線筆者）の箇所に注目して下さい。これを素直に読んでみると、三月十六日に「梅方に於て安産男子出生」です。つまり、梅子は実家の丹家へ戻って出産を迎えたことになります。それでは、その当時の丹家は城下のどこにあったのか。丹家の史料を丹念に活用して書かれたという吉川綾子著の『藤田東湖の母』には「藤田東湖の母梅子は、丹慎斎の娘として、天明元年水戸城下下町に生まれた」とあります。しかし、丹豊氏は「当時は上町の向井町にあった」といわれます。その真偽は後に譲るとしても、東湖先生の誕生の地は梅香の藤田屋敷ではないと思われます。

※　桑孤蓬矢の礼（男子が壮大な夢・希望を抱いて飛翔するようにと祈願する儀式）

三　幼少のころ

続いて、具体的に幽谷先生の人柄について見てまいりますが、その理解のためにも先生の主な友人・門人たちを挙げておきます。友人には彰考館員として「大日本史」の編纂に尽力し、その後郡奉行として二十余年にわたって領民に善政を布いた小宮山楓軒がおります。また、「皇朝史略」や「文苑遺談」などを著し、史館総裁としても高名をはせた青山延于、史館員の高橋広備、水府村天下野《けがの》（常陸太田市）出身で北方探検家でもあった木村謙次、その外に原迪（子簡）や杉山策（子方）らがおります。さらには、本日の内容の主なる資料としております「幽谷遺談」を遺した石川桃蹊がおります。桃蹊の諱は久徴、字は伯誠、箕水と号しました。「桃蹊雑話」や「箕水漫録」など多くの筆録を残していますが、この「幽谷遺談」は幽谷先生の人柄や桃蹊をはじめ友人たちとの交流の様子が具体的によく描かれております。

享和二年（一八〇二）に開いた家塾「青藍舎」からは多くの人材が育ちました。主なる人物は、会沢正志斎や嫡子東湖先生、国学者である吉田令世、弘道館助教・史館総裁となる杉山忠亮（号復堂）、志類の編集に尽力し、「大日本史」編纂完遂に向けて大きな貢献をした史館総裁豊田天功、烈公斉昭の元で郡奉行として天保の改革に尽力した吉成信貞、文化元年（一八〇四）彰考館に入り、文久元年（一八六一）八十四歳で歿した飛田逸民などです。逸民（世に隠れた者、謙遜の意味がある）は号で諱は武明、字は子虚・子健、勝太郎と称しました。飛田家の遠祖は那珂郡菅谷に住まいし、江戸氏の家臣として活躍し、平野、軍司などと並んで「菅谷十騎」と称された旧家でした。江戸氏が滅亡した後、土着・帰農しておりましたが、学問を以て史館に登用されたのです。逸民の後輩である青山延寿は、その墓碑銘に「其の（幽谷の）高弟名を得る者二人、一を会沢伯民となし、一を飛田逸民先生となす。伯民の名大に著はる。而るに先生は世に聞ゆるなし。先生のために惜しまざるを得ざるなり」と記しています。

それでは、「幽谷遺談」（『幽谷全集』八〇八頁以降）の中身に入ってまいります。

一　先生幼にして学を好む、七・八歳にして初学は同郷の医師鈴木玄栄を師とす。五経を読むに至ては、句読を授くるに及ばず。書半ばを解し得たり。運筆は小川勘介に従ひて受く。同学の少年皆怠惰談笑を事とし、起居狼藉先生父母に告らく。同学の朋友側らに在る。嗷々《ごう》業を修るに妨げあり。願はくば吾が宅にして講習せん。時に玄栄も亦来て謂らく。此の児絶世の奇童なり、吾既に及ばず。今、立原（翠軒）先生は学術・筆道に名あり。其の門に入る者多し。立原師に従ふにしかずと云ふ。是より伯時先生に業を受けらる。時に十歳許りカ。

一　先生幼年の時、筆墨紙の類を贈る者あれば甚だ歓ばれ、又菓子・絵等、其の外文房の具にあらざる玩物を贈り来れば不満の色、面にあらはれしと云ふ。

一　先生幼年の時より大食にして常に一食四・五椀に及ぶ。原玄璵（南陽）これを誡む。然れ共食

を消する事、常人に異にして一日四・五食を減ずる事能はず。玄璵が言を用ひず心の儘《まま》に食す
れ共何の患なし。先生痰症にして僅かの坂を上るに喘息す。成長に及んで癒えたり。

幽谷先生は、はじめは水戸の医師鈴木玄栄を先生として学び、論語や孟子、詩経や書経・礼記・春秋・易経などは句読点が無くともおおよそ理解することが出来ました。書は小川勘介に学んだようです。お土産は文房具類を最も喜び、他の子供たちとは関心が違っていました。そのうち、友だちが怠惰で騒々しく、学習の妨げになると自宅学習を両親に訴えます。このように、早くから学問に専念して「奇童」と称されるほどになり、藩の高名な儒学者立原翠軒に就いて更に学問を深めたことが分かります。体調はかなりの大食漢、しかし喘息気味であったようでした。それも成長するに従い落ち着いていったようです。

また、幽谷先生は俗に「古着屋のせがれが神童となった」ともいわれますが、突然に「神童幽谷」が誕生したのではありませんでした。西村文則著『藤田幽谷』によって幽谷先生の両親について概観してみます。祖父の顕一は水戸へ出て商家に入り、誠意奉公をもって下谷奈良屋町に宅地を購入し「暖簾《のれん》分け」を得るまでになった。両親に孝行を尽くし、それを無上の喜びともしていた。妻は中田氏（安永五年〈一七七六〉六月二十一日歿、楽聴妙教信女）です。父の安善居士・与衛門言徳（寛政三年〈一八九一〉十一月二十一日歿）は、早くから経世済民の志を持ち、高倉胤明に従い学問に励みました。高倉翁はその器量を愛し、言徳に仕官を勧めましたが固辞し、我が子に仕官の機会あらば良しとの姿勢でありま

した。正業である古着屋と父母の養育に専念し、また、飯田村をはじめ周辺の宗族故旧に対しても心を向け、郷里の子弟が破産すれば救済回護に費やすところが多く、しかもそれを意に介せず、好んで陰徳を行ったのでした。

言徳の妻は根本氏で、慈恵婉順、商売精励であり夫婦相和して家業・家庭に尽くした賢夫人でありました（天明三年〈一七八三〉四月二十三日歿）。根本夫人亡き後に、継母山田益（文政三年〈一八二〇〉九月六日歿、七十七歳）を迎えます。益は会津藩山田氏の娘で、早くに父を亡くし親族は無かったといわれます。それだけに慈愛をもって幽谷兄弟に接したのでした。幽谷先生は、「継母山田氏墓誌」に「資性温順、吾が兄弟及び妹を撫育すること一に所生（実母）の如し。……克く先考を助け、一正をして研精に専力せしむ」と感謝の念を以て記しています。

さらに、幽谷先生の夫人丹梅子に触れておきます。天明元年（一七八一）城下の下町に生まれました（慶応三年（一八六七）八月二十六日歿、八十七歳）。丹家の遠祖は与一衛門某で、常陸国多賀郡神岡村に居住し、その子与一衛門高遠の代に水戸城下に移ったようです。その子与一左衛門宗春、市郎兵衛富義、武衛門常静、市郎兵衛為親と続きますが、その間武家勤めはせずに雑穀商を営む町人で通しました。元は佐竹氏の家臣であったことから、「二君に仕えず」の姿勢であったと云われます。

為親の子が武衛門一言（慎斎）で水戸家に仕え、天明八年（一七八八）正月十三日に初めて格式物書並となり、寛政六年（一七九四）九月二十四日町与力、文化八年（一八一一）九月二十四日切符（武家の株）を得て御廟番となっています。文政四年（一八二一）七月二十七日、七十四歳で歿しました。この慎斎の第二子が梅子です。

慎斎の長男は市郎兵衛就道（子正）、次男が建二郎雅言で原市夫帷智（留付別方勤）の養子となり、誕生するのが後に一橋慶喜の側近として活躍する原伍軒市之進です。

就道の長男弘毅は早世し、次男の虎次郎が家督を継いでいます。虎次郎は、那珂郡鴻巣村で酒造業を営む宮本家（現在の「木内酒造」）の「宮本もと」と結婚し、久慈郡や那珂郡郡長を務めることになる「誠」をもうけます。この「虎次郎」と「もと」との結婚に際して、虎次郎と従兄弟関係にあった藤田東湖先生も訪問されます。季節は秋、宮本家の庭には菊花の香が満ちていました。また、当時の宮本家の屋号は「な嘉屋」で、「な嘉屋の酒」で通っていました。また、藤田幽谷・東湖先生父子は尊王精神を尊重しておりました。これらのことから、宮本家の酒の銘柄ついて、改めて「菊盛」としようかとなったといわれます（宮本家現当主木内造酒夫氏談）。藤田家と鴻巣村宮本家は、丹家を介して交流することになるのです。なお、幽谷先生は「慎斎丹君墓誌銘」、「丹子正墓誌銘」を記しています（『幽谷全集所収』）。

藤田幽谷先生は、寛政八年（一七九六）に城下下谷に近い梅香に宅地を得、翌九年三月に梅子と結婚されます。幽谷先生二十四歳、梅子夫人十七歳の春のことでありました

四　青少年のころ

一　十歳の頃より詩を賦す。書を読む事昼夜廃せず。父与衛門思らく、斯の如く精力を尽さば病を発せんと。夜四鼓（十時頃）過る時は臥すべしと云て燭を与えず。ここに於いて先生書を読む事能はざる故、夫より臥て詩を賦す事数首、毎度かくの如し。立原先生是を聞て父に諭して曰く、燭を与へざれば却て心思を労せしむ、その児の好む所に従ふべし。是より燭を秉《とり》て書を読む事通宵極めて力を尽くせり。

一　十二・三歳の比は能く詩を賦して小宮山昌秀・原迪・杉山策等と会して賦したる詩を立原・谷田部の老儒に請て合点するに、何も先生高点也。外の諸生は皆先生より年長ぜる事十歳余、然も及ばず。小宮山思ひけるは、彼の少年未だ夫婦交情の道を知らず。閨怨の題を出しなば吾党の高点になるべしとて、他日の会に是の題を出す。一席の人賦し了りて先生の作を見るに、日頃の作に増りて巧みに賦せられたりとて昌秀語き。

一　先生学術に心を用ひて世事に甚だ疎し。十二歳許りの時カ、立原総裁交代として江都に発す。門人皆長岡駅迄送る。先生もその中なりしが、草鞋《ぞうり》にて足痛むとて歩行不自由の様子なり。小沢多仲も送る人数にて是を見て草鞋を佩《は》き直すべしとて近寄り見れば、偏《かたかた》は順に佩きたれ共、偏は逆に佩《は》きたる故足の痛む事ことわり也とて教へて佩き直したりと云ふ。右の如く俗事は実に不案内にて調味の事抔は猶以て疎ければ、平生珍しからざる魚鳥等、羹《あつもの》・炙物《あぶりもの》になしたる何品と云ふ事を弁ぜられざる物多く、又衣服の着し方、笠抔の被《かぶ》り様可笑《おかしき》様子にて、言語も鄙《ひ》俗《ぞく》の言を用ひられて、書を講ずるにも其の如くなれば、人々陰にては笑ひ物とせり。是等の事、終身斯の如くなれば世上の人偏く知りて、文学には達したらんが、世事は知らざる人なり、是を以て推すに、漢土の事は通じたり共、日本の事は不案内なるべしと思ふ人多し。況んや当世諸有司の目よりは何程博学なり共、世務に疎くしては不用の学問也とつぶやく輩も少なからずと聞こえし、歎くべき事也。

一　右に云へる如く、世事に疎き事は勿論なれ共、聊《いささ》か工夫を用ひらるる時は幼少の時と云へども大人も及ばずと云へり。算術は学ばざれしと聞えざれ共、大概の事は用を成せり。十一・二歳の時、立原総裁の江戸に赴くを送りて長岡駅に至る。総裁駅を去て後、同行の人各休息の中象棋《しょうぎ》をさす人あり。先生見て我もささんとてさしけるに、相手数人を易《かふ》れ共、先生に敵する者なしと云へり。希には読書の間々、この戯れを為せし事ありしが、後には更に止められたりと云ふ。

幽谷先生の学問への精励は尋常ではなかったようです。夜間に於いても寸暇を惜しんで読書に励みました。父親は病気になることを心配して、夜十時を過ぎると灯りを与えなくしましたが、師の立原翠軒は「本人の意志」を尊重するよう助言されたことから、一層勉励したようです。その結果は、翠軒門下の小宮山楓軒や杉山策らも適《かな》わず、詩作は常に高得点でした。ある時、いたずら心を起こした楓軒等は、幽谷は男女の仲については未だ知らないだろうと出題して試したところ、普段にも増してすばらしい出来映えだったと驚嘆しています。しかし、草履の履き方や調味、魚、干物、衣服の着方、笠のかぶり方など俗事には疎く、言葉も方言（茨城弁）丸出しでも気にすることはなく生涯を通した。そのため、「学問はあるが世事には疎い、漢土のことは詳しいが日本のことには不案内であろう。博学も不用の学問である。」と誹《そし》る者が多かった。幽谷先生の真相を知らない者が多いことは嘆かわしいことであるとの桃蹊の歎きが伝わってきます。

加えて、若い幽谷先生が今は平穏かも知れないが、「いざ」という国家非常のことに備えよと訴えた炯眼《けいがん》は次の遺談に見ることができます。

一　寛政四（一七九二）壬子の年、異船東海に見えたるを以て海国の諸侯幕府の命に依て各防禦の備えをなす。是の歳十月十八日、先生に筆談の役を命ず。是れ、異船海岸に近着せるときの備へなり。先生を奉じて史館に至る。予先生と対話す。異船海岸に近寄る事有るまじ。夫れ東海は遠浅なり、神武以来異船の東海に来たりし事を聞かず、無益の用心なるべしと云へば、先生の曰く、義経の鵯越《ひよどりこえ》は先例ありや。予曰く、聞かず。先生曰く、さればこそ平家も其の不意に出るを以て落城せり。東海も其の如く先蹤《せんしょう》なしと云へども、若し異国に義経の如き大将あらば襲ひ来らんも計り難しと云はれし故、予頓《にわか》に屈服す。後年、果して異船屢々《しばしば》東海に臨めり。大人の言畏るべし。先生時に年十九歳なり。

義経の鵯越えを例に出されたように、歴史に学びこれを実事に併せ考えること、発想の柔軟性を求めていることは学問の成果でもありましょう。このような幽谷先生の学問に感嘆されたのは、長久保赤水であり、清国人であります。次の一文がそれであります。

一　長久保赤水嘗て清客王世吉・游僕庵と時々書信を通ず。是れ漂流人の事に依て赤水長崎に至りし時、詩文を贈答せし故なり。赤水七十の寿序を先生書れしを、赤水大に驚き、其の余先生の書れし文章共を写して二客に贈り、斯る奇童も貴国に在りや否や、あらば其の姓名を聞かんと云ひ送れり。時に二客帰船して清国に在り。後年返翰に斯る神童弊地に更になし、大いに称誉せりと赤水語りき。

赤水は、高萩の出身で日本初の経緯度線を入れた「改正日本與地路程全図」を描いたことで知られる地理学者です。十三歳の幽谷先生は、赤水の偉大さに敬意を以て「七十賀」の寿文を記したのです。安南（ベトナム）で漂着した高萩の漁民が長崎へ戻ったのを受取りに行った際に親好となった二人の清国人に示し、このような「奇童」が貴国にいるかと誇ります。やがて帰国した二人は、自国にはこのような「神童」は見ることができないと称えたのでした。

五　孝心豊かなり

幽谷先生の孝養について見てまいります。

一　先生、親に仕へて純孝也。祖母あり、極老なりけるに、夜祖母の臥す時は必ず夜具の上に被を覆ひ、前後左右風の当たらざる様に撫循す。其の比既に仕途に列せられしかば、祖母の曰く、上に奉ずる人に斯様の事なさしむるは勿体なしと云て辞す。先生曰く、孫たる者が斯く計ふに何の遠慮し給ふ事あらんとて、祖母の世を終るまで斯の如しと云ふ。又、親与衛門疾にかかりて臥せば、仮名草子・軍談の類其の余珍しき事を書きたる物を枕頭にて読みて病苦を慰めらる。与衛門も亦、吾子ながらも上に奉ずる人なりとて、必、殿の字を加へて名を呼ぶ。先生十八歳の時、寛政三年（一七九一）辛亥十一月二十一日与衛門物故す。極めて三年の喪を成す事は世の能く知る所なり。此の翌年の夏なりしが、先生瘧疾《ぎゃくしつ》を患ふ。兄喜兵衛予（久徴）が宅に来て曰く、弟病中食事最も少し、然れども魚肉を用ひず。数日の事にて疲労せんこと心元なし、異見を加へ給はるべしと云ふ。即日行て疾を問ひ、且つ喪中にて肉食を絶るる事尤もなれ共、礼にも疾ある時は肉を食ひ酒を飲むとあれば、何ぞ好みの肉を用ひられ、早く疾癒えなば令兄を始め一家の悦びならんと云へば、先生の曰く、堪へられざる程の疾ならば兎も角も為すべし、左程の疾に非ずと云て終に肉食を絶れたり（参考：『二連異称』）。

ここには、祖母や父親への労り、思いやり、孝養心が溢れています。受ける側の二人も、孫であり子息の幽谷先生が仕官したことをよろこび、尊敬している様子を窺うことが出来ます。先生十八歳の時に父言徳を亡くしますが、礼によって最大の孝養を示す「三年の喪」に服します。大病の最中にも「喪中に肉を食せず」を守り通しました。幽谷先生の孝養心は、この後大陸の孝子大連・少連にならって日本国内の後村上天皇、徳川光圀をはじめ庶民の中の孝子を紹介した「二連異称」を編集したことにも見る事ができます。幽谷先生の才能唯ならないものがあると称讃激励した上野国（群馬県）太田出身の勤王家高山彦九郎は「国を思ふ心の人を訪ぬるに親を養ふ人にぞありける」と詠んでおります。

水戸の学問は、偏狭な国家論・尊王論などと批判されることもありますが、私は、単に教条的なものではなく実事に現れたもの、今日にも生きているものであると確信しております。この孝養心にしても不変なものであり、高齢化社会となった今日、特に考えさせられるところであります。毎日新聞に投稿された東京の小池さんは、認知症を患った母の介護に専念された。その母の姿を見ていた小学生の子女が、母の留守に母と同じように祖母の下《しも》の始末をされた。祖母の最期の晩、孫たちが病院のベッドの周りで、祖母が大好きであった童謡を一時間も唱った。静かに息を引き取ったことを見届けた看護師は「こんなおばあちゃん見たことない、いい当番をさせて貰った」と感涙にむせんだという。

家族の温もりは普遍であります。産経新聞に掲載された東京都の男性は、長く親元を離れていたが、認知症の進んだ母を一晩兄夫婦に代わって看た。気管支の弱かった自分は横に臥していて咳をしてしまった。すると母は「風邪をひいたか」と云い、童謡「月の砂漠」を唱いだした。自分を背負いながら唱った歌であろう。一晩泣かされたという。まさに「親思う心にまさる親心」でありましょう。

兄弟のよしみについても残されています。

一　先生幼年の時より、兄の喜兵衛先生を憚り恐るる事、親与衛門を恐るるよりも甚し。先生と同席なるときは猥りに戯言せず。好んで酒を飲め共沈酔に至らず。年に両度の蛭子講《えびすこう》客数十人来り酔いに乗じて三絃等を出せば、喜兵衛頻りに是を禁ず。先生是を察して其の日は必ず他行せり。喜兵衛客に対して曰く、弟も此比《このごろ》は世情に通じ今夜は他出せりとて歓びしとなり。

親よりも神童と称された弟を敬遠する兄喜兵衛は、幽谷先生の前では冗談も出ず、酒も心地よく十分には飲めなかったようです。それを察して用事のあるふりをして外出する幽谷先生、兄思いの姿を見ることができます。

六　深い学問、友人小宮山楓軒も感服

一　先生の会読せし人は小宮山・杉山・原抔なり。或時、予（久徴）席に臨みし事あり。列子を順

講す。先生の曰く、今日吾下見をせず、各位の講ぜらるるを聞くのみ也と云ふ。先ず誰か講ぜしに、先生聞てそれは義理違へり、さには非ざるべしと云ふ。講ずる人、註文の如く講ぜしなり。殊に誰々が説も是に同じ、其の義に従て可ならんと云て問答暫くあり。其の中に小宮山、何か明人の随筆様の物を抄出し、首書にして在りしが、其の説先生の説と合《がっ》すと言て其の書の趣を読めり。其の時先生、されば其の説の如く註文、解し違へりとは云しなり（幽谷の解釈と小宮山の指摘した明人の解釈とが一致していて、従来の註文が謬っていることを指摘したと云うこと）。列子の主意を呑み込まざる故、右の如くの解し違ひもありと、具に弁説せられしまま一座皆感服す。其の帰路、予小宮山と同行なりしが小宮山の曰く、藤田奇才なりと云へども未だ書を読む事少し、又彼（の）才子に励され思へらく、彼五部を読まば吾十部を読まんには敵すべしと思へり。足下今日の論を聞し如く、吾が党の如きは何程多く書を読んでも、何れの説は是、何れの説は非と弁ずる事能はず。藤田の俊才、列子の主意何れと初めより貫通せり。然るを多く書を読まば、是に敵すべしと思ひし愚かさよと語りき。

ここはおそらく青藍舎でありましょうか。講座の様子が窺えます。幽谷先生は、今日は予習はしてきていないといいながら、杉山や桃蹊ら門人たちが先哲の文章を講義するのを聞き分け、また従来の注釈文の誤りも指摘するなど厳密かつ適切に指導されたことに、門人たちは皆感服させられたのでした。講義が終わっての帰路、小宮山楓軒は「幽谷がいくら奇才といっても列子の説に通暁している訳ではあるまい。また幽谷が五部を読んだら自分らはその倍を読めば負かすことは出来ようと考えていたが、今日の幽谷の論を聞いて分かるように、とても幽谷には及ぶものではない。より多くの書を読めば、彼を超えるであろうと考えた愚かさよ」と脱帽したのでした。幽谷の深く博い学問ぶりを示すエピソードであります。なお、青藍舎では「史記の会」や「論語の会」があったようで、それにまつわる遺事も多く記載されております。

七　人の美を成す

ここで、幽谷先生の指導の極意を見ておきましょう。

一　先生、猥《みだ》りに言を発せず。人の言を発するを待つ。其の言意に協《かな》はざるときは、更に答へず。幾度も其の人の顔色を視る。其の言意にかなふ時は膝を打て、是は妙也と云て其の人を称す。又人の短を云ふ者あれば聞かざる者の如くす。人の善を談ずれば大に歓て、彼の人嘗て斯々の善行ある事を聞けり、果して斯の如しと云て称誉す。君子は人の美を成す、人の悪を成さずと謂つべし。

門人に対し、「まずその考えを聞こう」とじっと「待っている」、静かに耳を傾け、その考えが違っているときにはさらに「待っている」、ここから幽谷先生の心のゆとりを感じます。意に叶ったときには、膝を打って「まさにその通り」と褒め称える。人が他人の短所を言い立てるのに対しては聞こえないふりをし、人の長所・善行をきけば大いに喜び、「さらにこのようなすばらしい事もあったぞよ」と褒めるのでありました。これは、実に「云うは易く行うは難い」ことであります。この幽谷先生の姿勢を桃蹊は、「君子は人の美を成す、人の悪を成さずと謂つべし」と『論語』の顔淵編を索《ひ》いて師を称えているのです。私も、これは教育の根本・原点であると信じております。

八　威・義両公に基づき

一　威公御初政の事より義公御国政の様、先生の談を聞けば、其の世に生れて其の事を見聞するが如し。客冬霜月二十六日の夜、公事に依て先生の宅に至る。公事了て対酌す。予が曰く、義公の御時那珂湊に亭を建て給ひ、「者楽亭」と云ふ、今の御殿と称する辺にや、「者楽」の二字語を成さざるに似たり、海辺なれば「楽水亭」共ありたき様也、然し義公の御時なれば御自身御撰び給ふも知るべからず如何と云へば、先生の曰く、「者楽」の二字至て面白し、必ず（義）公の名付け給ふなるべし。察するに高陽の地に建て給ひし亭なるべし、海上の眺望は勿論なり。昔は彼地辺より富岳を望みしと云ふ事あれば、彼是を慮り給ひて「者楽」の二字を用ひ給ひしなるべし。たとへば智者ならば海上を観て楽しみ、仁者ならば山を望みて楽み、賢者にして而後に楽むの類、「者楽」の二字最も至当也と云はれき。此夜の談論刻を移せり。是を以て獲麟とす。依て絶筆。

これによって、幽谷先生が初代藩主威公頼房や義公光圀時代のことをよく研究されていたことが分かります。具体的内容は、次回に講義される封事や論文に取り上げられています。ここでは、『論語』の雍也編にある「知者は水を楽しみ、仁者は山を楽しむ云々」から敷衍《ふえん》された論です。那珂湊に建てられた「者楽亭」、現在は碑だけが残っておりますが、石川桃蹊は者楽亭の跡の場所を見て、推測するにこれは義公御自ら名付けられたものではないのではないかと疑問を投げかけた際に、論語の真意、「賢者にして後に楽しむ」の意味からも「者楽」の二字が最もふさわしい、必ず義公の名付けられたものであろうと断じられたのです。義公に深く迫り心酔されていたことの証左と云えましょう。獲麟とは孔子が『春秋』を著した際に「西に狩りして麟を獲たり」の句で終わったことから絶筆を表します。この「幽谷遺談」もこの項で終わっているのです。

九　逸民集抄（飛田逸民、『幽谷全集』八〇一頁～八〇七頁）

続いて、飛田逸民の記した幽谷先生像を見てまいりましょう。

① 先師曰く、敬、愛に出ざればその敬は貴ぶに足らざるなり。

②　先師曰く、愛敬の道、日用の微事に発す。而るに自ら知らざる者有り。宝剣・名画の属、得て之を愛す。則ち其の出納を謹む。是れ愛敬の微事に発するもの也。

ここでは、幽谷先生が「敬愛」の一致、愛情に基づく敬いが大切であって、敬して遠ざけることの不可なることを教えています。

③　先師の先考を喪うや心喪三年、爾後礼によって歳時の祭を為し、以て家法と為す。

これは、「幽谷遺談」にも見える幽谷先生の孝養心です。日常生活の祭事もこの精神を基本としていることが分かります。

④　先師曰く、雋傑《しゅんけつ》（すぐれた）の士、書を読んで其の精英胸中に鎔解す（書物の精英をよく理解しているのであるから、当然）。則ち神算妙用、肺肝より湧出す、乃ち以て治乱の劇務に応ずべし。愚案ずるに、先師の人となりや天資雋傑、而して加うるに正大の学を以てす。其の神算妙用、實に窺い知るべからざるもの有り。我が武公の封を襲うや、先師を召して礫《こいしかわ》邸に住まいせしむ。而して公賢明非常、慨然中興の志有り。是に於いて先師亦憤発、中興の画策を講ず。逸に謂ひて曰く、中興の業、善と雖も而れども（しかも）名無ければ則ち人信ぜず。管仲の桓公を佐《たす》くるや、旧法を修し、其の善者を択び、而して之を業用す。是れ中興の要訣なり。故に我が藩、中興の業を立てんと欲すれば、則ち宜しく威・義二公の旧制を修するを以て名（一種の権威）と為すべし。乃ち中興、名有りて人信ずる無し。（中略）先師中興の策を立つるに方《あた》りて、愚、密

におもえらく、先師は天下の大才を以て賢明の君を佐く。則ち中興の業、必ず千古に卓越するもの有らん。而れども軋《あつ》者鮑叔《ほうしゅく》の智無ければ則ち鼎足を折りて公の餗《そく》を覆《くつがえ》し、国事索然たり。而して先師その人と交るに旧時の如し。絶えて怨悪の色無し。嗚呼天を怨まず、人を尤《とが》めざるは、命を知るの君子なり。先師其れ庶幾かな。（原漢文）

意訳してみます。幽谷先生が次のように云われました。優れた先人は、読書してその真髄をよくよく理解している。それであるから物事への創意工夫や実践が絶妙のものとなる。であるから政治の激変にも十分に対応することが出来るのである。私（逸民）が密かに思いますに、幽谷先生は非常に優れた才能の持ち主である。その上に、しっかりと正学を学んでいる。人格・学問共に優れているからこそ、その神算妙用は計り知れないものがある。

このたび、武公（七代藩主治紀）が藩主となるや先生を召して江戸の小石川邸内に住まわせました。武公は、非常に賢明なお方で政治改革・中興の意欲が旺盛でした。ですから先生も武公のその志を窺い奮発し、政治の改革に尽力いたしました。ある時先生は、「中興の政治はそれが善であっても名目・権威が無ければ人々に信用されない。ちょうど大陸の春秋時代、斉の管仲が親友の鮑叔に推挙されて桓公の改革を補佐した時に、先王の政治・旧法を調べてその善を取り、それらを改革に活かしていったようにである。これは中興の要諦であるぞ。我が藩も、中興の実を挙げるには威公・義公時代の政治を再確認してその善を基本としていくこと、即ち、中興の方針を「諸事威・義両公に基づき」とすることで人々の信頼を得ることになろう」と云われました。

私逸民は、密かに思いました。先生のような大人物が賢明な藩主を補佐していくのである、必ずや中興の実は挙がるであろう。しかしながら、鮑叔が打ち出した政策に対する智恵がなければ、武公の事業を転覆させる事にもなりかねない。その時には、世上は大混乱となり、大混迷に陥る恐れがある。しかし、先生は人と交わるのに好悪の感情を持たない方である。それぞれの人材の美を活かして活用していけるはずです。あゝ、「天を怨まず、人を咎めず」とは立派な君子のことをいうのであるが、まさに先生はそれに近い方であろうと。

ここには、幽谷先生が改革の要諦が歴史に学ぶことであり、「彰往考来」の精神が重要であるとされていたこと、また先生の人に対する寛容・公平さが人の美を活かすことになるであろうとしていることなど、門人としての絶大なる信頼を見ることができます。幽谷先生が農政を論じた「勧農或問《かんのうわくもん》」や藩主への建言である「封事」には、「威・義二公に基き」の用語がしばしば見られます。威公頼房・義公光圀両公に学ぼうとされる姿勢が強く感じられます。

十　会沢正志斎の「幽谷藤田先生墓誌銘」（『幽谷全集』二一頁〜二三頁）

・人となり容貌奇偉、目光閃閃《せんせん》人を射る。幼、神童を以て称せらる。親に事へて純孝、其の喪に居ること三年、酒肉を御せず。茲より郷党の子弟往々或はこれに倣《なら》ふ。
・先生の学、該せざる無し。而して尤も意を経世の略に致す。凡そ典章制度古今の沿革を研究し、必ず実用に帰す。
・其の子弟を教ふるや、務めて名節を励まし、風俗を振ふ。人と接して訥訥、言ふあたはざるの若《ごと》し。其の襟胸を開き、肝胆を吐露するに至つては、則ち議論英発、聴く者感激興起せざるなし。

会沢正志斎は、後掲するように東湖先生が「其の教へに親炙《しんしゃ》し、尤も深き者、独り会沢安（伯民）存するあり」と称揚された幽谷先生の門下生中第一等の人物です。「神童」と称されたこと、「三年の喪に服され、それが郷里の模範となったこと」「博学の中でも経世済民に重きを置かれたこと」「学問の成果を実用されたこと」「教育の厳正、言を容れ胸襟を開いて肝胆相照らす仲に昇華され、相手をして感奮興起せしめたこと」など的確に師の人柄を描いております。

十一　東湖の父幽谷観（新定『東湖全集』より）

最後に、子どもであり門人でもあった東湖先生の幽谷先生像を見てまいります。

①「先考次郎左衛門藤田君行状」（四七〇頁）

屢々講筵に侍し、道義を論説し、時に或は人の敢て言ひ難きに及ぶ。而るに文吏にあり。顧問及ぶ所、率ね章句の間に過ぎざる也。君夙《つと》に経世の才を抱き、誓って古人を師とす。慷慨自奮、而して胸中に蘊《つ》むところ、発するに由なく、廼《すなわ》ち一に酒に混《まぎ》らし、時に或は淋漓《りんり》痛飲（浴びるほどに飲み）、頽然《たいぜん》自ら縄墨の外に放つ（酔いつぶれるさま）。人或は沈湎《ちんめん》（酒にふける）し志を喪ふかと疑ふ。然れども、大義大節は確乎として自ら守り、愛君憂国の念、未だ嘗て頃刻も忘れざる也。（中略）

君家を治むるに厳正、初寒酷暑と雖も、未だ嘗て其の箕踞《ききょ》して炉を擁し、裼を袒《ぬ》ぎ膚を露はさざるなり。我が母丹氏君に帰して三十年、竟《つい》に君の袒裼《たんかつ》と箕踞《ききょ》とを見ず。但し杉山子方来つて酒を飲む毎に、子方戯れて曰く、燕間危坐（まっすぐに座る、正座する）を用ふる莫《なか》れと。君亦笑て之れに従ふ。財を用ふる節あり、敢て妄りに費さず。人或は其の吝《りん》を疑ふ。而るに急救賑恤《しんじゅっきゅう》窮孤《こ》の難に赴くに至れば、則ち殆んど簞笥《たんす》を傾けて以て之を資《たす》け、毫も惜色なし。宗族子弟を戒むるや、必ず妄語すべからざるを以てす。

人と交れば、必ず久しく之を敬し、毎《つね》に国家の為人材を養ひ、以て不虞《ふぐ》の用に供せんと欲す。故を以て郷里の子弟にして、少しく道に志あるものは、必ず忠孝を以て之を励ます。（原漢文）

幽谷先生は、日頃深く学問に専念しながらもそれを活かすことが出来ず、また時に鬱々とした心境になるときには酒に身を任せることもあった。しかし、決して自分を失うことはなく、愛国憂国の念は確乎たるものがありました。また、自宅における日常生活においても気楽にせず、足を伸ばし安座することもなかった。また、暑さに肌脱ぎもせず、寒さに火鉢も寄せなかった。質素倹約を守り、無駄遣いすることもなかったが、窮民が出るなど非常の際は全てをなげうって救済に当たったのでした。家族・親族・門人にも誠実を求めました。人との交流にあたっては常に相手に敬意をはらい、また国家のために人材を教育して国家非常の時に備えようとされました。そのために、学問をしようと志の有るものには、必ず忠孝の精神を説き、激励したのでした。

②「正気の歌」の序（弘化二年十一月）（三六七頁）

彪、年八、九歳にして文天祥《ぶんてんしょう》正気歌を先君より受く。先君子、これを誦《しょう》する毎《ごと》に盃を引き節を撃ち、慷慨《こうがい》奮発して正気の天地に塞《ふさ》がる以所《ゆえん》を談説し、必ずこれを忠孝の大節に推本し、然る後に止みぬ。今を距《へだ》つること三十余年なり。凡そ古人の詩文にして、少時誦せし所は十に七八を忘れたり。天祥の歌に至っては歴々暗記して一字を遺れず、而して先君子の言容も宛然なほ心目にあり。（原漢文）

酒を含み、節を付けながら義気を奮わせる父とその教えを真剣に学んでいく親子の姿が浮かびます。親が子に何を伝えようとしているのか、親が伝えるものを持っているのか、子は親に学ぼうとする心を持っているのか、今日大きく問われているところです。家庭・家族の混迷はこの辺りを考え直す必要がありましょう。

③「幽谷藤田君に告ぐるの文」（三〇〇頁）

最後に、東湖先生が父親に報告した一件についてです。安政二年（一八五五）八月、幽谷の高弟会沢正志斎が将軍家定に招かれ、拝謁の栄誉に浴しました。永年の藩政への貢献を称されたのです。喜んだ東湖先生は、これを父の墓前に報告したのですが、その告文の一部を示しておきます。

君夙《つと》（早くから）に斯文の湮晦《いんかい》（失うこと）を慨《なげ》き、憤を発して学を講じ、神聖之大道を闡明《せんめい》（明か）せんと欲す。不幸、天、年を仮さず、中道にして館を捐《す》つ。今を距る三十年。其の教へに親炙《しんしゃ》（深く信頼し教えを受ける）し、尤も深き者、独り会沢安（伯民）存するあり。

ここには、父幽谷先生から学んだ孝養の大切さ、道半ばにして急逝された父親の無念を偲びつつ、高弟会沢正志斎の栄誉を報告して父への感謝を示し、父の喜びを忖度《そんたく》したのでした。同時に、先輩門人会沢正志斎に対する東湖先生の敬意も伝わってまいるところです。

以上、「幽谷先生の人柄」を通して、

- 子どもに自ら学ぶ意志を育てること、自ら刻苦勉励する気力・気魄を養うことなどは親の重要な役割であること。
- その親を養う孝養心の涵養は、今日の高齢化社会の混迷を救う道でもあること。

- 教育は人の美を養うこと、人にはそれぞれ能力があり、それらを互いに認め合ってその力を発揮させること。
- 国家のため人材を教育し、非常の備えとする。実力を備えて多方面にその力を発揮せしめ、自分はもちろん国家・国民のためになる人物となる志を育てること。

などを学んでまいりました。

戦後六十七年、多くの課題が噴出しております。幽谷先生の教えは、過去のことではなく今日に生きるものであります。即ち、水戸の学問も同じであります。先人の様々な教えを元に、今日の課題、問題解決に役立ててまいりたいと覚悟を新たに致しております。

第六章　藤田東湖と瓢兮歌《ひょうけいか》

はじめに

藤田東湖の全集や書簡集等には至るところに「酒」に関する記録が溢れている。また、東湖の父幽谷には、二十二歳の寛政七年（一七九五）九月二十四日に記した「飲酒自責を書す」（『幽谷全集』三二七・三二八頁）の文がある。幽谷はその中で、自分は多酒を嗜むが「吾れ善く酒を使ふ、而して未だ嘗て酒の使する所と為さず」として、その時々に応じて飲み、量も決まるものであり単に軽用するものではないと自負している。父子共に酒好きであった。

その「東湖」と「酒」の拘わりについては種々の藤田東湖の伝記類にも当然記されているが、論

藤田東湖
（『東湖全集』より転載）

文的には村尾次郎氏の「藤田東湖の人格形成」（『水戸史学』第七号）、「東湖と酒」（村尾次郎著『士風吟醸』、錦正社刊）がある。先般、県内那珂市域における近世・近代の酒造業について展示する機会があった。それに伴い、幕末から明治期にかけて那珂市域の額田には宮崎家の「宮盛」、寺門家の「龍門」、関家の「常陸灘」があり、瓜連には相田家の「相生正宗」、大橋家の「相生大盛」などがあった。それらの中で、今日那珂市内に唯一残る酒造業者「木内酒造」の銘柄「菊盛」が、藤田東湖の命名であることも判明したことから、村尾氏の論文を基調に「藤田東湖と酒」について改めて論じておこうとしたものである。

家系的には、藤田東湖の父幽谷の夫人は丹梅子であり、梅子の甥虎次郎は東湖とは従兄弟関係にあった。この虎次郎が宮本家（後に木内姓を称す）の「もと」と結婚するが、その際に東湖が丹家側の客人の一人として宮本家を訪問した。当時宮本家では「な嘉屋」の屋号をもっており、造酒は「な嘉屋の酒」で通っていた。これに対し尊王論者であった東湖に因み、「菊」は朝廷の紋章でもあること、また季節柄宮本家の庭に菊花が咲き香っていたことから、酒の銘柄に「菊盛」を用いたという（木内造酒夫氏談）。

東湖は、憂いにも、風景を観るにも、揮毫するにも、談論するにも常に酒が側にあり、「もし人間をして酒楼なからしめば、知らず何を以てか胸襟を洗はん」（西村文則『藤田東湖』「対酒」）とまで述べているほどである。また、東湖の愛飲した酒は、水戸では「甕の月」（現在では吉久保酒造の「一品」）、江戸では「墨田川」（特別な銘柄ではなく、東湖の蟄居生活が墨田川畔であることから、その周辺で売られていた酒の総称と思われる。）、上方では「剣菱」（当時一般的であった濁酒ではなく清酒である。東湖は、シンボルマーク的であった「剣」に好感を持っていた。）であった。

水戸藩の諸士が酒を好み、歓待に酒を以てする様は、吉田松陰が嘉永四年（一八五一）暮れから翌年正月にかけて水戸を訪問した際に「（訪ね先では）概ね酒を設く。水府の風、歓待甚だ渥く云々」（岩波書店刊『吉田松陰全集』第十巻「東北遊日記」二一七頁）と感激を以て記していることからも窺うことが出来る。

ここでは、東湖の激動の生涯をたどりつつ、その都度に詠まれた「酒詠歌」を通して東湖の浩然の気を味わってみたい。（なお、便宜上、註はその都度記してある。）

一　東湖の愛飲模様

(1) 天保三年（一八三二）の『不息斎日録』（八月十五日の条）には「御供、昼後酒を賜ふ。近来なき酔なり（原漢文）」とある。日中から藩主斉昭らとの飲酒があり、偕楽園・好文亭において藩主と家臣たちとで宴を持った様子は、次の天保十三年（一八四二）の詩に窺うことが出来る。

名区幾歳か空壇に委す　　空壇＝仏寺。

山水初めて供ふ仁智の看　　仁智の看＝学問の雰囲気。

風日美時酒に対するに堪へたり　　風日＝風光明媚、陽光燦々。
烟波穏やかなるの処好んで竿を投ず　　烟波＝民家の煙、仙波湖。
一遊もと是れ諸侯の度　　一遊＝独りだけが楽しむ。
偕楽須らく知るべし百姓の歓　　偕楽＝民と共に楽しむ。
恨まず筑峰暮色を催ほすを
頭を回らせば城上月団《だん》々

寺院もあった七面山が切り開かれて造られた偕楽園、眼前に広がる仙波湖とマッチした庭園と好文亭。独樂は君子の忌むところ、園名の偕楽はまことに明君の発想。暮色の輝きに遠望する筑波山、やがて頭上には月煌々と輝きだした。天保の改革を推進した水戸藩主従の満足の宴でもあったろうか。天保四年（一八三三）四月朔日、斉昭は彰考館に入り、館僚の講釈を聴した後酒肴の宴となり、そこで「常陸八景」を題して詩歌を募っている。東湖はじめ家臣らが競って詠んだのはもちろんである（『東湖全集』三三六頁）。

二　酒に対す〈天保七年〈一八三六〉、『東湖全集』三三四頁「東湖遺稿」〈原漢文〉〉

藤田東湖が酒席で、あるいは一人静かに酒を楽しんでいた際に浮かぶ詩歌をあげておこう。改革推進の中、時に生ずる頓挫の愁いにも沈まず、益々正気を発する東湖の意気盛んな様を窺うことが出来る。

①
自ら笑ふ蝸廬《かろ》頻りに頭を屈するを
一樽好む是れの千憂を破るを
陶然微酔乾坤狭し
羨まず元龍百尺の楼

蝸廬＝粗末な小さな家、自宅の謙称。
元龍百尺の楼＝壮大な楼閣。

②
身生何用沈淪を患へん
塵世元偉人を容れ難し
怪しむなかれ劉伶の頻りに酒を愛するを
脱然還りて酔郷の賓を作らん
（「続東湖詩文拾遺」の「吉平坦韻に和す」では「脱然自作酔郷賓」）。

塵世＝溷濁の世。
劉伶＝初の酒造家。

③
一榼《こう》憂ひを磨して神有るを覚ゆ
蕩然たる和気天真を養ふ
世間の酔客知るや多少

榼《こう》＝酒樽。

味を貪るの人は酒を愛するの人に非ず

④

傾来一斗剣菱の春
衝破愁城鋭《と》きこと神《しん》有り（剣菱の風味）
咲《わら》ふなかれ幽斎に四壁なく
瓢樽古へより清貧を伴ふを

剣菱＝灘の銘酒、創業永正二年（一五〇五）頃。
愁城＝自分の現在の姿。
幽斎＝奥まった静かな部屋。

⑤

万紫千紅幾旬を経る
雨師風伯動《やや》もすれば人を愁へしむ
如何ぞ一箇瓢樽《ひょうそん》の酒
占断す乾坤無窮の春　（春の酒は永久、風雨に犯されることもなく陶酔の別天地だ）

万紫千紅＝美麗な種々の花。
雨師風伯＝風雨の神々。

⑥

酔郷天地の寛を愛と為す
金樽又尽くす一宵の歓
宛然《えんぜん》佳気春風の裏
似ず人間行路の難

宛然＝さながら。

このように人生に絡めて酒を詠んだ東湖が、「酒に向かう味」を例えたのが以下にあげる「看花」と「読書」である。
「秋霖」（『東湖全集』五一〇頁「続東湖詩文拾遺」）
酒に対すは花を看るが如し
興情元一致
待つ勿《なか》れ爛熳の春
何ぞ必ずしも十分に酔はん
春光酔魔動《やや》もすれば累《わずらい》を為し
百歳夢寐に均し
微酣早芳を弄《もてあそ》ぶ
以て万事を除くべし
「対酒」（弘化二年〈一八四五〉）（『東湖全集』三六九頁）
書を読むは酒を飲むが如し、
至味は会意に在り
酒は以て気力を養ひ、
会意＝心にまでその味を達す。

書は以て神智を益《ま》す
彼の糟と粕とを去り、
淋漓《りんり》として其粋を掬《きく》す（すくう）
一飲三百杯、万巻駆使すべし

淋漓《りんり》＝元気溢れる。

三　浅利徳操と東湖の禁酒

1　潮来　扇島紀行（『東湖全集』四五七頁〈原漢文〉）

このように愛する酒を、東湖は不容易な怪我で断たねばならなかった苦難が「扇島紀行」に見える。天保一四年（一八四三）二月二十六日、追鳥狩より帰宅した東湖は自宅の門前で馬が突然逡巡して暴れ落馬した。「室に入り、甲冑を解脱し酒を命じて労を医する。激飲数刻大いに古人凱旋の快を想像す」。しかし、激痛は止まず、禁酒して医師の治療を受けることに決した。向かうは扇島、潮来十二島の一つで千葉県香取郡に当たる。ここには名代の接骨師高安元貞がいた。東湖は治療のために十日の休暇をとり向かうことになるが、無事快方にと勇気付けに来た友は酒持参だ。もともと物忌みの日以外は毎日酒を飲むほどの愛飲家であった東湖にとっては、はなはだ迷惑ではあった。

諸子来餞。彪の性酒を嗜む、斎戒（物忌）の日以外杯を把らざる日無し。服薬の後、医生の言に従ひ絶えて口に入らず。乍ら諸子激飲の快を称するを見、口口に堪へず、禁を破り僅かに数盃を傾く。胸中落々、頓と足痛を忘る。宴酣耳熱、頗る佳境に入る。北堂（母）憂色有り、余復た飲せず。堪えきれずして僅かに数杯を重ねたところ、母の顔に憂色現れて遂に止めた。母思いの東湖である。訪ね先の高安家では三月雛の節句、祝いの餅をついていたところで歓待。餅嫌いな東湖を苦しめたが、さらに潮来近辺の友人たちが酒を持って慰労・激励に参上したからたまらない。しかし、「宮本茶村は鯉を提へ、梅田栗斎（青藍舎門人、医師）は樽を携ふ。金鱗籠に躍り、香蟻室に薫る。余尚絶飲、一臠《れん》を喫し、三杯を傾け、以て旅中の悶を遣を獲ず。」とあって治療に専念する覚悟の東湖の意地を窺うことができる。

2　浅利徳操と東湖の禁酒（天保八年〈一八三七〉『丁酉日録』・定江戸通事）

斗酒なお辞することがなかった東湖に、病気治療ではない禁酒の事実がある。これを弟子浅利徳操との関係から述べてみる。浅利家の由来は、『水府系纂』（十三）によるとはじめは武田家の家臣で戸栗氏を称していた。後に九左衛門定時の時に徳川家康に仕えて一五〇石を賜い、慶長年間に水戸徳川頼房に仕えて二〇〇石、大番頭となる。後に金奉行となり一〇〇石を加えられて三〇〇石となり、頼房の上洛に随従する。定方の時の慶安元年（一六四八）三五〇石となり、慶安四年に足軽二十人を付けられた。万治元年（一六五八）に頼房の命令で五〇〇石を得て頼元（後の守山藩主）の家臣となった。その後、九左衛門定昌の時に本姓浅利に戻り、天明八年（一七八八）八月に定江戸通事となり、寛政十年（一七九八）十二月には定江戸用人となった。文化七年（一八一〇）死去。

九左衛門定知は天保三年（一八三二）寄合指引、天保六年新番頭、天保七年孝文夫人（八代藩主斉脩夫人）附用人となり役料一五〇石を賜る。嘉永六年（一八五三）六月奥方番頭となったが、致仕して拙翁と号す。同年十二月二十七日死去。

六之進定応は天保十年二月十四日御相手を命ぜられる。四月二十四日に武芸出精を称せられて紋絹三反を賜い、弘化二年（一八四五）広間詰、同三年書院番組、養父隠居して家督を継ぎ三〇〇石を賜い中奥小姓再勤務。安政元年（一八五四）遠慮小普請組となる。五月、遠慮を免ぜられ、文久三年（一八六三）九月書院番組となる。

なお、鈴木暎一著『藤田東湖』では浅利徳操を東湖の門人としている。また、東湖の「原田兵介に与へし書」（『東湖先生之半面』一九〇頁、安政元年頃カ九月十八日附）には、東湖が殿中で着するのしめの借用依頼をした事が見える。東湖と浅利九左衛門とはそのような中であった。

3　『丁酉日録』に見る徳操（新定『東湖全集』一二五六頁～）

門人浅利徳操の父九左衛門が子息徳操の暴飲を止めさせようと東湖（定江戸通事）に忠告を依頼した。

酒豪の東湖がどのように対応したか興味のあるところである。その顚末を東湖の日記から抄出する。結果的には東湖・徳操とも一時的な禁酒であった。

三月十六日

辰半（十一時頃）淺利九左衛門来訪ひ、其子徳操南上後飲酒不レ羈《や》、少く忠告を乞由を託す。余許諾す。

三月十八日

朝淺利徳操来。徳操南上後飲酒過度頗放蕩になりたる故、余屢禁酒の事を勧む。不レ可。其父（九左衛門）之を患、余に又忠告の事を乞。余因て徳操を激励せんと昨夕徳操を訪不レ逢。今朝来訪談話の餘微諷す。不レ可、更に弁難す。徳操怒て不レ可。余亦憤激至誠を以て之を激す。徳操翻然として悛心あるに似たり。余因て相約し、共に禁酒せんと云。徳操余が甚飲を嗜む事を熟知せるゆゑ感激許諾す。期するに三年を以てし、共に一事を以て契とす。嗚呼先君子の門、学問行状一世に表見するに足る者、先輩には会沢伯民等二三子あり。余が同学年齢の者に至ては一人の自立する者なし。一人徳操、学問は浅しと雖人品凡ならず。忠勇群を出。余因て深くこれと親むこと二十年一日也。斯挙一は親朋の義を立、因て以て自激励せんと欲するなり。

三月二十日

淺利九左衛門氏来る。徳操へ忠告の事を謝する也。

四月十三日
帰途、交代の奥右筆を訪ひ、淺利徳操を訪ひ、夜分帰舍。
四月十四日
斎藤より使来る。告志篇（淺利より借りたり）をかしてやりぬ。
四月十五日
此日峰壽院夫人（斉脩夫人）誕辰（実の誕辰は過ぎたり、御祝いのみなり）の御祝とて酒肴を局中に玉ふ。人々打より杯酒くみかはしければ、余は絶杯ゆゑ一滴をものまず。
四月十六日
淺利九左衛門氏来る。徳操酒をば絶ぬれ共、日々他出あるひは夜も帰らざることあり。いとうしろめたく思ふよし内話あり。一書を徳操に贈りて規切す。
四月十八日
淺利徳操に過る。游惰の事、過日戒めたるに能用ふる色見えけるゆゑ、その事九左衛門氏へ告げよろこばしめんが為なり。哺時《ほ》（午後四時）帰舍、徳操が託する所の老子の画図に題す。倉卒《そうそつ》句を覓《もと》めたるゆゑ、いとど拙くおほゆ。
四月二十七日
夜、淺利徳操来る。南蛮ケンヒ流砲術を興したき説あり。

五月十二日

登殿、無事是日無形流剣術上覧に付少々早く退出。跡部氏を訪ふ不レ逢。浅利徳操を訪ひ舎に帰る。

五月二十六日

夜山辺子（家老山野辺兵庫）より酒一壺を贈る。近々何か報として可レ遣哉。

七月二日

両度召されて御前へ出、学校等の事申上る。御前に於て鯨汁並御酒を賜ふ。

七月六日

登殿、御前にて御酒肴を賜ふ。

これによると、東湖は七月には酒を飲み始めている。その背景は、東湖の朝酒を非難した吉成又右衛門に答えた書翰（天保八年八月一八日）で知ることができる。即ち、酒好きの母親が、息子の東湖が禁酒しているのに自分が飲む訳にはいかないと語っていたことを知ったからである。

何カ老人くさき事を申様に候へ共、過失はあり候而も、のび候所有レ之がよろしきと、一と口に中候へ共、女色酒食金銭等の事にて、ぼろを下げ候位の人（人に言い訳出来ないようなことをしでかす）には、決而人望帰し不レ申候間、だめと存候。夫に付考出申候、朝酒は兼ねて御異見御座候処、両三年以来朝は相止め、就中三月より絶杯（浅利徳操の不品行を戒めるために禁酒を約束、断行中）、愚母等苦労仕り候ゆへ、六月の頃より二・三次独飲は仕候へども、僅に気力を補候に過ぎず、この段は一寸自負仕候。（『東湖先生之半面』、三七・三八頁）

註　「愚母苦労」とは、西村文則著『藤田東湖』（四二五頁）に「幽谷の妹である永井のおばとやらが来て泊まり込み酒を飲む。吉田令世に嫁した先生の妹（もと）も、しばしば来たっては酒を飲む。」とある。当時の女性は東湖の母も含めて酒を好んでいたのである。

しかし、東湖の暴飲を最も懸念していたのは藩主斉昭であった。戸田銀次郎（篷軒）宛徳川斉昭書翰に、

川瀬も死去（天保九年〈一八三八〉五月二日）いたし候由、天道も理歟非歟と可レ申、扨て々々無二是非一事に候。此上は猶々為二国家一、川瀬之居候節申談儀出来不レ申候ては相成不レ申、何れ人は早きか遅きか死候儀はのがれ不レ申候故、たとひ其人死候とも、泉下にて笑はれ不レ申やう致し候外無レ之候。身は死去いたし候ても、相談いたし候儀為レ行候はば泉客と相成候ても、何程か悦びに存可レ申候へば、弥々勢力を励まし、学校経営等は是非々々行とげ申度き事に候。（中略）扨て又、川瀬死去いたし候ては、右に引続き候人物は、虎（藤田東湖）より外に無レ之、国家の宝に候故、何分眼病等幾重にも養生相加へ候様申聞き候也（『水戸藩史料別記上』五七七・五七八頁）

とあるように、「国家の宝」と頼む東湖が酒で眼病を患う様を憂いていたのである。当時の酒は、過度の石灰分入りで目を痛めることがあったようである。

なお、『辛丑日記』（天保十二年〈一八四一〉、三十六歳）三月十六日の条には「是日彪が誕日なり。蚤起神主を拝す。昨日より酒を禁ず。事ハ別に記す。」とあって禁酒の記録があるが、その訳を記す「別記」は今のところ見あたらない。

さらに「断酒の事」は嘉永三年（一八五〇）に見える。水戸竹隈に謹慎中であった東湖が、それまでの痔疾に悩み、翌年夏には手足麻痺、半身不自由となっていることから禁酒に及んだものと思える。「沈痾酒を断ち」がそれである。しかしながら、病をおし「心猶ほ壮に」、「気更に雄なり」と詠んでいるところが尋常ではないところである。

東湖顚倒して湖東に臥す
三尺の蒿茅阨窮を分つ
鶯花の幽鬱を慰むる有らざるも
日月の孤忠を照す無きに非ず
沈痾酒を断ちて心猶ほ壮に
長嘯詩を題して気更に雄なり
同友儂《わ》が近状を知らんと欲せば
蒼顔は鉄の如く鬢は蓬の如し

（『東湖全集』三七九頁）

藤田東湖が酒豪であることはよく知られるところであるが、沈酔の例をあげて愉快な一面を窺ってみよう。

4　東湖の沈酔

ア　横井小楠との忘年会

横井小楠は朱子学、陽明学、洋学を学んだ肥後熊本の藩儒者で「吾輩従来文士に非ず」と自負する志士であった。江戸にのぼった小楠は、天保十年（一八三九）五月水戸藩邸に東湖を訪ねて時勢を論じた。斉昭は小楠を高く評価し、水戸に招聘しようとしたが小楠は藩の職務に専念すると拝辞した。しかし小楠は、水戸の学風を門弟に説き、宮部鼎蔵の水戸行となる。次の同年十二月二十八日附けの小楠宛東湖書翰は、二人の交流の深さを示している。

拝誦仕候、窮陰冱寒、御旅中愈御健勝奉レ賀候。過日は御枉顧被レ下、近来にこれなく快興、乍レ併、甚失敬之事共汗顔仕候処、懇々御書中の趣、不レ知レ所レ謝奉レ存候。爾来は外邪に御感じなされ候由、折角御保護専要奉レ存候。扨高韻御示し被レ下候に付、酔中筆に任せて、次韻仕候処、翌朝に相成り尋思候へ共、七八句は夢の如く覚居候処、前後如何様の事を認候哉、慚愧至極に御座候。尤何程酔中にても黒白邪正を取違へ候積りは無二御座一候へ共、右之通り忘却仕候仕合ゆへ、頑鈍迂僻之病別而甚しく、過激の句を吐候儀は安心不レ仕、文字間未熟は勿論に御座候。何卒長者河海之量御恕被レ下一と先つ御返し可レ被レ下候。頻りに醜を掩う候様にて如何敷候へ共、源判官軟弓を恥候意御洞察被レ下、必御秘し被レ下、不レ遠御返し可レ被レ下、千万是祈、御人為レ待、乍二貴答一　匆々已上

十二月二十八日

二啓、忘年会翌朝、小僮室を掃候処、金二朱席上に落居候。定而貴兄御嚢中より逸候半奉レ存候。是より御返し可レ申存居候処、御人被レ下候に付即二朱附上、呵々

（『東湖先生の半面』六五・六六頁）

二人は忘年会を持った。酒席は興たけなわとなり、互いに詩を交わしたのであろう。東湖は「酔中筆に任せて」詠んだものの、醒めてみては「過激の句」あり「未熟」と感じて小楠に返却を求めている。また、部屋を掃除する中で金二朱の落とし物を発見、さぞかし小楠の嚢中からのものであろうから返却すると追記するところも東湖の細やかな一面を知ることができる。

イ　娘婿原任蔵宅訪問

拝啓、彪懶惰日に甚だしく、今年貴宅へ年頭にも不二罷出一、杜鵑《とけん》の声に驚き、今夕上堂之処、尊大人御始皆様御安全、殊に御小児所謂三日お英気呑牛とも可レ申御様子、感喜不レ啻候。明日大

人御当直のよし故、辞去可ㇾ申存候処、例之通り杜康の為に長座沈酔、遂に貴宅へ一泊と相成申候。只今御一の間へ平臥、皆様も寝につき、至極閑静、床間の画虎に対し足下の事憶ひ出し、墨斗にて此状認申候。郷園の趣御想像可ㇾ被ㇾ下候。（春中は高山の碑文並佐々原の対策……（少年等・・子どもや塾生に奪い去られ・・例の弊風是非に及ばず）高山の碑感服（久留米にたしかに墓所有ㇾ之候をしらぬ顔に而招魂はおかしく候へ共、たしかに分り候而は、招魂の碑建兼候わけゆへ、左もあるべし。同じ菩提所の縁云々よくにげて書申候。いづれ感服々々）中略

一　原八南上何分御励し可ㇾ被ㇾ下候。孤燈耿々最早鶏鳴に近く、酔中草々擱筆

四月十一日夜枕上にて書　彪

原任秀才

杜鵑（ほととぎす）　上堂（他家を訪問する敬語）

三日お英気呑牛（三日見ぬ間に英気盛んに呑牛の気象があると賞揚した）

杜康（大陸魏人、酒造りの名人で転じて酒をいう）

原八（原田八兵衛成徳、夫人は東湖の娘徳。任蔵忠寧の子に誠之介明善・八兵衛成徳の兄弟がいた。）

原任蔵（忠寧）宛て天保十一年（一八四〇）四月十一日の書翰である。この日、東湖は久しぶりに義理

の息子任蔵の家を訪問しその父十左衛門と懇談、子供たちの成長に目を細めながら酒が進み、遂に深酔して一泊することになった。しかし、夜明け方近くに目覚めて行灯の明かりを頼りに、床の間の虎画を見ながら任蔵を想い、高山彦九郎碑文のこと、佐々原の官吏登用試問答案、薩摩藩の琉球交易用大型造船問題や蝦夷地津軽領への夷人上陸問題などの実否を質す書翰を認めている。（章華社発行『藤田東湖全集』第五巻、一九一〜一九三頁）

ウ　安井息軒宛「攘夷会開催通知」（安政元年〈一八五四〉十月十九日）

昨者乍レ例爛酔、甚失敬仕候、禅林の幽寂、海楼の愉快、近来の佳興、深謝先生之賜候。帰途之一楼、頗属二蛇足一候得共、亦所謂爛酔亦徒然に御座候、扨折角久々にて寛晤仕候処、醒則思飲、飲則沈酔、談難レ到二佳境一、今更遺憾千万に御座候、且つ禅林には僧徒あり、海楼には婦女あり、是亦談話を妨候間、何卒今一日御会申度存候。……明廿日金（芳野金陵）・宕（塩谷宕陰）両子同行、何卒御朝餐より弊廬へ御枉顧、伏て奉レ希候。午前は全く茗話、午後微酌と仕候はば、近来の心事吐露候に足り可レ申候。……世上はゐびす講に候得共、僕は攘夷会仕度微意に御座候。

（『東湖先生之半面』六九・七〇頁）

枉顧（立ち寄る）　茗話（茶を飲みながら語り合う）

安井息軒は日向清武の出で昌平黌に学び、増上寺の僧寮で苦学して名儒となる。幕府や彦根藩から優遇を受け、主著には「海防私議」や「靖海問答」などがある。芳野金陵は下総の出で田中藩本多氏に仕えて大義名分に厚く、文久以後は昌平黌教授となる。塩谷宕陰は十六歳で昌平黌に学び、浜松藩に仕えた。「籌海私議」などがある。

この日、東湖は安井息軒を増上寺(カ)に訪ねて懇談、愉快な時間を過ごした。しかし、酒が過ぎて談十分に到らなかった様子であった。しかもその帰途、二人はさらにいわゆる二次会としゃれ込み痛飲に及んでまたまた談不十分のようであった。そのため、再度の会談を設けたのである。今度は午前中はお茶だけでしっかり議論しようと念を押しているところは東湖の心情を窺うことができる。

この年は、米国や和蘭・英国と和親条約を締結して下田・箱館を開港した。一方、ロシア使節プチャーチンも来航して貿易や樺太・択捉・ウルップなどの国境約定を要求するなど、当時漸く険悪になった世相を正しく認識してこれらに善処しようと時局談(攘夷会)を持った決意を窺うことができる。

5　幽囚中の酒

弘化元年(一八四四)五月、藩主斉昭の処罰により同じく蟄居謹慎を命じられた東湖は、初めは小石川藩邸内の自宅謹慎から翌弘化二年二月二十一日に隅田川畔の小梅邸内に移された。東湖が「蹇斎《けんさい》」(悩み苦しむ)と称した間口九尺の水主小屋で、目付同心が監視人として見張り、出入りは親戚の江幡甚太郎、隣家の水主中沢忠介、給仕の門下生塚田達(行蔵)、和田力平ら数人が許されるのみであった。

食事も粗末なもので、鰯のヌタ、奴豆腐、松魚（カツオ）の刺身、干物めざし、ぜんまい、蓴菜、ナマスなどが出された。幽囚中、国元水戸からの送金は生活費と従者二人分を含んで月一両。月々の米代は二分二朱と三〇〇文の支出、是に味噌・醤油・炭など出精一杯。酒は何とか書き物を頼まれた代償で得られた（鈴木暎一著『藤田東湖』第六）。

また、その生活ぶりと心境については元同僚の吉成又右衛門に与えた六月十三日附け書翰によく記されている。

天祥（文天祥）に比し候へば、玉堂華屋に候へ共、監府の苛細なること、天祥は存じ申すまじく、此の炎熱に行水も六ケ敷、朝夕一度づつ、爨炊《さんすい》（飯炊き）の為に一手桶汲み候水を貯へ置き、銅たらひに半分ほどをあび候て凌ぎ申候。毎日暮時一合づつの薬用にて正気を培養仕候。併し乍ら忠憤満腔、御安意下さるべく候。（『東湖先生之半面』三八頁）

『回天詩史』にある「自ら驚く塵垢《じんこう》の皮膚に盈《み》つるを」であり「発汗淋漓、衣服日に汚れ、臭気鼻を衝く。因りて一たび皮膚を掻《か》けば則ち蚤《しらみ》亦爪に入る」（『東湖全集』三五・三六頁）有様であった。

このような艱難辛苦の小梅蟄居の中、東湖の気概は衰えることはなかった。数首を挙げて東湖の気魄に迫ろう。弘化二年（一八四五）、「謫居新年」と題して、

又見る乾坤日月の新たなるを
書窓堆積す旧年の塵

零丁猶ほ名都の客となり
閑散還《ま》た迎ふ強仕の春
膝《ひざ》人に屈せざるは貴のためにあらず
樽常に酒を蓄へて未だ全く貧ならず
何れの時か帰去せん東湖上
起て寿觴《じゅしょう》を捧げて老親を祝せん

零丁＝落ちぶれ者東湖。名都＝江戸の住人である。
強仕＝四十歳。
貴のため＝身分・地位。
寿觴《じゅしょう》＝めでたい酒。老親＝母。（『東湖全集』三五四頁）

また、「春晩対酒排悶」と題して、

芳草幽径を委し　荊棘《けいきょく》道に蔓《つる》して周《あまね》し
我が心渺として際無く　何ぞ異ならん繋ざる舟に
小詩聊か鬱を泄《ちら》し　斗酒更に憂ひを忘る
楽しきかな酔郷の裏　日月何ぞ悠々

（『東湖全集』三七〇頁）

この頃東湖が愛飲した酒は、隅（墨）田川から採って「墨水春」と名付けていたようである。これを詠んだ歌二首を示そう。

『墨水春』（弘化二年三月盡、酒に対す）（『東湖全集』三六二頁）

① 訥居何の得る所ぞ
養成す数寸の鬢

肯て雲長の美に比す
猶寒儒に誇るに堪ゆ
朝夕撫し且つ櫛けづる
自ら笑ふ処世の迂なるを
米塩屢々乏しきを告げ
膏肉厨に入らざるも
猶傾く墨水の春
時時僮をして沽はしむ
朝衣既に典し盡し
四壁は酒壺に堆く
予じめ患ふ帰家の日を
行李一物無し
元是れ敗軍の将
于思妻孥に誇らんと

②

浅草墨水の春

藤田東湖「正気の歌」碑（江東区小梅邸跡内）

独り東湖ありて酌む
豈酒を酌む人なからんや
酒を愛する我に若くものなし
我に一片の気あり
軒昂《けんこう》にして磊落《らいらく》
九重宸口を恋ふる
万里朔漠《さくばく》を渉《わた》る
酔ふに非ず又狂するに非ず
孰《た》れか能く斯の瘼《ばく》を医す
痛飲正に淋漓《りんり》たり
心胸始めて開拓す
身は屈す数尺の廬《いおり》
坐して跨る陽州の鶴
宜《む》べなるかな李謫仙《りたくせん》
生死抔杓《ほうしゃく》に属す

（意気軒昂、豪放磊落）磊落《らいらく》＝気が大きく朗らか。

朔漠《さくばく》＝北方の砂漠。

淋漓《りんり》＝元気溢れる。

李謫仙《りたくせん》＝李白、酒を好んだ詩人。
抔杓《ほうしゃく》＝手ですくって飲む。

幽囚中の様子と浩然の気を併せて詳しく詠んだのは次の「感懐」である。

謫居三日に値《あ》ひ（三月三日節句）、門外遊人織るが如く、歓呼笑口、声長堤に満つ、余凡《つくえ》に憑《よ》り（もたれ）、字を写し、無聊《むりょう》殊に甚し。適《たま》々力平（下僕）外より帰り、酒と魚とを携ふ。余の喜び、是に於いて知るべきなり。直ちに魚を割いて鱠《なます》となし、火を撥して酒を煖め、酒酣《たけなわ》に耳熱し、

揮毫悶を泄《も》らす、亦一時の痛快なり。

墨水舎を距《さ》る十数歩、長堤透口《いい》其の際に横はる。
青春況や又上巳の辰《とき》、士女絡繹《らくえき》華麗を競ふ　絡繹《らくえき》＝続々人の往来。
或は白馬に跨り金鞭《きんべん》を揮ひ、或は紅粧を擁して吟袂《ぎんぺい》を動かす
牆《かき》を隔てて誰か憐む幽人の居、柴門《さいもん》開かず戸常に閉づ
閉戸先生何事をか成す、芸窓《うんそう》日夕経藝に渉る。　芸窓《うんそう》＝書斎。
黄塵空しく誤る四十年、青史究めんと欲す三千歳　黄塵＝世俗と暮らした年月。
流離困厄気尚雄なり、畢竟罪戻《ざいれい》に遭ふ所以《ゆえん》、
然りと雖も先生も亦情あり、佳節に逢ふ毎に独り涕《なみだ》を垂《た》る。　涕（主君・家族を思）。
人先生を嫉《ねた》む人を嫉むにあらず、世先生を棄つ豈に世を棄てんや
僮僕偶々携ふ瓢と盤と、金龍山畔酒肴を貰らす　金龍山畔＝浅草寺・隅田川ほとり。
先生熟視喜んで狂せんと欲す、直ちに炉辺に向かつて呑噬《どんぜい》を逞うす

酒酣《たけなわ》に興来つて百憂銷《しょう》す、用ゐず水辺故に祓禊《ふっけい》するを　（節句の清めを略す）。
維れ昔し落魄の在中郎、光風霄《しょう》月本と同契、　在中郎＝在原業平。光風霄《しょう》月＝澄心。
白雪堆中王子を訪ひ、朴若《とじゃく》洲頭伉儷《こうれい》を憶ふ　堆中王子＝惟喬親王。朴若《とじゃく》＝カキツバタ。
舟子無情白鴎を指さし、墨水日暮れて済《わた》るに堪へず
当年の遺蹤《いしょう》今猶存す、曠世の風流誰か復《ま》た継がん　（受け継ぐ風流人は居ない）。
吁嗟《ああ》中郎時を失ふと雖も、未だ聞かず覊鞍《きあん》東州に滞《とどこお》るを　（関東に長く居る）。
似ず先生門戸を閉ずるに、三尺の蓬蒿匏《ひさご》の繋るを嘆ず　蓬蒿《ほうこう》＝生い茂る蓬。
人生の浮沈何ぞ言ふに足らん、大運従来隆替あり
君見ずや西来長鯨海波を捲き、睥睨《へいげい》殆ど垂涎《すいぜん》の勢ひを為すを
又見ずや皇天丁寧炳戒を垂れ、日暮南方気彗《きすい》に似たり　丁寧＝親切。気彗《きすい》＝彗星。
丹心誰か懐《いだ》く杞人《きじん》の憂、白屋安ぞ知らん廟堂の計、　杞人の憂＝無用の憂。白屋＝民。
好《よ》し千古忠義の魂を弔して、扶桑のために根柢を培はんと欲す　（忠義心を養はん）。

※「伊勢物語」（からごろもきつつなれにしつましあればはるばる来ぬるたびをしぞ思ふ）

幽囚中にあっても浩然の気を吐き、なお天下を睥睨《へいげい》していた東湖であったが、秋はやはり感慨深くさせるものがあったようである。次の「月下感想」（弘化二年）にそれを窺うことができる。（『東湖全集』

（三六三頁）

十五夜無月。十六・十七又陰。十八初晴。有レ感。

憶ふ昨、駕に従ひ郷にありし年、
蒜湖《さんこ》幾回か楼船を泛《うか》ぶ
楼船動く処棹歌起り
小艇来る時樽酒伝ふ
酔吟背かず三秋の賞
陪遊多くは是れ一時の賢
玉箏掠め去る渓松の韻
金管吹き覚ます洞龍の眠
首を回《めぐら》せば壮遊渾《す》べて夢の如し
孤枕凄凌《せいりよう》たり墨水の辺
門を杜《と》じて荏苒《じんぜん》春又秋
清賞曾《かつ》て期す三五の天
寧《なん》ぞ知らん浮雲我が興を妬み
許さず蟾影《せんえい》の詩篇に入るを

蒜湖＝涸沼。
棹歌＝舟歌。
三秋の賞＝秋季三カ月の月は特に優れている。
渓松の韻＝水際の松に吹く風の自然の音楽。
洞龍の眠＝水底に眠る龍。
孤枕＝幽囚中の独り身。
荏苒＝月日が一日一日と経っていく。
清賞＝月を賞美する。三五の天＝八月一五夜の空。
蟾影＝月。詩篇に入る＝月を詠み込む。

浮雲散ずる時月已に虧《か》く
幽光半夜人をして憐《あわれ》ましむ
月光盈虚《えいきょ》常数あり
浮雲合散も亦自然
天意従来既に此の如し
人事何に由てか万全を得ん
瓢樽猶ほ幽独を慰するに足る
虫声も亦まさに管弦に当つるに堪へたり
夜闌《たけなわ》に風冷《ひややか》にして月愈《いよいよ》白し
爽気人に逼《せま》つて人仙ならんと欲す
却《かえつ》て是れ化工妙手段
付与す玉兎七分の円

盈虚＝満ち欠け。
仙＝凡庸を超越した聖人。
化工妙手段＝造化の巧妙さ（東湖の佳境感嘆の心境）。
玉兎＝月。七分の円＝十八日の月。

しかし、逆境にあっても酒を友にしながらそれを超越し、月色の美に見入っている東湖の雄大さはなお盛んであった。

このように、幽囚の身にあっても好物の酒は僅かながらも毎夕嗜むことができ、それによって「忠憤の気」を奮い立たせていたのである。改めて幽囚二年目の弘化二年の詠歌を見ると、「又得花字」、

「三月七日聞欣賞先生遽致仕」、「三月十四日即事」、「三月盡示行蔵」などをはじめ「酒」を読み込んだものが多く見られる。中でも「三月盡対酒」として「且つ飲み且つ賦す。或は酔ひ或は醒む。醒むれば則ち枯槁衰颯の音多く、酔へば則ち邁往凌雲之気を生ず。亦一笑に供すべし」（『東湖全集』三六一頁）と序して詠んだ歌は圧巻である。

6　竹隈蟄居

弘化四年（一八四七）正月二十四日、藤田東湖は江戸を発って二十六日水戸に着いた。城下郊外の吉田一里塚まで出迎えたのは吉田於菟三郎、竹隈の自宅に待っていたのは原忠左衛門、丹虎次郎、山口猪右衛門、原任蔵市之進、永井猪之助、吉田亮節ら親族であった。東湖は、謹慎は解かれない身ではあったが、家族と共に住むことができ、ゆっくりと酒を楽しむことの喜びを早速詠んでいる。

衡門の茅舎竹籬斜なり、
也是《また》東湖居士の家
却て領す人間閑日月、
一瓢の春酒梅花に酔ふ

（『東湖全集』三七一頁）

「杜門懐古」（門を閉じて懐古する）

一間の茅屋一瓢の貧　（あばら屋と一個の瓢で貧乏を表現）。
三尺の雄刀七尺の身
国を憂ひて叨《みだり》に招く衆人の謗《そしり》　（藩主への忠義により閑居したこと）。
門を杜して空しく負《そむ》く百花の春
従来の志願温飽にあらず　温飽＝衣服に不自由しない。
遮《さもあらばあれ》　莫胸間苦辛多し
頼《さいわい》に杜康の能く我に伴ふ有り　杜康＝中国ではじめて酒を造った人＝酒。
陶然日に酔郷の賓となる　（章華社刊『藤田東湖全集』第三巻、二三八・二三九頁）

以上見てきたように、東湖には一時の禁酒はあったが、如何なる境遇にあっても東湖から酒が離れることは無かったと云える。しかし、その酒代はどうしていたのかと懸念していたところであったが、次の歌を見出した。嘉永四年（一八五一）、四十六歳）「偶作」と題したものである（『東湖全集』三八一頁）。東湖の揮毫類が酒代の一部となっていたようである。

「偶作」
既に杜康《とこう》を愛し酔眠に耽る
又翰墨を以て残年を送る　翰墨＝書簡・揮毫。
妻孥《だ》怒り見る何事に縁《よ》るや

潤筆皆悉く酒債を償ふ

潤筆＝揮毫類。

四　東湖の酒絶賛

このように、酒をこよなく愛した東湖の酒讃歌の傑作は何と言っても次にあげる「瓢兮歌《ひょうけいか》」であろう。天保の改革も順調に推進されていた弘化元年（一八四四）、同志の桜眞金（任蔵）から酒瓢が贈られたことから「愛玩置かず、瓢兮歌を賦す」として詠んだものである。じっくりと味わってみたい。

瓢兮歌

瓢《ひょう》兮《や》瓢兮吾れ汝を愛す
汝嘗て熟知す顔子の賢
陋巷に追随して楽みを改めず
盍《なん》ぞ美禄を将《もっ》て天年を延べざる
夭寿命あり汝が力に非ず
声明猶驥尾《きび》に附して伝ふ
瓢兮々々吾れ汝を愛す

顔子＝顔回、孔子の弟子中最も優れた人。
陋巷＝狭い街・粗末な街。
驥尾《きび》に付す＝後進者が優れた先達に従い事を成就する。

汝又嘗て受く豊公の憐み
金装燦爛《さんらん》軍に従ふの日
一勝一を加ふ百且つ千
千瓢向ふ所勍敵《けいてき》なし
叱咤忽ち握る四海の権

瓢兮々々吾れ汝を愛す
悠々たる時運幾変遷
亜聖の至楽誰れか復た踵《お》はん
太閤の雄図何ぞ忽焉《こつえん》たる
用ゐず、独り醒めて沢畔の吟を
唯長酔に合して謫仙《たくせん》に伴はん

瓢兮々々吾れ汝を愛す
汝能く酒を愛して天に愧《は》ぢず
消息盈虚《えいきょ》時と与《とも》に行く

勍敵《けいてき》＝強力な軍勢。
亜聖＝聖人（孔子）に次ぐ賢人で孟子や顔回。
謫仙《たくせん》＝大詩人。
盈虚《えいきょ》＝栄枯盛衰。

酒あれば危座し酒なければ顚《ねころ》ぶ
汝危座する時吾れ未だ酔はず
汝まさに顚ばんとする時吾れ眠らんと欲す
一酔一眠吾が事足る
世上の窮通何処の辺ぞ

危座＝正座。

むすびに

藤田東湖は那珂市にゆかりがある。抑も藤田家は飯田村（那珂市）にあった。東湖の曾祖父顕一の時に分家し水戸城下に移っている。その那珂市（東木倉）から衆議院議員根本正が出ている。根本は縁戚であった東湖の僚友豊田天功および嫡子小太郎に学び、天下国家を担う気概を養った。その上で、大正十一年（一九二二）に未成年者の禁酒・禁煙法を議員立法として成立させた。アメリカ留学を果たした根本は、飲酒・喫煙による現地青少年の乱れを見ていたのである。日本の将来を担う青年を、酒やタバコで狂わせてはならない一心であった。酒は、時として人生を大きく狂わせる。その故に、大人としても心しなければならないとも思った。根本は、五台村（東木倉村などが合併）にいる本家の甥の子根本勉へ書簡を送っている。「五台村の村長始め議員たちが率先して禁酒し、やがてそれが村民にまで浸透して禁酒村になるように希望する」と。周辺には酒のために田畑を手放し、家庭を崩壊させる現実があり、村政の停滞もあった。これらを改め、「故家、遺俗、流風、善政」を実現しようとする根本正の切なる願いが込められているものである。

しかし、藤田東湖にとって、酒はますます浩然の気を養い、気宇壮大にし、逆境を超越する偉大なる力を与えるものであった。『東湖全集』からは、酔えば酔うほどに詠み出された雄渾且つ情熱的な詩歌および東湖の気魄を浴びることができる。

第七章　幕末水戸藩の混迷と領民

はじめに

安政七年（一八六〇）三月三日（三月十八日「万延」改元）に起こった桜田門外の変を考える場合、その背景として天保十五年（一八四四）五月（十二月「弘化」改元）から万延元年までの約四十年のスパンで考えていくのが妥当であろうと思う。

そもそも後期水戸藩の政治上の混迷は、天保十五年五月に藩主斉昭が幕府から隠居謹慎を命ぜられたいわゆる弘化甲辰の国難からはじまったと云ってよい。幕府と水戸藩との決定的対立であった。それが日米通商条約の違勅調印問題で深刻化し安政の大獄となった。この結果が桜田門外の変となって現れたとみる。

その過程における幕府と水戸藩および領民たちの動きを通して、当時の人々の心の有り様を明らかにしていきたい。

一　井伊直弼と溜間詰大名

1　井伊家の立場

井伊直弼と溜間詰大名について。江戸城内に詰める諸大名の中で最も力を持っているのが溜間詰大名である。その主な大名は、彦根を筆頭として会津・高松・松山・忍（武州）・桑名・佐倉の各藩である。ここを押さえておかないと諸大名の勢力関係を理解することが出来ない。

彦根藩は、幕末には相模湾の警備を重要任務としていた。それにより異国船の接近や海外勢力の状況はある程度把握することができた。また、井伊家の出自は遠州浜松井伊谷である。南北朝の争乱の時代、後醍醐天皇のお召しに応じて皇子宗良親王を井伊谷城に迎え旗を揚げたことから尊王精神の強い家であった。

嘉永六年（一八五三）八月二十九日の段階、ペリー来航以来幕府政治の在り様を従来の鎖国政策から開国へと転換することになる。井伊直弼は「祖法改変のためには朝廷に奏聞することが必要である」と云い、さらに伊勢神宮や周辺の寺院・神社に参拝をし、日光東照宮に幕府の使者を派遣してその意向を伺うべきであるとの考えであった。直弼は違勅調印を非難されるが、単純に朝廷無視とは咎められないのではないか、これも押さえておきたい。

2 大政委任論

幕府政治は朝廷から政治を委任されたものとの大政委任論がある。老中松平定信なども同様であった。これにより、条約調印も必ずしも朝廷の意向を伺う必要はなく幕府の先決でよいと考えていた。水戸にしても、元々尊王敬幕であり倒幕ではない。その意味では大政委任の考え方であったといってよい。この大政委任論を明確に主張した者に幕臣福地源一郎がいる。開鎖問題についてまた条約調印について、福地は『幕府衰亡論』の中で「幕政についてこれまで朝廷の意向を伺ったことはない。すべて幕府に任せられているのであって、その幕府の方針に乗っ取って推進していってよいのだ。どうしてそれを朝廷に奏聞する必要があったのか」と不満を述べている

しかし、この「朝廷へ奏聞」の開始は既に文化年間にある。文化四年（一八〇七）、ロシア軍艦が樺太に来航し周辺に乱暴を働いた時に始まっていた。幕末に入って初めてではなく、突然の「奏聞」でもなかった。これも前提としておかなければならない。

3 水戸藩と彦根藩の相違

徳川光圀の家訓「尊王」と井伊家の尊王とには相違がある。徳川光圀は、我が主君は天子也、今将

軍ハ我が宗家なり」の「尊王敬幕」であり、万一幕府と朝廷が対立した場合は朝廷に就く覚悟であった。しかし、これを表立っては言えない。光圀は控えめに、徐々に尊王行為をなしていった。楠木正成の「嗚呼忠臣楠子之墓」の建碑もその一つであり、「大日本史」の編纂も同じ、この尊王精神が家訓として歴代の藩主に伝えられていった。

井伊家も本来尊王である。しかし井伊家の役割は、江戸時代になると変わってくる。彦根は京都の東に位置し、姫路は西に位置する。その姫路は溜間詰である。位置から考えると、彦根藩は尊王ではあるが、京都を監視する役割でもあった。家康の大名配置は巧妙であり、その辺りをどう捉えるかということである。地勢学的な視点でものを見ると世界の情勢が分かると同様に、幕府の大名配置から見ても底に潜む意図が浮かんでくる。

二　弘化甲辰の国難

1　斉昭の処分

弘化甲辰の国難は天保十五年（一八四四）五月に起った。水戸藩は、御三家の一つであっても幕府の方針に反すれば処罰される立場にあった。大きな原因は、瓜連（茨城県那珂市）の常福寺を始めとした社寺改革に対する寺院勢力の反対であったと考える。水戸東照宮が常福寺の祭祀から神道に改めさせられたことも背景の一つであろう。弘道館の土手も軍事的な行動とされた。蝦夷地拝領願いのこと、勝手向き不如意のこと、寺院破却のこと、浪人召し抱えのこと、鉄砲打ち揃えのことなど合わせて七か条の罪状を以て斉昭に隠居謹慎が命じられた。前年には斉昭が幕府から善政の褒賞を受けたばかりだけに大変な衝撃であった。

ここから、家臣はじめ領民たちが斉昭の雪冤運動に立ち上がる。水戸八幡宮や静神社、鹿島神宮など各地の神社に処分撤回の願いを込めて神社参りをする。さらに江戸へも嘆願に出発する。無届けの江戸上り（無願南上）が盛んに起こった。領民を嘆願運動に走らせた背景には郡制度・郡奉行の存在が大きかった。水戸領内の郡分けは、最多は十一郡、少なくて南北中と三郡であった。斉昭の時には四郡になる。その郡を支配するのが郡奉行であった。郡奉行が藩主の考えに立つか否かによって郡内の領民は大きな影響を受けた。

九月に入ると江戸上りがはじまり、会津藩や紀伊藩・尾張藩邸あるいは老中邸へ嘆願運動を起こす。十月には城下南の千束原へ四千人、那珂市の清水原には五千人程が集結して斉昭雪冤嘆願の決起集会が行なわれた。この南上には以下の領民が代表者として参加している。

萱谷村（那珂市）山横目横須賀勘兵衛、大岩村（常陸大宮市）竹内源介、上小瀬村（常陸大宮市）井樋政之丞、小場村（常陸大宮市）安藤幾平、成沢村（水戸市）加倉井砂山、田谷村（水戸市）田尻新介（会沢正

志斎門下）、庄屋の田崎村の鹿島縫殿衛門と阿久津藤左衛門、一般農民の次兵・貞介・儀介・藤衛門・次兵衛、戸村の檜山判七（会沢正志斎門下で小場の安藤家とは縁戚関係にある）、五衛門、下江戸村の平次・藤蔵・本介・栄介、本米崎村の福地理衛門（城里町増井村の山横目袴塚周蔵の実弟）、吉衛門（傍線部は入牢）

那珂市域の神官も行動を起こした。斉昭の社寺改革は神道興隆を目指したこともあって神官への影響が非常に強かった。額田村白石陸奥、堤村多賀野但馬、鴻巣村鷲尾金吾、本米崎村海後山城、福田村今瀬伊織、田崎村小田部。静村の斎藤監物らである。

これら南上人が小石川水戸藩邸や仙台藩に上訴した。南上組はいわゆる義民と呼ばれた。「義挙」であるとの意味からである。

なお、この当時に百日を過ぎると罪が解かれる慣習があったが、百日経っても斉昭の罪は解かれず、さらに嘆願が続く。しかし、これら嘆願の影響もあったか、十二月二十六日やっと斉昭の謹慎が解除された。

2　藩政復帰運動

謹慎は解かれた。しかし藩政復帰はかなわない。そのため「是非共藩政復帰を」との嘆願が出てく

る。弘化二年（一八四五）の三月頃にはその動きはかなり強くなっていった。参加者にも変化が見られる。新たに、

菅谷村小宅三左衛門、東木倉村後藤信之允、成沢村加倉井砂山、鷲子村薄井禎蔵・薄井定兵衛、石塚村岡崎雄之介・同長次郎、馬頭村北条斧四郎・星壮兵衛、谷津村（水戸市）谷津共之介、下青山村綿引新三郎・川又多一郎、那珂西村西野惣八、阿波山村和田銀之衛門、岩根村森田直三郎、大内村秋山弥六郎・真太郎、大山田村下郷石井繁之進、大岩村竹内源介、粟野村飯村忠司

ら二十一名が嘆願書に署名している。

このような無断南上組は捕縛され入牢となる。田崎村の庄屋阿久津藤左衛門について『暴政便覧』（彰考館蔵）にはおよそ次のように記されている。

駒込中屋敷に入れられた義民達は、六畳の部屋に三十六人程も押し込められた。百姓の身分で嘆願するなどの不忠不義の輩は、もはやどうなっても構わないと皆から言われた。藤左衛門には掛け物もないため、同室の者たちがそれぞれ裸になって衣類を着せた。横になる席もないので、相牢の者の膝の上に寝かせた。汗が吹き出てもぬぐう程の布もない状態であった。阿久津藤左衛門は、三月二十九日に辞世

浮き舟のともづなといてまほかけて嵐の波に身は沈むとも

を残して死した。藤左衛門の遺体は、極悪人同様に取り扱われ、手足を打ち砕かれるなどして何

処かへ運び去られた。相牢の者はこの非常の振る舞いを見て絶食死を覚悟した程だった。それが三月である。

その後、六月になって事情を知った藤左衛門の母親と妻や子供たちは、水戸藩庁を訪ねて遺体の引き渡しを願うが拒否される。母は、「藩主の赦免を願う義民たちに対してあまりに理不尽ではないか」と抗議。更には、母親は藩の附家老中山備後守を訪ねて、「せがれは嘆願に出発した時から覚悟はしていたろうが、極悪人同様の扱いはあまりに無謀ではないか、せめて遺骨だけでも渡して欲しい」と願い出る。これが附家老中山を動かし調査が進められた。(要約)

この阿久津藤左衛門は、小石川の常泉院に一時仮埋葬された。それが安政元年(一八五四)になって帰村を許され、田崎村では村葬を以て埋葬された。阿久津藤左衛門はまさに死を覚悟して、領民の先頭に立って斉昭の雪冤運動に邁進したのであった。

檜山伴七は弘化二年(一八四五)五月に水戸の赤沼牢に押し込められ命を落とす。伴七もやがて帰村を許され埋葬された。伴七

藤田東湖護母致命之処碑
(小石川後楽園内)

は会沢正志斎の門下であったことから、自宅には今でも会沢正志斎の箱書きのある神牌が残っている。このように師匠会沢正志斎から惜しまれた人物でもあった。瓜連地区では静神社の神官斎藤監物も老中阿部正弘邸に嘆願していた。

この結果、嘉永二年（一八四九）に斉昭の藩政関与が認められた。その後、嘉永六年に米国のペリーがやってくる。そこで斉昭は幕府の海防参与に、側近の藤田東湖も謹慎を解かれ海防御用係にそれぞれ任命され再び政治の表舞台に出て活躍の場を与えられる。ただ残念ながら、その後の安政二年（一八五五）十月二日に江戸の大地震が起こった。これにより藤田東湖が圧死する（写真「藤田東湖先生護母致命之処」碑、小石川後楽園内）。この藤田東湖が亡くなったことは、水戸にとっては大変残念なことであり、また全国的にも非常に惜しまれたことであった。

三　安政の大獄

1　条約調印と将軍継嗣問題――直弼と東湖と橋本左内と吉田松陰――

次に、開国問題に加えて将軍継嗣問題がおこった。幕末の日本を混乱させた基は、開国問題と将軍の継嗣問題であった。安政五年（一八五八）四月二十三日、両者を一気に解決させるべく井伊直弼が大老に就任する。その四日後の四月二十七日に直弼と目付岩瀬忠震との激論があった。これは、将軍継嗣問題と条約調印に関して激しい議論が戦わされたのではないかと想像される。岩瀬忠震は外交を担当、ハリスと直接交渉をして条約調印にこぎつけた人物の一人である。その岩瀬忠震が書状を越前の橋本左内に送っている。内容は、

今日、彦公へ余程の激論を発し申置き候と…御文通類は総て速に丙丁を願い候。(丙丁とは火中、火に燃やすこと)貴翰(即ち貴方の書翰)も直に悉く投火候。

と。

越前藩主松平慶永の腹心として活躍が期待された橋本左内、橋本は蘭学を学んだだけに非常に世界の情勢に明るく当然開国論を唱えていた。しかも、世界の情勢を論じては「もはや海外との交流は欠かせない、日本も是非開国しなければならない。しかし、世界の大勢はやがてイギリスとロシアが主導権を握るであろう。その時日本は単独では成り立ち難く同盟を結ぶ必要がある。イギリスとロシアを比較した時に、貪欲なのはイギリスである。その東南アジアへの進出・侵略ぶりを見ると非常に危険である。自分は、どちらかというとロシアの方がまだ信頼できる」と日露同盟論を唱え、さらに世界はやがて国際連盟のような機構を持って統治されることになることであろうとも述べていた。橋本は、すでにこのような予測をしていたのであった。

橋本左内は、将軍後継についても藩主松平慶永の命を受けて種々調査をしていた。橋本は、薩摩の

西郷隆盛とも交流があった。西郷隆盛は、尊敬する先輩としては藤田東湖、同輩としては橋本左内とも言っている。西郷は橋本に頼む、「今将軍候補となっている慶喜とはいかなる人物であるか、よく調査して自分に知らせてくれ」と。橋本は、その調査結果である報告書・書翰を西郷の元へ送る。それを西郷は大事にしておった。明治十年（一八七七）の西南の役で自刃した西郷、そのカバンに残っていたのが橋本左内からの報告書簡であった。非常に心を打たれたことであった。この橋本左内に、岩瀬忠震が書簡を送った。「あなたの書簡類も焼き捨てよ」と。具体的に藤田東湖の「回天詩史」が出てくる。東湖は、藩主斉昭と同時に処罰を受け墨田川沿いの小梅蔵屋敷の船蔵に押し込められた。その牢獄の中で書かれた一つが「回天詩史」である。それらを橋本左内はじめ幕末の志士たちはよく読んでいたのであった。直弼との激論の中で、一橋派の将来が非常に危険な状況になるのではないかと岩瀬は見通していた。

一方、井伊直弼は、嘉永四年（一八五一）に氏神に捧げた神文の中では「開国は難しい」と記している。この時点では、鎖国である祖法は守らなければならないと考えていたと思われる。万が一開国するとしても、既述のように朝廷の勅許を受けなくてはと考えていた。

これについて、井伊直弼研究の第一人者である吉田常吉は、『井伊直弼』（吉川弘文館刊人物叢書）の中で次のように記している。

直弼は、岩瀬達との協議の中で、ハリスの要求も強くて勅許を得ている暇がない、だから無勅調印もやむを得ないとの岩瀬達の考えに賛同する。ところが、屋敷へ帰ってみると公用人の宇津木六之丞が、将軍の許しを得たといってもあなたは違勅の責任を取らされますよと。これに対して直弼は、外国は航海の術に長けている。万里の波濤を超えてと言うけれども、万里も近隣も違いなくもう本当に交流が迫っているのだ。お互いに国々が富みかつ兵を強くしていかなければならない。これを拒むとすれば外国との交戦は必至である。今日拒絶して長く外国に占領され国体を恥かしめるのと、勅許を待たずして国体を恥ずかしめざるといずれが重きか。しかし、勅許を待たないで調印したという重罪は甘んじて、自分一人が受けると決意を述べている。

こうして六月十九日に調印、当然違勅への責めが出てくる。さらに六月二十五日には紀伊藩の慶福を将軍に決定した。前日の二十四日には斉昭や水戸藩主慶篤、尾張藩主慶恕、越前藩主松平慶永らが不時登城（決められた登城日以外の登城）で抗議する。その咎を以て七月五日に斉昭は再び謹慎を命じられ駒込中屋敷に押し込め。慶篤は登城禁止、慶恕・慶永らも隠居謹慎を命ぜられた。隠居謹慎とは藩主を退任することであり重大なことであった。

2　水戸藩への密勅降下

このような状況の中で八月八日水戸藩に密勅が降下される。「互いに協力し幕政改革に邁進せよ、併せて此の旨を諸大名に伝達せよ」と。密勅とは、正式の手順を踏むことなくで下された勅許のこと。

当時の武家伝奏は万里小路正房、武家伝奏は朝廷の意向を幕府に伝える役割を担っていた。京都の情勢を探る役割も持っていた。水戸藩の京都留守居役は鵜飼吉左衛門、斉昭の姉が鷹司政通へ嫁ぐ際にそのお付きとして京都へ上ったのであったが、やがて京都水戸役所の留守居役となった。万里小路から密勅を受け取った吉左衛門は子供の鵜飼幸吉に持たせて水戸へ送った。幕府は、この密勅降下の張本人探索を始めた。首謀者は、小浜藩の梅田雲浜と断定され、やがて公家では近衛忠煕・鷹司輔煕・三条実万・徳大寺公純・鷹司政通などにも広がる。

九月七日は梅田雲浜が捕らえられ、やがて京都の鵜飼吉左衛門・幸吉親子も捕縛された。一橋派として奔走していた橋本左内も捕らえられる。吉田松陰は、ペリーの二度目の来航時にアメリカ密航の企てが失敗に終わって自首し既に謹慎生活であったが、井伊家の長野主膳暗殺計画が発覚して入牢となった。いわゆる安政大獄の始まりである。

3　第一次小金屯集（烈公の謹慎解除嘆願）

水戸藩内では、斉昭の再度の謹慎処分に対し義民の雪冤運動が始まった。嘆願書には、田崎村の鹿島縫殿衛門・兵左衛門、古徳村の高野庄衛門、若林村の安藤次衛門・仁介・慶介、下江戸村の秋山正七郎、戸村の檜山弥兵次・源介・佐十・五右衛門、小場村の鯉渕三左衛門・弥介、大内村の市兵衛、石沢村の平八、上村田村郡左衛門、戸村の平蔵、小野村庄五郎、本米崎村の福地理衛門、増井村の袴塚周蔵、上小瀬村の井樋五郎兵衛ら村の郷士・庄屋たちが中心となって署名し南上、途中の小金や松戸へ屯集していった。これが第一次小金屯集と云われる。この様子について、下江戸村の斎藤権兵衛は「九月中小金へ郷士、農兵の族おびただしく集まり候由。但し、扶持は上より下され候よし(日当が出た)」と記している。

斎藤家は藤原秀郷の後胤とされ「那珂氏」を名乗り、次いで「江戸氏」となるが、将軍のいる「江戸」にはばかって藤原姓の故を以て「斎藤」を名乗っていたと思われる。斎藤家は那珂川の河岸問屋をして財を成した家、権兵衛は非常に記録マメで現在もそれは多く保存されている。水戸藩のいわゆる天狗・諸生の争乱の際には、「この頃は天狗派に属してないと、村役人にはなれないようだ。この地域を見ても、庄屋連中はみんな天狗派だ」とも記している。藩内村域の状況を示した代表的な史料として印象的に記憶している。

この雪冤運動は、十月には静神社の神官斎藤監物の指導もあって次のような嘆願文が認められた。

恐れ乍ら歎願奉り候。七月中の御大変伺い奉り候以来、日夜苦心に堪へず罷り在り候処、先達て中御支配御役所様へ御歎願願い上げ奉り候処、鎮静の御下知仰せ含められ候に付き、止むを得ざる事と帰村仕り、御模様柄伺い奉り候処、最早御日数も御過ごし遊ばされ候上は、定めて御慎みの儀も御解け遊ばされ候や(百日免)待ち入り奉り候処、只今以って何等の御次第も之れ無く候に付き、又々御下知をも顧みず、御重役様迄参上仕り、歎願奉り候旨趣は、全く以つて我々共儀は、御先公様の御恩沢に相浴し候儀は言語に尽し難く、御賢明の御仁政に感佩奉り候儀にて、先達て中御公辺様の御為、重き御勅宣仰せ蒙られ候（戊午の密勅と言われるもの）御次第は、不日に御開達遊ばされ、すぐさま開達、尚又、御当公様（慶篤）御登城遊ばされ、専ら天下の御大政、御両公様御合体にて、御仁慈遊ばされ候様罷り成り候はば、御領内人民一同如何ばかりか有り難き仕合せ、安堵仕り候間、此の段愚昧の小民共、何とも恐れ入り奉り候へども、偏に歎願奉り候。恐惶頓首。

安政五年午十月。

最後に田崎村の鹿島縫殿衛門から古徳村の高野庄衛門等々が署名している。この嘆願書の下書きは割合と多く村々に残っている。

また、西郡に属していた那珂市域周辺の郡奉行は「桜田門外の変」企ての中心人物になる金子孫二郎で、この金子が斎藤監物ら周辺の神官たちを指導していく。神官たちは連合を結んで行動した。このように、それぞれの地域において奉行の意向を受け、またそれを受けた神官たちが領民や庄屋を指導してこの雪冤運動を呼びかけていった。

4　第二次小金屯集

小金屯集は一波・二波と続き、五月三日には斎藤監物ら神官百十六名が署名して小梅の屋敷、あるいは松戸の本土寺に集結した。本土寺には武田信吉の母秋山夫人（お都摩の方）の墓があり、水戸藩ゆかりの寺であることから水戸藩関係者の宿舎にもなった。参加者は、

額田村の白石、堤村の多賀野、鴻巣村の鷲尾金吾・奈治原民部、本米崎村の海後山和・海後磋磯之介父子、堤村の多賀野美濃、福田村の今瀬、田崎村の小田部兵馬、古内村の鯉渕要人、鯉渕は桜田事件に参画している。静村の瀧良明、田崎村の小田部伊代之助

など神官連中が中心である。

この神官の力、幕末においては大変なものであった。普段から政治情勢を把握して、日々在り方を考えている、これは大きな力である。今日も、神官・僧侶の在り方をもう一度見直して見る必要があるのではないかと思われる。

第二次小金屯集に参画した者には、瓜連村の綿引雅重、寺門宗春、佐々木勇、鹿島村の井坂通寛、古徳村の樫村雅能・小圷政治・小圷新介、下江戸村の小貫藤三・善兵衛・与平・蔵之介、鴻巣村の儀兵衛、田崎村の鬼沢藤兵衛、東木倉村の後藤信之丞、菅谷村小宅三左衛門たちがいる。

具体的史料として安政六年（一八五九）の第二小金屯集に関して示しておく（下江戸秋山義隆氏所蔵）。

七月十四日、静の祠官の斎藤監物、平沢金之助秀武等二十五人は江戸に上って高松藩邸に至り嘆願している。

恐れ乍ら言上奉り候。昨年以来、水府の動静、委細に御承知あらせられ候はん、四民共、職業を

抛ち一図に上の御冤罪晴せられ候様苦心つかまつり候。実に水府存亡の御場合と存じ奉り候。御館様（高松公）の義は御連枝様の御儀に候へば（水戸藩との繋がり、義公の頼重が高松へ行っている）御本家様の御危難、士民の非歎この上なき事に存じ奉り候へば、御傍観遊ばされ候ては、恐れながら、威義（頼房・光圀）御両公へ御対し遊ばされ、如何あらせらるべきやと。殊に当時、御大老井伊様へは厚き御由緒ニも成らせられ、御懇談等も遊ばされ候御身柄ニ入らせられ候へば、前中納言様御慎解け、中納言様御登城あらせられ候様、御周旋の程偏えに願上奉り候云々。

この時、既に高松藩は大老井伊直弼と姻戚関係にあった。高松藩主松平讃岐守頼胤は、直弼が大老に就任する直前に直弼の二女を嫡子頼聡の夫人に迎えた。これを以て高松藩から井伊家に対して斉昭宥免の歎願をするには無理があった。しかし、嘆願者は二千人を超えていた。

さらなる南上者は東西南北四郡の農民たちである。静村の伊左衛門、七左衛門、忠兵衛。九月十一日には十五人程が出て下国井村の横目田尻新介宅、裏隠居に二夜泊まって役所の様子を伺っていた。それから城下役所へ模様伺いに出、一・二晩泊まるなどして上町・泉町に借家して待機していた。味噌、米を村々より取り寄せて豆腐屋の二階で自炊。グループは庄屋を束ねる山横目単位とした。小場村横目安藤幾平扱いは、小場、小野、若林、石沢、下江戸、上村田、静、古徳など八カ村を一つにまとめて南上の準備をした。これが第二次小金屯集の一つの実態であった。

しかし、幕府の許しは得られない。八月二十七日、斉昭が水戸永蟄居となり九月四日に水戸へ到着する。さらに安政の大獄が続く。藩主慶篤の登城禁止。家老安島帯刀は切腹（四十八歳）。茅根伊予之介も厳しい尋問の後に斬罪（三十六歳）。密勅を水戸へもたらした鵜飼吉左衛門と鵜飼幸吉、吉左衛門が斬罪（六十二歳）、子供の留守居助役幸吉が獄門、曝首（三十二歳）。勘定奉行鮎沢伊太夫国維（高橋多一郎の弟）が遠島。十月二十七日には橋本左内が処刑（二十七歳）。吉田松陰も処刑（三十歳）。吉田松陰は毛利藩長州萩の生まれ、かって那珂市下江戸の斎藤権兵衛宅へ寄っている。この時、錫高野（城里町）の女子黒沢止幾は斉昭雪冤のために京都へ登ったが捕えられ中追放処分になっている。

幕府は、十一月十九日に水戸藩へ下った勅諚を返納するようにとの勅諚を得ることに成功し、水戸藩へ返納を命じたのが十二月十六日。幕府が正式に文書で密勅返納を藩主慶篤に伝えたのが二十二日。この時、密勅は水戸城内廟所にあった。この勅諚返納をめぐって、幕府へ返納が斉昭・藩主慶篤、朝廷へ返納が会沢正志斎や武田耕雲斎。絶対返納不可が高橋多一郎や林忠左衛門ら（やがて長岡に集結するので長岡勢と呼ばれる）であった。このように、密勅を巡っても情勢は緊迫した。

四　桜田門外の変

1　斎藤監物の奔走

その頃の地元那珂市の様子を見ていく。斎藤監物の手紙（秋山義隆氏所蔵）であるが、監物の筆は藤田東湖に学んだだけあって東湖によく似ている。

秋正兄（宛先人である下江戸の秋山正七郎）。西東（斎藤監物の西東《さいとう》。これは、書いた人物が分からないようによく書くことがある。金子孫二郎を金孫・琴樽などと書き「隠し名」といった。）。

炎暑中ニ御坐候へども、先づ以て御安全珍重ニ存じ奉り候。其の後ハ御疎遠相過ぎ申し候（だいぶご無沙汰しております）。御模様も未だ落着ニ相成らず（情勢もなかなか明らかにならず）、御同様ニ苦心此の事ニ御坐候（大変な苦労である）。扨、相伺ひ候へば、此の度ハ田崎辺へハ内々御尽力も御坐候由（秋山氏が田崎地域の方まで金策に奔走しているとのこと）、兼ての御精神感佩《かんぱい》此の事ニ御坐候（あなたのご尽力には本当に頭が下がる）。此の上御同様ニ赤心相届け度き儀に御坐候（烈公雪冤の為にその真心を相届けたい）。此の先の模様ニよりてハ御相談ぶりも御坐候間、御巡村の序《ついで》にハ立ち寄りニいたしたく候。

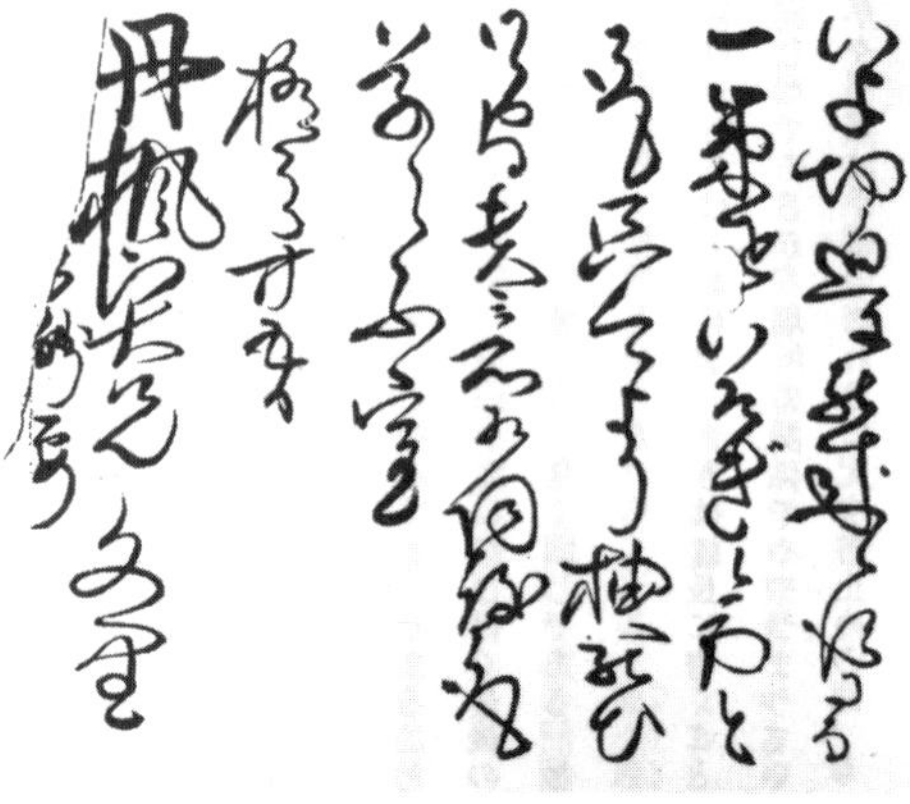

斎藤監物の書簡
（秋山義隆著『古文書に親しむ』より転載）

と。

次の書状からは、斎藤監物が周辺の庄屋達と連携を取りながら、また庄屋達は村々をまわって資金調達にも奔走していたことが分かる。

昨夜拝謝奉り候。別紙之通り仰出され候に付而は（別紙は幕府からの勅諚返納命令）、いよ切迫に罷成候儀に而、一策をいそぎ候方と奉レ存候。（実に厳しさ、殺気立った感じがする）只今より柚へ（屋敷大きな柚があり、号を柚門としていた高橋多一郎）罷出候間、貴意相伺度奉レ存候（あなたの意見を伺いたく思う）。草々不宣。

極月廿五日

極月は十二月、十二月二十五日。幕府からの返納催促が二十二日、二十五日にこのような文書を出している。誰に出したか。丹楓賢兄宛である（丹楓賢兄は関鉄之介。屋敷が楓小路にある。楓小路は新屋敷、水戸市立新荘小学校の前の所。賢兄、文理は斎藤監物の号）。斎藤監物が、これから高橋多一郎の所へ行くが、その前に貴兄（関鉄之介）の意見を伺いたいというものである。いよいよ、幕府の安政大獄に対して行動を起こさざるを得まいとの心境が高まってきた。

2　志士の決意

安政七年（一八六〇）二月十八日、密勅返納を絶対不可とする面々は長岡に集結、それを藩庁が逮捕に行こうとした処、城内の様子を見に来ていた長岡勢と下市で衝突するのが魂消橋《たまげばし》事件。長岡勢である高橋多一郎・関鉄之介・金子孫二郎らが脱出する。

二月一日、斎藤監物は佐々木馬之介と変名して静村を出発。斎藤監物・海後磋磯之介・鯉渕要人の三人は三月三日に除籍願いを認めた。水戸藩に迷惑がかかってはならないためにと。そこで次は、古内村の鹿島神社の神官、鯉渕要人が家を出る時に書き残していった書簡、安政七年二月十日である。

此の度、死中のため書き置き候事御国難以来結び付き、各々方へ力を合はせ心同じくして万分の一にも御国恩に報ゐたく張りつめ居り候に、死生を極め進退致したく候へども、去りながら模様も難しきこと故、我等義の重きところ更に逃れ難き候につき、必死の覚悟相極め候。恐れながらも天朝公辺を初め奉り、我両君のみならず御国家の御為、万の武士・万民に替はり我が身命を皇国天地神明に屍をさらし、神州への御奉公を申し上げ奉るべく候間、我等心中を御察しなされ、かくの如く誠心成さるべく候やうにいたしたき事に候、謹言

即ち遺言である。着物の襟に縫い付けてあったものが後から発見され軸装されたものである。

和歌は、

君可為《きみがため》　思ひ越(を)張し梓弓《あずさゆみ》　ひきてゆるましやまと魂

国君の為とや思ひおもひけむ身はあつま地の露と消ゆとも

諸人にかはらすことの事わさとなにいとひけむ武士《もののふ》の道

追伸として、御城下諸先生は猶更、小勝・塩子・西郷村の有志によろしくお伝え下さいとある(鯉渕義文氏提供)。準備万端整えて江戸へ上る。三月二日には除籍を願い出ていざ出陣と進む。

3　決行

二月二十二日の未明、海後磋磯之介・斎藤監物・鯉渕要人らが江戸へ出発、三月一日に日本橋山崎楼で会談をし「五箇方略」を確認する。(要約)

①　武鑑を携え、諸家の道具鑑定の体を為すべし。

②　四・五人宛組合せ、互いに応援すべし。

③　初めに先供に討ち掛かり、駕籠脇の狼狽する機を見て元悪を討ち取るべし。

④　元悪は十分討ち留めたりとも、必ず首級を揚ぐべし。

⑤　負傷するものは自殺又は閣老に至って自訴す。その余は皆京都に微行すべし。

と。

三月二日には妓楼の相模屋から稲葉屋へ移ってさらに確認、

指揮＝　　関鉄之介

検視見届＝　岡部三十郎

斬奸趣意書＝　斎藤監物

要撃前衛攻撃＝森五六郎

右翼攻撃＝　佐野竹之介・大関和七郎・広岡子之次郎・稲田重蔵（下国井村の山横目田尻新介配下の農民）・森山繁之介・海後磋磯之介

左翼攻撃＝　黒沢忠三郎・山口辰之介・増子金八・杉山弥一郎・有村次左衛門（薩摩藩唯一の参加者）・斎藤監物・鯉渕要人・広木松之介・蓮田市五郎・岡部三十郎

各自が懐中に斬奸趣意書と金三両を持つ。金欲しさからの実行でないことを示す為だと言われている。合言葉は「正」と「堂」。こうして三月三日に決行した。

郷土那珂市周辺の先人を確認する。

斎藤監物：静神社の神官で、脇坂邸に自訴し、細川邸で落命。

蓮田一五郎：伊勢畑村（常陸大宮市）、母親や妹に宛てた真情溢れる手紙が心に残る。絵心を持っていて、唯一の戦闘場面「桜田戦闘図」を残している。脇坂邸を出てから柳沢家預りとなり死罪、この間に描いた。

稲田重蔵：農民。彼一人が現場で憤死した（四十七歳）。

鯉渕要人：上古内村（城里町）鹿島神社の神官（五十一歳）。

増子金八：石塚（城里町）大畠家の婿養子となる。この増子金八と海後磋磯之介が後まで生き残った。

海後磋磯之介宗親：本米崎村三島神社の神官（写真）

海後磋磯之介は兄とともに神職を助け、天保期に大久保（日立市）の郷校暇修館に学んだ。安政期には水戸の軍事訓練所神勢館で福地広延に大砲術を学び、弘道館に入って学問に励んだ。会沢正志斎に就いて研鑽を重ね、尊攘思想を体得していった。

海後には回顧録「春雪偉談」および「潜居中覚書」もある。この「春雪偉談」でその当時の様子を描いてみる。

海後磋磯之介
（『那珂町史』中世近世編より転載）

安政七年二月の魂消橋事件の後、海後は前の北郡奉行の野村彝之介を訪ねた。そこで斬奸状を持参してきた梶清次衛門、山口徳之進らに会ったが、この時、野村は山口に短銃を渡した。（短銃を打ったのは黒沢ではないかともいわれている）二十二日の未明、城下を出発して二十五日江戸馬喰町の井筒屋へ入り菊池甚之介と変名した。二十六日まで浅草観音に御百度参りを続け、二十八日に神田裏の旅籠で木村権之衛門、斎藤監物と会い、やがて三月二日となった。この夜一同は、品川相模屋へ集結したが、同志達は「皆満腔の忠憤を抱き、一身を鴻毛より軽くし、明日こそ」と思い詰めて痛飲壮快を極めた。この時、海後はその決意を次のように詠んでいる。

国の為　思へつくさんことのはに　きゆるもうれし露の玉のを

三月三日早朝、飛雪の中を出立し、いったん愛宕山へ集結した。水戸藩士十七名は、除籍願書を藩邸に差し出したが、海後は斎藤監物、上古内村鯉淵要人とともに別紙を添え、「此度、天下国家の御為、存じ詰め候大願これあり」と、その志を表明した。一行は、総指揮者関鉄之介以下十八名、海後は佐野竹之介、大関和七郎、広岡子之次郎、森山繁之介らと組み、桜田門を目ざして出発した。次は海後の文章である。

雪は次第に降りしきり、寒気も身にしみければ、余は予て懐中せし勝利散（こういう薬があったんですね）を出して佐野と共に之を服し、又大関より人蔘など貰いて飲みたり。…兎角する内、雪片模糊の間より、彼井伊の行列の来るを見受けぬれば、関は向の側に行きたり。…間もなく供先の方に物音騒がしく、一同斬掛りたる様子なり。彼の供方はドッと崩れ立ちければ、余も敵中に追進せしが、忽ちにして彼の駕籠側は頓に透きたりと覚ゆ。此時、稲田重蔵にもあらんか、半合羽着たる者突進して駕籠を貫きたり。是と同時に有村、広岡等も馳せ来りて、他の側より追を入れ、瞬く間に駕籠の戸打放け、彼の首級を打取りたり。…山口は左肩に深手を負い、歩行ならずとて余に介錯を頼みしが、余は後より関も来ればとて別れたり。…有村、広岡の二人は、深手にて歩行叶はず、已むなく余は別れ、閣老の役屋敷に出てんとせしも、皆堅く門を閉じ、又辻々には追々棒つき番人など出で、最早通行も叶はず、再び辰ノ口に至りみれば、二人は既に絶命の体にて群集取囲み、近寄ること能はず、因て是より余は一人の進退と決したり。

その結果、海後はしばらくは右の中指の落ちたことも知らぬほどの興奮の中、市川方面へ潜居したのであると。この海後の回想が絶対ではないにしても、当時の場面を窺い知ることは出来る。

海後磋磯之介は、その後逃れて郷里へ戻り自宅へ潜む。しかし、桜田事件後の幕府の探索は非常に厳しい。ただちに那珂川や久慈川の船渡には役人が派遣され、検問が続く。やがて自宅を出て、那珂郡小田野村の高野家へ。高野家は三浦杉で有名な吉田神社、磋磯之介の兄が養子となっていた神社である。そこへ隠れる。それから会津・越後に潜居して、文久三年（一八六三）帰宅する。その後、菊池剛蔵と名前を変え警視庁警官あるいは茨城県庁職員となる。退職後、明治三十六年（一九〇三）自宅で亡くなる。墓地は常磐共有墓地にある。

斎藤監物は、脇坂邸へ自訴するが、その後細川邸へ送られそこで歿する。監物の夫人昌、これは天狗騒乱の中心になる山国喜八郎の娘である。山国喜八郎が、娘のお昌に送った文章が残っている。静神社で軸装されたもの、漢詩・和歌が続くその後に安政七年庚申三月三日　江府に於いて、斎藤監物、同志十数輩与（と）国賊を殺戮（さつりく）し、閣老脇坂中務大輔邸江申し立て。時尓一徳（斎藤監物）手疵（てきず）負（ひ）苦痛春（す）。同家公用人（脇坂家公用人某）と好みに与理天（によりて）、藤原一徳

君可為　津もるおもひも天津（つ）日耳（に）　登計天宇（とけてう）れしき　今朝の淡雪

きみがため　つもるおもひも　天つ日に　とけてうれしき　けさのあはゆき

と詠し介（け）る。此朝雪三寸本とも積ると云ふ。

三月廿五日、山国共昌書してお昌に与う。

これは父親が娘に、夫監物の死を報告したもの、「辛いだろうが、これからお前たちは力を合わせて一家を盛り上げていけよ」という親の娘に対する心が非常によく表れている（秋山義隆評『瓜連町史』）。

斎藤監物の墓（那珂市静神社前）

斎藤監物の墓（写真）は静神社前の池の南、斎藤家の墓所にある。

以上、桜田事件そのものを云々するよりは、これが起こってくる背景をよく検討してみる必要があると思う。水戸藩は残念ながら、この後もいろいろに分れて混迷した。しかしながら、斉昭の雪冤運動は、藩士と領民とが一体になって、純粋な気持ちで起こしたものであったと

もいえる。この歎願運動が起こるまでには、日頃の結び付きがどのようであったか、これが非常に大事であろう。当時の領内支配の筆頭は藩主であり、その意向を受けて領民に当たる者は郡奉行、その郡奉行がどのような姿勢で領民と接していくか、これによってその地域がよく治まっているか否かになる。以て、その掌に当たる者はその辺のことをしっかりと踏まえて日々勤めなければならない。

那珂市からは、純粋な気持ちで、使命をもって行動を起こした者が二人も出ている。しかしながら、なぜ今「桜田門」なのだとの声もある。事件を奨励する訳ではなく、この時世を動かした力を再考することではなかろうか。桜田事件によって、幕府は大打撃を受け次第に衰亡し、終に滅亡する。その大きな突破口となった働きを再考してみることかと思う。

また、蓮田一五郎が描いた「桜田戦闘図」を、那珂市の政治家根本正が一時所蔵していた。根本正はこういう戦乱の中ではなくて、言論の時代を迎えて人心の穏やかな政治を、国家を実現していきたいと思っていたのであるが。また、根本正は、「桜田烈士五十年祭典」の祭典委員の一人となっている。水戸学を学んだだけに理解を示していたとも思える。

なお、斉昭はこの事件を起こしたことに対して以下のように批判をしている（『徳川慶喜公伝』1）。

事此に至れるは、畢竟弘化元年以来、党派分立して相争へる国情をも察せず、高松（松平讃岐守頼胤）等が無用の干渉をなせる結果なり、さりながら、掃部守たとひ宜しからずとも、将軍家の御信任厚き宰相なり、それを殺害するとは、不届至極、言語道断の曲事なり、我等啓上謹慎の素意は之が為に滅却せられたり……（慶篤に対し）万一今回の変事の為に、彼の家断絶に及ぶこともあらば気の毒なり。浪人とはいへ、元は此方の家臣たる者の為せる事なれば、さる場合には彼が家名を立つべきやう、幾重にも老中等へ頼み遣はし、又特に輪王寺宮に謂ひて、厚く法会をも営み遣はさるべし。斯くて彼の家継続の上は、旧怨を棄て丶格別懇親にし、力を協せて宗家の為に尽さるべし。

斉昭としては、井伊家は病気で亡くなったと届けているから、今後復讐もないだろうし、藩主慶篤は井伊家が立ち行くように何とか幕府とも取り計らいをするようにと命じている。

桜田門外の変の評価はなかなか難しいことではあるが、安政の大獄で越前藩の橋本左内、長州藩の吉田松陰を失ったことは、以後の歴史を観るときに大きな損失であり残念なことであった。世の中を動かすために、私利私欲を捨てて懸命に働いた先人たちの心を受け止めながらよりよい地域社会を作って行きたいと思っている。

【付記】

根本正所蔵の「桜田門外の変図」考

1　蓮田一五郎の桜田門外戦闘図（以下戦闘図を使用）

桜田烈士の中に元伊勢畑（常陸大宮市）出身で寺社方役人の蓮田一五郎がおります。事変後老中脇坂淡路守宅へ自訴し、やがて石谷因幡守宅へ移り、さらに細川越中守宅、本多家・柳沢家へと預け替えとなりました。蓮田には絵心があり、細川邸に於いて想い起こしながら戦闘場面を描写しています。また、蓮田には母と姉に当てた遺書と評定所吟味書とが残っています。この遺書は、純真な孝養心、熱涙溢れる内容であり、幕末の志士たちに非常な感銘を与え、吉田松陰亡きあとの松下村塾でも写本を教本に用いていているほどです。

明治四十四年（一九一一）発行で翌年大正元年（一九一二）十版の『桜田義挙録』下巻には、本多家の家来が蓮田より遺書類と戦闘図を預かり、三年後の文久三年（一八六三）に土佐藩士間崎滄浪がそれらを預かり、間崎は更にそれら遺書類を昵懇であった水戸藩士住谷寅之助に渡し、住谷は叔父で水戸藩小石川邸の歩行目付であった飯村金八郎に預け、さらに親類の塙家へと渡り、遂に蓮田家に戻ったとされます。戦闘図は、その後転じて元水戸藩家老三木家の子孫佐太夫啓次郎に渡り、「現今は根本正氏の手元に蔵せられている」とあります。

また、『義挙録』下編に挿入されている戦闘図左上端書には「安政年中細川侯之御邸中於獄中図之、蓮田」と墨書され、右端には「衆議院議員根本正所蔵：蓮田一五郎細川邸ニ幽閉中描く所、刑死後其遺書と共に郷里に贈られ、水戸の戚閥三木氏の有に帰し、後根本の有となると云ふ」と印字されています。

三木啓次郎は、二代藩主光圀誕生に陰で尽力した三木之次の子孫で、明治以降水戸邸に仕え、県北高萩の森林や牧場の管理に当たっており、また、水戸藩ゆかりの地を訪ねては慰霊や世話を受けた関係筋に謝意を示していたのでした。三木啓次郎と根本正の関係は定かではありませんが、旧水戸藩領であった那珂郡東木倉村出身の衆議院議員根本正代議士と水戸家の家令三木啓次郎の接点は東京を中心として十分に考えられるところです。

2　根本正の戦闘図所蔵

ところで、明治四十三年（一九一〇）には「桜田烈士五十年祭典」が行われました。根本正顕彰会発行の伝記『不屈の政治家根本正伝』第六章には「水戸人としての一側面」として、根本正と桜田門外の変との関係、根本正が祭典委員の一人になっていることが記述されています。また、やがてクリスチャンとなり衆議院議長を務めた島田三郎が井伊直弼を弁護する『開国始末』を発行し、その広告が島田も会員であった日本禁酒同盟の機関誌にしばしば載ったことから根本もこの本のことはよく知っていたはずであることや根本正の夫人や島田三郎夫人が婦人矯風会の役員であったこと、根本正は師でもあった豊田小太郎が開国論者であり、その道を根本正がひた走って留学の恩恵を受けていることなどから、桜田烈士を是認する祭典に共鳴することは考えられないとしたうえで、根本正には「近代化の胎動の中で、命を落とした人々に対する切実な思いがあったのであろう」と記されています。国政を担う一員であった衆議院議員根本正からすれば、時勢に対し、積極的に・真摯に向かっていった烈士への感慨も深いものがあったろうと思われます。この戦闘図が、いつの時点で根本正に渡ったかは定かではありませんが、この祭典との関係はどうであろうか。当時の根本の心境は如何であったのか、その辺りの資料がまだ不十分です。

3　戦闘図の写本

『桜田義挙録』の端書きにあったことが事実とすれば、根本正が所蔵していた戦闘図は蓮田一五郎自筆のものと思われますが、それはまことに残念ながら東京の根本家が大正十二年（一九二三）九月一日の関東大震災に罹災した際に焼失したと側聞しています。しかしながら、現在この戦闘図は早稲田大学の藤原秀之氏の研究（『日本史攷究』所載「桜田事件図についての一考察」、写真等は論文から借用）によりますと、戦闘図は根本正所蔵のほかに国内には五種類あることが判明しています。早稲田大学図書館に二種類、国立公文書館内閣文庫と茨城県立図書館と茨城県大洗町の幕末と明治の博物館にそれぞれ一種類があります。早稲田大学の二種類は、大別すると画面の前方の小屋脇に狙撃者が描かれているか否か、また画面左方上部に見届者が描かれているか否か、烈士の名前が記されているか否かなどに分かれます。

①早稲田大学図Ⅰ（田中光顕寄贈、類似：茨城県立図書館図、幕末と明治の博物館図）

狙撃者が描かれていますが、烈士名はまったくありません。井伊掃部守邸や松平大隅守邸の名前もありません。（氏名の記述もなく、全くのシンプルでこれが初期・本物か？）

根本所蔵図には、狙撃者のほかに三名の烈士名と桜田門・大下水・サイカチ河岸・井伊邸掃部守邸や松平大隅守邸などが印字されていますが、見届者は描かれていません。

②早稲田大学図Ⅱ（購入、類似：内閣文庫図）

狙撃者は描かれていませんが、小屋の前に落ちたピストルが描かれています。また、下図のように頭巾をかぶり傘をさした見届者が描かれています。烈士名も十二名記されています。

（早稲田大学図書館蔵図より転載）

（幕末と明治の博物館蔵図より転載）

③　**幕末と明治の博物館図（田中光顕寄贈）**

専門の画家が、しばらく後に様々な風聞を参酌しながら仕上げていったものと思われます。また、これの左端には有村次左衛門が直弼の首を吊した槍を担いで歩いている部分が貼り付けてあります。（薩摩藩で描かれたものと思われます。上図）

おわりに

それにしても、本物は一つであるはず、これほどの写図があるとは思ってもいませんでしたので非常な驚きでした。果たして、本物はこれらの内のどれであるのか、またそうでなければ何処にあるのでしょうか。根本正が所蔵したきっかけとその理由も尋ねたいことであります。

第八章　水戸藩至難の運命「尊王敬幕」「尊王攘夷」

一　尊王

1　義公の遺訓

徳川光圀の学問を、現実のさまざまな問題とあわせて広くとらえていったのが後期水戸学といわれるものである。その中心は九代藩主徳川斉昭であり、学者としては藤田幽谷・東湖父子と幽谷門下の会沢正志斎・豊田天功らである。この時期の課題の一つは、藩の大事業であった紀伝体―本紀（天皇の代々の事績をまとめたもの）・列伝（親王・公卿・武士など天皇以外の人物の事績をまとめたもの）・志（社会・経済・宗教などの沿革を述べたもので、文化史的なもの）・表（政治の移り変わりの組織表など）―の四部からなる『大日本史』の編さん事業であった。本紀・列伝は光圀の時代にはほぼ出来上がっていたものの、志・表については削除論を含めてなかなか難しい問題もあって完成していなかった。それを、完成に向けて一気に突き進んだのが根本正が家僕として学んだ豊田天功である。

その『大日本史』の真髄である「尊王第一」は歴代藩主に継承され、藤田幽谷門下たちには理解されていったが、他の学者や門閥派家臣たちにはどのように理解されていたのかが問題であった。江戸後期になっての大きな課題はこの「尊王」に、さらに「攘夷」が加わったことである。幕末に高揚したスローガン「尊王攘夷」について、これは藩主斉昭と藤田東湖の合作といわれる「弘道館記」（天保九年（一八三八）三月完成）の中で初めて用いられたものである。藤田東湖は、この弘道館記を解釈した『弘道館記述義』の中で、「大義を明らかにして人心を正す」としているが、それは、徳川家康以来の幕府中心の考え方を乗りこえて、徳川光圀が唱えた皇室を中心とする日本の国柄を明らかにし、ここに国民の考え方を統一させて国家の興隆をはかっていきたいとするものである。

徳川光圀の「尊王心」は、『桃源遺事』にある次の言葉である。即ち、

西山公、むかしより御老後迄毎年正月元旦に御直垂をめされ、早朝に京都の方御拝し遊ばされ候。且又、折りふし御はなしの序に、我が主君は天子也、今将軍は我が宗室なり、あしく了簡仕り、とりちがへ申すまじきよし、御近臣共に仰せ聞かされ候。

大政奉還した徳川慶喜は水戸藩九代藩主斉昭の七男である。義公以来の家訓を承けたことについて慶喜は云う。二十歳のころのある日父斉昭は、「おほやけに言ひ出すべきことにはあらねど、御身ももはや二十歳なれば心得のために内々申し聞かするなり。我等は三家・三卿の一として幕府を輔翼すべきは今さらいふにも及ばざることながら、もし一朝事起りて朝廷と幕府と弓矢に及ばるるがことあ

らんか、我等はたとへ幕府には反くとも朝廷に向かひて弓引くことあるべからず。これは義公（水戸光圀）以来の家訓なり。ゆめゆめ忘るることなかれ」（『昔夢会筆記』）と。一朝幕府と朝廷の間に事が生じた場合には、幕府ではなく朝廷につくのだとの教えであった。これは、父斉昭がその父治紀から受けたものでもあり（『武公遺事』）、それは「譜代大名は、天下の大変にあつては将軍家に従ふことにな るので、その養子になつてはならない」。また、「我等は将軍家いかほど御尤もの事にても、天子に御向ひ弓をひかせられなば、少しも将軍家にしたがひたてまつる事はせぬ心得なり。何ほど将軍家理のある事なりとも、天子を敵と遊ばされ候ては不義の事なれば、我は将軍家に従ふことはあるまじ」との教えであった。

六代藩主治保（文公）が絹布に楷書、錦繊縁取り表装して、

此の一章は元禄庚午の冬、西山先公賦する所なり。載せて常山文集に在り。忠を含み慈を宣ぶる義方之訓（義公の遺訓）、皓として日星の如し。治保深く心に銘ずる有り。因つて自ら拝書し、常に視て戒めとなす。且つ子孫をして永く文武兼備の徳を欽仰し、而して矜式する所有らんと欲するなり。敬せざるべけんや。

とあるところも同じである（『水戸史学』27号「写真解説」）。

水戸藩以外の尊王家訓には尾張藩の徳川義直（光圀の伯父）に「円覚院様御伝十五箇条」がある。その第一条に「王命に依つて催さるる事」とあって、大事は「王命」を判断基準とすることを教えとし

ている。幕末の尾張藩主徳川慶勝はこれを以て新政府軍に付き、青松葉事件という反官軍の動きはあったものの朝幕の抗争からは免れている。

このような「尊王」を貫くとともに、幕藩体制をも維持しようとする「尊王敬幕」の態度は矛盾するものではない。幕府が朝廷を尊崇し、異国からの侵略に抗し、万民を保全する限り是認されるものであった。しかし、幕末には幕府政治にその破綻が現れてきた。開国か攘夷か、条約調印に勅許が必要か否か、水戸藩へ下された密勅の返納か否か。幕府の方針と鋭く対立することになった水戸藩は、まさに至難の運命に遭遇したのである。

2　安政戊午の密勅

水戸藩の藩是でもあった「尊王敬幕」がその両立を不可能にする事件が起こった。水戸家への勅諚（密勅）の降下事件である。安政五年（一八五八）三月二十日、孝明天皇は老中堀田正睦が上京奏請した日米修好通商条約調印の勅許を拒否、幕府はやむなく無勅許のまま六月十九日条約に調印し、不時登城して抗議した水戸の前藩主斉昭を謹慎、尾張の慶恕・越前の慶永両藩主に隠居謹慎を命じた。条約締結に不満であった孝明天皇は八月八日水戸家へ「幕府を輔翼し、勅諚を三家・三卿・家門・列藩へ回達せよ」との勅諚（いわゆる安政戊午の密勅）を下した。これを知った幕府は水戸藩へ回達阻止を命令、密勅降下の策謀者探索に奔った。九月七日、その主謀者として浪士梅田雲浜が京都で捕縛された。いわゆる安政の大獄の始まりである。翌安政六年(一八五九)五月十九日会沢正志斎は上書する。

勅諚の趣旨は公武合体、国内治平といふにあれば、強ひてこれを伝達するはかへつて勅意にそむき乱階を開くの恐れあり、少壮客気の論に誤られて軽率に事を挙げ、そのために社稷を危ふくするが如きは断じてとるべからざるなり(『水戸藩史料』上編、坤)。

と。

翌五月二十日、密勅降下を知った士民の動揺は益々甚だしく、遂には奇禍を激発する様相を呈するに及んで斉昭は、謹慎中ではあったが藩主慶篤に諭示するにいたった。即ち、「臣下の至情、主君の開明を祈ることは最も至極の事ではあるが、国中が動揺しては我等昔年の素志に背くばかりではなく、威・義両公以来の尊王敬幕の誠意にも当たらず、藩主は勿論藩役人・領民のためにもならない。早く沈静化するように」と。

やがて八月二十七日、幕府は斉昭に水戸永蟄居、慶喜に隠居謹慎、家老安島帯刀に切腹を命じた。これらに抗議する水戸藩士・領民たちの大挙南上など混迷が続き、斉昭は続けて軽挙妄動を鎮諭する内意を発した。

十二月十五日、幕府は水戸藩に「先の勅諚を朝廷へ返納せよ」との勅書返納の朝旨を伝達、これへの対応によっては水戸藩は「違勅」の立場に立つことになった。尊王絶対を藩是とする水戸藩にとっては由々しき問題であった。この密勅降下によって、水戸藩の家臣団は以下のように完全に分裂した。

ア　勅諚を直接朝廷へ返納派　会沢正志斎、武田耕雲斎ら
イ　勅諚遵守返納反対派　金子孫二郎、高橋多一郎ら
ウ　幕府を通して返納派　藩主慶篤、門閥派ら
エ　返納延期論（ぶらかし）　旧藩主斉昭

この状況を、『水戸藩史料』（上編、坤）は、

我が藩論已に鎮激二派に分るゝや甲は自重鎮静を努め、乙は奉勅恢復を謀る。皆国家の窮厄に処せる苦辛砕肝の余に出ざるはなし。而して斉昭は切に軽挙動揺を戒め、以て時機を待たしむると同時に、一面では又密かに勅書回達の準備を整へ、機会もあらば列藩と戮力《りくりょく》し、大政匡復《きょうふく》の挙に出んとの内意ありしなり。然れども、此の内意は極めて之を深秘し、機密に参する者に非るよりは絶えて知ることを得ず。而して其の所謂機会なるもの猶未だ至らざるなり。故に家老以下諸有司は士民を慰諭し鎮撫頗る懇切なりしと雖も、激派の士民は奉勅の遅々たるを憤り鬱結に堪へずして、或は要職を罵り因循姑息と称するに至る。

と記した後、「是より往々人心分離し、竟に統一すること能はざりき」と断じた。

『悔慚録』を記した内藤耻叟は、

勅書返上の事起こりしより、皆金高（金子孫二郎、高橋多一郎）二人の指揮に従つて一切烈公に服せず、或いは公を老耄《ろうぼう》せりと称し奉るに至る、此時公と会沢（正志斎）先生と家老某とを名くるに三

髦《ぼう》を以てす、……公に於ては只断然として勅書を返納し玉はんとの御意なりしは、明確にして動かすべからず、故に卒に兵を発し之を討せしむるに至る、爾時兵を帥て長岡に打向ひしは青山量太郎先生延光なり、之を以て烈公の本志は推しはかり奉るべき也、かくの如く君命を奉せざる者は討つべしとは、もとより会沢先生青山先生の定論なりしは疑ひなし、然るを今に至るまで彼是と誣《し》ひ奉るは甚だしと謂ふべし。（『歴史館史料叢書』16、二〇八頁）

と評し、川瀬教文は『悔慚録辨駁』（前掲『叢書』）の中で、

斉昭が飯田総蔵に与えた親書に「（勅諚を）万々一ニモ中納言（慶篤）ニて欺れ公辺（幕府）へ御取上ニ相成候てハ、御所（朝廷）へ対し候てハ勿論、威義両公を御初此家代々に対し候ても不二相済一候所……御所へ返上も公辺へ指出候義も不二相成一よし中（中納言）ニ可レ申候ハ、可レ然と存候」とあり、斉昭は勅書を尊重し、返納は絶対不可の深慮であった。その事を内藤は知らず、小人の心を以て君子の心を憶測し、猥《みだ》りに妄言を発して斉昭の姿勢を非難したことは許されないことである。

と批判した。

また川瀬は、後に大老井伊直弼を討った斬奸義挙について、同士堀忠左衛門らが金子（孫二郎）・高橋（多一郎）等に対して早期の決行を促した事に対し、金子・高橋の両名が「（我等は）身ヲ致シ勅ヲ奉スルナレハ、若シ仕損シテハ大害ヲ貽《のこ》サンコトヲ恐レ慎重察機、猥リニ不レ発時期尚早シ」と答えたことを以て、「桜田ニ出テタル諸士ハ、国難ニ際遇シ苦慮砕心憤慨ノ余身ヲ挺シテ決行シタルコト、

決シテ偶然には非ラサルナリ、然ルヲ軽挙暴動ノ士ト見做《みな》スハ、是亦小人ノ心ヲ以テ志士ノ心ヲ憶測スルモノナリ」と内藤を批判した。

内藤耻叟もまた「余事情ニ通セス先キニ之ヲ誹謗シタルコトアリ、余疑団釈然タリ、之ヲ憶フ甚タ忸怩タリ」と弁明した。

このように混迷をもたらした「天朝の力を持って幕政を転換せしめようとする密勅降下策」、その遂行に当たっての当事者薩摩藩の日下部伊三次や水戸藩京都留守居役鵜飼吉左衛門とその子幸吉らには、果たして如何なる成算があったのか、当時の緊迫した幕府と水戸藩の関係、それに伴う水戸藩内の状況、また回達を受ける諸藩の対応など、情報収集力を駆使して立案したのであろうか、その後の混迷からは否定せざるを得ない。

3　会沢正志斎の封土奉還論　安政己未六年（一八五九）

このような混迷状況を解決するには是非もないとして起死回生・究極の結論をと唱えたのは藩の碩学会沢正志斎（七十八歳）である。即ち次のような「封土奉還論」である。

御家にて　天朝を御尊敬被レ遊候は勿論に御座候処、御本家へも御恭順被レ遊候思召、全く義公之御遺意を被レ為レ継候御儀と奉存候処、此節　天朝と御本家と御行違之儀多く、天下の変難レ計、万一不慮之儀有レ之候節　天朝えも御本家えも御礼節を御尽し被レ遊候儀至極之御場合と奉

㆑存候。縦令　朝命御座候とも、御本家へ弓を引候勢に相成候ては義朝の為義を害し候類に近く候へは、名教に於ても東照公義公之思召に於ても、如何と奉㆑存候、

礼にも宗子の喪服三月と有㆑之、宗子は即ち本家之事にて曾祖旧君と同様喪服御座候、曾祖旧君に弓を引候事不㆓相成㆒次第に御座候、尚更三藩之義は、東照宮御注意を以て御立被㆑遊候、他家とは御次第違候へは、万一公武分争の勢公辺より軍勢差向候はゝ、幾重にも御諫諍如何様之御不興被㆑為㆑蒙候共不㆑得㆑止事、決て　天朝へも御本家へも干戈不㆑取候義に御決定、御家中迄明白に相心得候様御仕向、何方へ御対し被㆑遊候ても、御恭敬御尽被㆑遊候儀当然と奉㆑存候、

不㆑得㆑止事候はゝ、土地と人民を御返納に至り候共、義を専らに被㆑遊候儀、仁之至義之尽候処にて、義公御譲国之御主旨にも相当可㆑仕、決て干戈之手始に不㆓相成㆒候様専一と奉㆑存候事。

（名越漠然著『水戸弘道館大観』）

これは、まさに「版籍奉還」「廃藩」の覚悟である。「尊王敬幕」を掲げ、朝廷とは決して戦いを交えないとした義公以来の遺訓を守り通すためには、水戸藩の存在に拘ることなくこれが最上の策であるとしたのである。水戸藩を救おうとする会沢正志斎の必死な至誠が浮かんでくる。

しかし、これも実現することなく、藩情は開国・攘夷をめぐってますます混迷を深める。時勢を見透した会沢正志斎、「時務策」を以て開国を説いたが、かつての弟子たちからも罵詈讒謗を以て非難された。正志斎は文久三年（一八六三）憔悴のうちに死去し（八十二歳）、藩内はかつてない惨状を見るこ

となる。

この尊王敬幕の究極の達成が「大政奉還」である。これについては、慶喜の側近であった渋沢栄一と維新の三傑の一人伊藤博文の会話がある。

明治三十四年（一九〇一）ごろ、伊藤が慶喜に「公が維新の初めに尊王を重んじたのはいかなる動機からか」と尋ねたのに対し、慶喜は

唯庭訓を守りしに過ぎず、ご承知のごとく水戸は義公以来尊王の大義に心を留めたれば、父なる人も同様の志にて常々諭さるるやう、我等は三家・三卿の一つとして公義を輔翼すべきはいふにも及ばざることながら、此後朝廷と本家との間に何事の起こりて、弓矢に及ぶやうの儀あらんも計り離し。斯かる際に、我等にありては如何なる仕儀に至らんとも朝廷に対し奉りて弓引くこともあるべくもあらず。これは義公以来の遺訓なれば、ゆめゆめ忘るること勿れ、万一の為に諭し置くなりと教へられき。（中略）此旨特に心に銘したれば、唯それに従ひたるのみなりと申され候。

（『徳川慶喜公伝』第四）

と語った。これを聴いた伊藤は、「如何に奥ゆかしき答ならずや。公は果たして常人にあらざりけり」と感嘆したと渋沢が記している。
これについて親藩越前藩主松平慶永は『逸事史補』の中で、
大政返上の根元は徳川光圀の一人より醸成した。その訳は「光圀卿は和漢の学ニ長し、尊王を

初めて称せられ、大日本史をはじめ、多くの国史を編修せられし。光圀卿は第一尊王、第二尊幕の大志なれとも、其の臣下にいたりては、幕府を卑ん(と)するの心を生せり」。

　この御一新の原因は、水戸黄門光圀卿なれとも、実は其祖先頼房公ハ、専ら朝廷を尊奉し奉る事歴史に見えたり。右故、於二幕府一は大に嫌疑を受けたり。此頼房公は東照宮ノ御子也、光圀公は頼房公の主意を奉戴して尊王の志厚し。大日本史・礼儀類典抔著述せらるゝを以てしるへし。故ニ水戸家は、代々尊王の志厚くして、烈公も尊王の意専らにして、水戸を以て尊王第一とすべし。

と、水戸家の尊王を高く評価している。

　しかし、これの実現過程に於いて、水戸藩内では「奉勅」に関して根本正が体験した天狗・諸生の抗争を経なければならなかった。

二　攘夷と開国

1　攘夷論

幕末期の水戸藩は「攘夷」の急先鋒であったとされている。ここで、改めて水戸藩における「攘夷」について考えてみよう。

弘道館記の中の「尊王攘夷」の「攘夷」は、戦国時代の諸大名を廃して天下統一を成し遂げたことを指していた。戦乱の世が治まり幕藩体制の進展により平和が実現した功績は認められてよいであろう。しかし、幕末には海外勢力の接近、開国要求となり、攘夷の対象は海外の諸外国となった。鎖国政策を継承している時代は左程の問題はなかったが、攘夷・開国と大きな政策の転換にあたっては国内は混迷を深めた。この時に、水戸学の果たした役割は何であったのか。

会沢正志斎は、文政七年(一八二四)の大津浜事件の翌年に『新論』を著して「国体」を明らかにしてその尊厳を説き、人心を一にして「尊王攘夷」に邁進し、「長計」(将来を見据えた計画)を以て迫り来る外国勢から「皇国日本」を守護せねばならないと訴えた。

それまでの思考は、各藩の存立が主であったが、『新論』以降は藩を超えて「日本一国」の存立を考えるようになった。水戸学の果たした意義は大きい。そして、ここにある「攘夷」は、防禦を主とし自主独立を保つことにあった。決して海外への侵略があったわけではない。

2　斉昭の開国論

斉昭は強硬な攘夷論者といわれるが、果たして如何。

斉昭は、海外勢力の東漸に対しての防衛策として種々の対応・アイデアを打ち出した。弘道館の設立は、思考を幕藩体制を超えて日本国全体の在り方に及ぼし、人心を一にして国家の防禦に当たり独立を図らなければならないとするにあった。具体的な施策は、助川海防城の建設、追鳥狩の実施、藩士の海岸への土着、神勢館・反射炉の設置や軍艦旭日丸の建造・安神車の考案等々が次々と打ち出され実施されていった。これらまさに「先憂」の至情から出たところである。

しかし、同時にペリーの強硬な開国要求が鎖国の継続を破綻させた。彼等の姿勢への国内挙げての憤激、攘夷を実践せねばならないとの姿勢も当然であった。また、開国に向けてさし迫った外交策および交渉が求められた。それでは、斉昭に攘夷および開国に向けての具体策は有ったのかどうか。

嘉永六年（一八五三）六月の米国ペリーの来航後、七月三日に幕府の海防参与となった斉昭は、対応策として「海防愚存」を幕府に呈した。それはつまりは内戦外和という曖昧な「ぶらかし」策であった。

その一方で、松平慶永（越前藩主）は斉昭の開国論者であったことを示す次の一文を残している。

（斉昭が）夷を悪《にく》むのことハ、世人のしらさることとありけり。初て米利堅ペルリ渡来の頃ハ、世上一般ニ外国人をニくむこと甚し。老公ハさすがニ賢明の君にして、最早外国人と交際せねはならぬといふ事ハ已ニ着眼されたり。いかんとなれは、老公、我（慶永也）に贈る書中ニ云ふ、外国人交際の道最宜敷事にてハなし、乍レ併、今の時勢いかんともすることあたハす、貴君（慶永をいふ）にハ、御少年之義にも候故、以来の御心得ニ可レ申候。とても攘夷なと被レ行候事ハ難二出来一、是非交易和親の道、可二相開一、其時ハ御尽力被レ成候かよろしく候。斉昭老年也、攘夷の巨魁にて是迄世を渡り候ゆへ（ママ）、死ヌマテ此説ハ不レ替心得なり。（『逸事史補』）

斉昭は、「攘夷はとても難しいもの、それよりは一層外国と貿易開港する方が得策である。若い貴君（慶永）は、その時は是非ご尽力願いたい。自分は今まで攘夷の巨魁《きょかい》として世を渡ってきたので変えることはできないが」と語ったというのである。

確かに、嘉永五年（一八五二）六月の孝明天皇への地球儀献上も世界的視野をもって思考することの必要性を示唆したものでもあろう。また、漂流してアメリカに渡った土佐（高知県）の漁師中浜万次郎を招いては、アメリカの大統領制や選挙制度、年貢率の是非について、大統領への直接面会は可能か、軍艦建造の費用、パナマ運河、アメリカの日本理解・米英相互の理解度などを尋ねている。参考にして次代に生かそうとの姿勢も窺うことが出来る。限定的ながら蘭学の導入を進めたことも開明的でもあろう。

また、明治八年（一八七五）四月四日、明治天皇は水戸藩小梅邸に行幸《ぎょうこう》になり、そこで斉昭の老中堀田正睦あての書簡を見られた。内容は、国内での外国との貿易でなく、日本以外の地へ出向いて行って交易する「出交易」を根底とし、そのためには、先ず自分がアメリカやヨーロッパを視察して来ようという計画から、自分への欧米視察派遣要請を主張したものであった。この申請は数回あったようであるが、みな幕府の容認するところではなかった。また、藤田東湖家の伝では、「そのうち藤田東湖も一緒にアメリカへ連れていくから、その準備をしておくように」と斉昭から云われたとある。この日陪席した大久保利通も、「攘夷のことは、天下の人がみな、水戸烈公が主張者であることを知っている。ところが、何と開国論の主唱者が、かえって烈公であったとは知らなかった。その議論の卓絶していることは驚くべきことである。」と述べたと徳富蘇峰は『維新回天の偉業に於ける水戸の功績』の中で記している。

しかし、斉昭には確かな具体的な開国策を持っていたのであろうか。国内に外国勢の入る事を嫌い、貿易するにしても国外で取引する「出交易論」であった。また、条約締結には自らが渡米し、随員には藤田東湖を指名しようとしていたとする渡米の意志を持っていたが（『近世日本国民史』三七）、これらは果たして実行可能なことであったのか疑問である。

徳富蘇峰は批判して云う。

斉昭は表向きには、堂々と打払を主張しつゝ、裏面にては到底今日の勢にては、戦勝の見込なき故、それぞれ方便を廻らす下心であったことが判知（ママ）る。

斉昭及び水戸派の議論の弱点は、実に此処に存す。彼等は真成に打払ふと云ふ程の大決心なく、只天下の人心を激昂作興する手段として、斯る硬論を鼓吹した。斯る手段は、政治家として、未だ必ずしも絶対的に排斥す可きものではない。然も其の行ふ可からざる、其の行ふ能はざるを熟知しつゝ、強ひて之を行はしめんとするは、是れ実に幕府を死地に陥るゝものにして云々

（『近世日本国民史』31、一九四頁）

と。

それにしても、斉昭が開国姿勢を明確に強く宣言していたら、その後の水戸藩の混迷を避けられていたのであろうか。また幕府の外交は自主的開国に向けてスムーズに進展していったろうか。隠居し謹慎の続く斉昭としては、藩主慶篤に対する遠慮もあったであろうし、幕閣からは敬遠され、自分の提言に傾聴の姿勢は示されなかったことも事実であった。

3　会沢正志斎の開国論

一方、家臣の中にも開国志向の見解が見られたことも確かであった。側用人を務めた藤田東湖は、攘夷策を滔々《とうとう》と述べた同僚の内藤耻叟《ちそう》に対し「内藤足下が平生読書するのは何のためであるぞ、今日早鐘一つ鳴らば、都下は瓦解するであろう。それで攘夷が出来ると思うか。」（『桜田義挙録』）と攘夷の容易なことを否定している。郡奉行吉成信貞は大型船を建造して海外へ雄飛せよと説き、家老武田耕雲斎も英語を学んで外国人と直接対話することの重要さを指摘した。

会沢正志斎は、攘夷の必要を説いたその著『新論』の最後で、「天地は活物なり、人もまた活物なり」と時勢の転変は必定であると断じた上で、「将来は鎖国政策も変更する時期が来るかも知れない」と記して、鎖国策の継続・変更についてはかなり柔軟な考え方をもっていたのである。

果たせるかな文久二年（一八六二）、会沢正志斎は「時務策」を呈して、当今ノ勢ハ、海外ノ万国皆和親通好スル中ニ、神州ノミ孤立シテ好ヲ通ゼザル時ハ、諸国ノ兵ヲ一国ニテ敵ニ受ケ、国力モ堪ヘ難キニ至ルベシ。時勢ヲ料ラズシテ、寛永以前ノ政令ヲモ考ヘズ、其以後ノ時変ヲモ察セズシテハ、明識トハ云難カルベシ。（岩波書店、日本思想史大系『水戸学』）

と述べて、開国への国策変更を主張した。

時に正志斎は八十一歳、「変節」と非難され、「老耄故《ろうぼうゆえ》」と嘲笑を浴びせられた。しかし、正志斎は「変節」ではない。『新論』以来の炯眼《けいがん》である。柔軟かつ新鮮なこの論旨を理解し得なかった者たちこそ頑迷固陋な老耄ではなかったか。

かつては、斉昭の師（侍読）として輔導し、やがて藤田東湖らと共に天保の改革を推進せしめ、改革派の重鎮として藩論をリードしたのである。諸藩の志士たちからも仰望され、遠来遊歴する者が絶えなかった碩学である。教えを受けた改革派の後胤たちが、勅諚返納問題や開国・攘夷問題について師正志斎を無視し、過激に走っていたことは何とも解せないことであった。

4　橋本景岳の開国論

水戸藩においても開国論はあったが、それは具体的に生きることはなかった。それぞれが、単に盲目的に外国勢を排撃する攘夷ではなく、いかにすれば外国勢力からわが国を護ることができるか、国体の尊厳を保持できるかに力点が置かれ、海外状況を把握しようとしつつも開国主張にまではいたらなかったのである。結局、水戸藩内は天狗・諸生の凄惨な戦いに進み内部分裂を起こして共倒れとなり、「尊王攘夷」を生かす者はなく、その実現は薩摩藩・長州藩に譲るほかなかったのである。

筆者は、当時の内政外交についての具体的提唱を、越前藩士橋本景岳が安政四年（一八五七）十一月二十八日付けで村田氏寿に宛てた書翰（『橋本景岳全集』上巻）に見る。蘭学を学び、世界の情勢に通じていたが故の構想であった。

①　海外の事情、行々は五大洲が一図に同盟国になる。その盟主は英国か露国であろう。日本も一国での独立は難しい。同盟を結ぶとしたら露国がよい。ただし、日英戦争の可能性を覚悟すること。

②　独立を保つためには「日本国中を一家と見る」ことが肝要。小嫌猜疑に拘わらないことが前提、「人間自ずから適用の士あり」を前提とすること勿論である。具体的には英明な将軍（慶喜）擁立、国内事務宰相に越前松平慶永、水戸斉昭、薩摩島津斉彬、外務宰相に肥前鍋島斉正、外務局長に川路聖謨、岩瀬忠震ら。京都守護職に尾張慶恕、鳥取池田慶徳、その次長に彦根井伊直弼、大垣戸田氏正。蝦夷警衛長官に宇和島伊達宗城、土佐山内豊信。その上に小大名の有志を挙用する。

③　露国・米国より諸芸術の師範を招き、国内に芸術稽古所を設置し産業を育成する。

これらの策も、橋本景岳が安政の大獄により処刑されて実現を見るに至らなかったが、水戸藩内でも蘭学を採り入れ研究はしていた。豊田天功や子息小太郎らである。天功は病に倒れ、期待された小太郎は攘夷派により暗殺された。無念なことであった。

第九章　水戸藩混迷の超克

——根本正の出現——

一　天狗争乱を超えねば

東木倉村（那珂市）庄屋の次男でやがて衆議院議員となる根本正は、十三歳となった文久三年（一八六三）父親の従兄弟であった彰考館総裁豊田天功の家僕となり天功・小太郎父子の教えを受けることになった。しかし、翌元治元年（一八六四）一月には天功が死去し、三月からはいわゆる「天狗・諸生の争乱」が始まり、慶応元年（一八六五）九月には豊田小太郎が京都で暗殺されるなど混迷の中で十代後半を送った。その当時の世相について根本は、「向こうは士族、私は百姓で下僕即ちいはば家来の関係であった。そのうちに天功先生が亡くなられたので、お子さんの小太郎先生に学ぶことになつた。家来は下駄を履くことができない。雨天の時には草鞋《ぞうり》を履いてお供をする。士族が来れば、草履を脱いでお辞儀をしなければならない。大変な上下関係の違ひがあつた時代、ちやうど元治元年のことであつた」（根本正著『回顧八十一年』）と、士族と農民、師匠と家来との身分・上下の大きな格差を紹介

した後、

その頃、水戸藩は勤王派と佐幕派の二つに分かれて居つて、士族の内に絶えず争ひがあつた。……（武田伊賀守ら天狗派の人々が敦賀で処刑され）その墓は身体だけのもので、首は残らず水戸へ持つて来て、水戸の上町、下町で晒《さら》してお仕置きになりました。さういふ様な血なまぐさい事件を私は度々見ました。……明治元年（一八六八）世は王政御維新となつた。……さうすると今度は前と反対に、勤王派の方の勢力が盛んになつて、先の佐幕派の方が、今度は毎日々々磔になるといふやうなことになりました。……（南郡方見習として勤務中に）毎日々々佐幕派の磔を見ましたが、中でも残酷だつたのは逆磔《さかさはりつけ》、どういふわけで逆磔になつたかといふと、これは普通の罪悪でないといふものであつた。佐幕派即ち諸生派の隊長の市川三左衛門といふ人は、三百石から三千石になつた人で、その人が佐幕派全盛の時分、水戸公（慶篤）を代表されたところの松平大炊守（頼徳）といふ人に切腹を申し付けた。そこで今度は、君を殺したといふ罪悪でやられるのだから、最も重い刑罰の逆磔になつたので、まことに今日から考へると、残酷のことだが、さういふことが毎日の様に行はれました。

このいわゆる天狗・諸生の争乱という水戸藩のいわゆる内訌を目の当たりにした根本正は、やがてこの世は言論を主とする社会にしなければならないと衆議院議員として活躍することになる。

そもそも水戸藩の党争はどこに起因するのであろうか。徳富蘇峰は云う。

維新以前各藩に於て、何れも党争無きは無かつた。然も亦た水藩の如き党禍の如き残酷なるは少なかつた。蓋し水戸の党禍は、立原・藤田の感情の衝突が、上掲の如く一大動機となつたが、然も尚ほ遡りて云へば、水戸藩其物が寄合世帯にて異分子の集合であつた。大体から云へば、水戸藩には佐竹侍あり、北条侍あり、又た駿河衆と称する家康以来の侍あり。それを混和統一するは、決して容易の業でなかつた。又た光圀の当時より、天朝尊崇主義と幕府尊崇主義と、自から二大潮流があつた。彼の藤井紋太夫の如きは、光圀の為に寵用せられたるに拘はらず、光圀と其の後継者綱條との際を離間し、種々の企画をなし、その為めに光圀の手誅する所となつた。其の経緯の詳かなるは、得て知り難きも、藤井紋太夫は、当時将軍綱吉の寵臣柳沢吉保に取り入りて、光圀を狂人と讒誣《ざんぶ》し、その為めに、光圀は幕府に徴されて、其の信否を験せられたことは分明だ。

此の如く一方に光圀の本意たる、朝廷尊崇の大義を推し立つれば、他方には幕府本位として、幕府に倚りて、公私の目的を果さんとする傾向を生ずるは、藤井以来の事であつた。即ち立原・藤田の葛藤の生ずる百年以前に、既に党争の端緒は、発かれたりとも云ふを得可き歟。（『近世日本国民史』26、三六〇頁）

すなわち、水戸藩は武田信吉・徳川頼房以来の徳川家康付き家臣や北条氏・武田氏・佐竹氏の旧家臣たちが築きあげてきた。いわゆる門閥派である。彼らおよびその子孫には、それだけの自負心があり宗家幕府と水戸藩への忠誠心は強い。そこへ、頼房・光圀が学問的に明らかにしていった歴史的に重い存在である「尊王」が入る。「尊王と佐幕」「尊王と敬幕」が具体的に対立となった際の混迷、これが如何ほど激烈なものとなるかは当初は予想できなかったか。

二　豊田天功・小太郎父子

1　豊田天功の蘭学研究

根本正が家僕となって教えを受けた豊田天功、諱は亮、通称は彦次郎、松岡また晩翠と号した。天功は名である。文化二年（一八〇五）久慈郡坂ノ上村（常陸太田市）の庄屋豊田信卿清三郎の次男として生まれ、元治元年（一八六四）六十歳で歿した。幼少から人に勝り、神童とうたわれていた。十四歳の時に藤田幽谷の門に学び、十六歳の時に師の幽谷の推薦によって『大日本史』編さん局である彰考館雇に就いた。天保三年（一八三二）二十八歳の時に「中興新書」を呈して「大義を以ての藩政改革」を訴えた。天保十三年（一八四二）には、わずか八十余日間でそれまで困難を極めていた「仏事志」を完成させ、藩主斉昭も「志表を成就する者は亮より外あるまい」と嘆賞してその優れた才能を認めて重用した。

根本正も、師天功の「大義をもって改革にまい進しようとした勢い」に注目し重視したことは、根

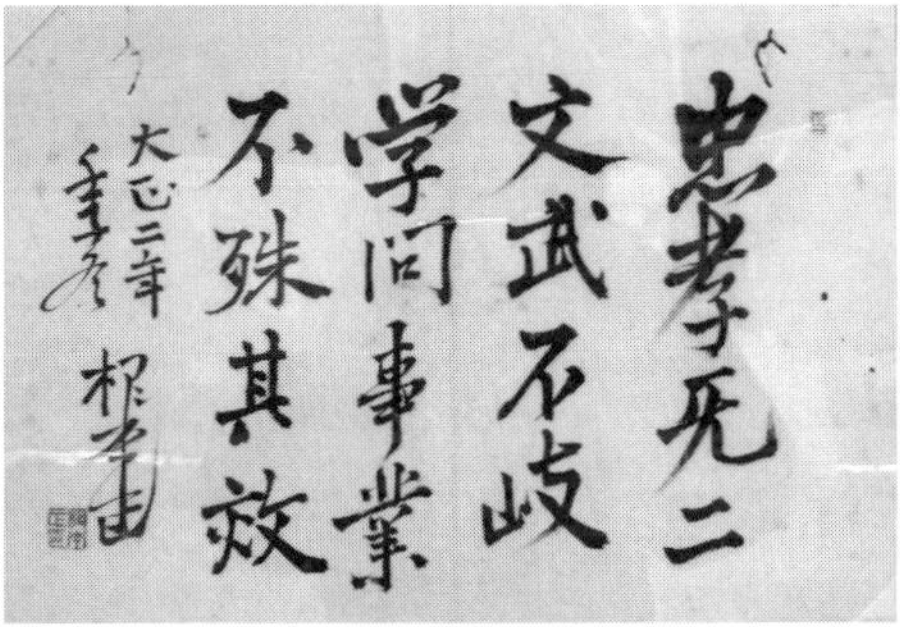

根本正筆「弘道館記抄」
（久野勝弥氏寄贈・筆者蔵）

根本正筆「大義震天地」（『不屈の政治家根本正伝』より転載）

本正が「大義天地を震わす」と揮毫して支持者に配っていることからも明らかである。後に、衆議院議員として多くの反対者の中にあっても次々と改革案を提出していった気迫は、ここに基づいているといってもよいであろう。このことは、弘道館記の一節「忠孝无二、文武不岐」、「学問事業、不殊其効」（忠孝二无《な》く、文武岐《わか》れず、学問事業、その効を殊《こと》にせず）を揮毫《きごう》していることにも表れている。すなわち、国家の存立は最も重要なことであり、その上に立って家族を大切にすること、そして学んだことを実践していくこと、その実践に当たっては文と武の両方とも重要であり、バランスのとれたものとすることを強く認識した。これは、根本正が軍備にかたよらず、教育面を重視して教育立国をめざしたことにも表れていよう。

　豊田天功の蘭学研究に関して注目すべきことがある。嘉永六年（一八五三）に『靖海全書』を著しているが、その中の「合衆国考」の最後に記した「識語」のことである。すなわち、次のように訴えたのである。

文化年間のロシアの南下策、文政期の英国船の来貢《ママ》による外国船への脅威は大変なものであり、最近はペリーの来航などアメリカも脅威である。このように、外国の勢いは常に一定ではなく変わるものである。それゆえに、外国の事情をしっかりと把握し、日本の防衛・独立を保つ戦略を立てなければならない。そのためには蘭学を重要視する必要がある。ただし、そのまなび方としては、攘夷を必要とする先進文明である武器や技術などを採り入れ、魂は日本人の忠孝の精神を守るという姿勢だけではならない。そのような文明を産み出した魂、精神文化は何であるのかまで踏み込んで外国を理解しなければならない。

これは、茨城県立歴史館で豊田家の寄託資料を整理した小松徳年氏の指摘したところであるが、この「文明を産み出した精神に迫る必要がある」との考え方に強く感銘し、生涯の指針とした一人が根本正であった。後年、根本正がパリ万博の土産である「マッチと時計」に驚嘆し、それらを産み出した背景にある英語を学ぼうとし、さらにキリスト教に入信していったのがそれである。「マッチと時計」を根本正といっしょに見た者は他に多くいたはずであるが、根本と同じ行動に出る者はいなかったのである。

安政三年（一八五六）に天功は彰考館総裁に命ぜられてからはさらに編さん事業に専念し、元治元年（一八六四）六十歳で亡くなるまでに「氏族志」・「食貨志」・「兵志」と次々に完成させていった。

2　豊田小太郎の蘭学研究

このようにして、徳川斉昭や幕府・諸藩の有志に大きな影響を与えた豊田天功の史学論や攘夷論・蘭学採用論の考えは長子小太郎にも強い影響を与えた。それらは、小太郎の①「形勢を論ず」および論評②「会沢正志斎著『新論』（時務策）の評、③豊田小太郎の『論変通』において知ることができる。

①「形勢を論ず」（『茨城新聞』「芙雄号」）

宇内の形勢日を遂ふて奇々
智を較べ力を闘はして各孜々
梯航万里比隣の如し
是れ一隅分争の時ならず
期す万国を平らげて版図に帰し
長く神州を画して京師と作すを
豈是れ一朝の搬（ママ）く弁する所ならんや
万丈本毫糸より起る
孫を以て子に嗣ぎ、曾孫に嗣ぐ
山を移すの至理猶推すに堪へたり

②　豊田小太郎の会沢正志斎著『新論』「時務策」の評

以前新論の見とは相異、畢竟老耄《ろうぼう》故なりなど往々被レ議候得共、愚見にては流石老耄にも有レ之間敷と奉存候。尤尽くは服し不レ申候得共、謗り候乳臭輩之所レ及には無レ之様相見候云々。方今開鎖と申し、鎮激と申議論両派に分れ居候処、開論大に宜敷候得共、其弊は因循偸安《とうあん》に陥り、鎖論大に宜敷候得共、其弊は此又粗暴無謀に陥り共に弊あるを不レ免云々、何卒至公血誠方今有用之学を講究し、宇宙之形勢を洞観し泰平之通弊を一掃し行々万国をして尽く神州之真主を仰がしめ候大基本相立候様仕度、此のみ不レ堪至願候云々。

（『水戸藩史料』下編、巻五。傍線筆者）

①の「是れ一隅分争の時ならず、期す万国を平らげて版図に帰し、長く神州を画して京師と作すを」、②の「行々万国をして尽く神州之真主を仰がしめ候大基本相立候様」とは実に遠大・雄大な構想である。小太郎が海外に広く目をやり、世界一和を目指し、日本がその盟主となろうとの意気込みを知ることができる。これを以て侵略・膨張の思想と安易に断ずるのは軽率である。

また、この考えは当然時勢の変化論を前提とするものであり、現在の鎖国体制を打破して開国を唱えることになるのである。以下の「変通」を論じたものがそれである。

③　豊田小太郎の『論変通』（要約）

易にも「窮すれば変じ、変ずれば通ず。通ずれば則ち久し。是を以て自ずから天佑の吉不利なし」とある。今や、この論理を以て天壌無窮の天下を論ずべきである。今日の学者を見るに、悉く往古を善治とし現在を不善として非難するが、すべて過去が優れているものではない。単に過去に戻るのではなく、常に変化・前進を求めなければならない。天下を治める者には必ず応変の策があった。しかも、今や時勢は大いに変化を必要としている。「知欧の器廃すべからず」である。海外の体格・利器等は大陸以上のものがある。日本はこれらを排斥することなく利点を取り入れるべきである。ただし、この際にも日本の倫理道徳からは離れることのない「変通の策」を講ずることである。則ち、天下は天祖天孫の天下であって、幕府も朝廷も専断することがあってはならない。彼の長短および古今の得失を明らかにし、取捨選択して日本の国体を無窮に護ることが重要である。まさに応変の策を更張すれば、危を転じて安となし、衰を回して盛となし、武威を奮い外威に屈することなければ、必ずや国家万民の安泰に至るであろう。（要約、高橋清賀子家文書、茨城県立歴史館寄託。傍線筆者）

④　豊田小太郎の評

この豊田小太郎は、天功の長男で天保五年（一八三四）三月生まれ、名を靖、通称を小太郎、香窓・十竹舎とも号した。嘉永三年（一八五〇）十八歳の時に弘道館に入って勉学する一方、水戸田見小路の小沢寅吉の道場で北辰一刀流の剣法を習った。翌同四年福地政次郎に就いて砲術を学び清水原（那珂市後台）での砲術演習に参加するとともに、那珂郡内の山野でしばしば狩猟訓練に出陣して武術を磨いた。この年以降、藤田東湖や会沢正志斎にも教えを受けている。安政元年（一八五四）十二月、二十一歳の時に反射炉建設に招かれた大島高任に就いて蘭学を学び始めた。小太郎は、この蘭学について「香窓呈書案」で「今となっては、オランダ一国の学問だけではなかなか間に合わない。だいたいオランダは小国である故に自分の見識を主張して諸国と交流することは難しい。政治や攻戦の術を始め、トルコ・英・仏・ドイツなどの真似をしているようにみえる。それゆえに、大砲・船艦等優れた点を採り入れるにも、やはり直に英・米・仏国などの書物を学ぶことが専要であると思う」（要約、『水戸市史』近世編三）と述べ、積極的に欧米に迫ろうとしていた。

このころの豊田小太郎について、常磐神社宮司小川速は次のようにも述べている。（『茨城新聞』「芙雄号」〈豊田芙雄子女史高齢祝賀〉）

小太郎先生は豊田天功先生の遺鉢（先人の業績）を承け、和漢の学に通じ、また藩の抜擢をもって蘭学を修め、すこぶる熟達した。幕府が安政年中米国使節に迫られて和親・通商条約を結ばんとするにあたり、（史料収集のため）たまたま藩命をもって京都に赴いた。しかし、愛国の念やむことあたわずして青蓮院宮および三条実美に建議し、姑息なる和議を排し戦闘の覚悟をもって外国に対すべきであると痛論した。当時世人は、これを斉昭の内命に基づいたものと誤り伝えた。

その後元治元年（一八六四）一月、父が歿して彰考館総裁代役を務めて「職官志」など志類の編さんにあたった。さらに、キリスト教排撃の書である「息距編」もまとめている。

また、根本正は「父の豊田天功先生からよりも、子の小太郎先生からの方がより多くの影響を受けた」と語っているが、根本正もまたその小太郎について『茨城新聞』「芙雄号」（豊田芙雄子女史高齢祝賀）の中で次のように述べているのはその表れであろう（新かな表記）。

豊田小太郎先生は学識該博、英邁活発、勇気に充ち……わずかに二十一歳にして蘭学研修を命ぜられたるに見ても、先生がいかに抜群の学生たりしかを知るに足りるであろう。二十二歳の時には小太郎の雷名を慕い、肥前（長崎県）の島団衛門、因幡（鳥取県）の安達志津馬等が来訪、蘭学の研精を求めたり。二十四歳の時には、藩主斉昭の命を奉じて蘭書『航海要録』を翻訳し、元治元年（一八六四）三十一歳にして六月一日に彰考館総裁代役を仰せつけられ、大日本史編さんの大任を実行したことなどは、世間をして嘆賞措《お》くあたわざらしむる所なり。

先生余に教えるに、「何事を為《な》すにも敏捷《びんしょう》にして、なかんずく青年たる者は就職に急ぐべからずと言われたことは、一身を俸禄によって支配されず、自身の天分を発揮せしめよとの意味を教訓せられたものであって、余の深く肝に銘じ常に実行せんとする所なり。

さらに、この当時の弘道館をめぐる藩主や史館員たちの姿を、「豊田芙雄子女史高齢祝賀」（『茨城新聞』「芙雄号」大正十四年十二月十七日）により回顧してみよう（新かな表記）。

（烈公は）史館の職員に対し、毎年鮭の市場に出でざる以前初鮭一尾づつを下され、又史館の総裁に対しては、弘道館中の御薬方内に牛牧方を特に設置せられ、牛乳一合づつを毎日賜りたり、暑中牛乳保存の困難なる時期に在りては、牛乳を手酌に製し、毎日一筒づつを下され、健康上にまで注意せられしは、実に学者を厚遇すること到れり尽せりと謂うべし。余は、元治元子年、十三歳の時、豊田小太郎先生の学僕となれり。当時先生史館総裁（代役）なるを以て、余は毎朝弘道館まで牛乳頂戴に参りたる者なり。如何に烈公が修史の大業に専心注意せられたるかを追想して感激せざるを得ず。

三　根本正の豊田小太郎先生六十年追悼記念祭

豊田小太郎の洋学への関心は、「外国の形勢を明らかにしなければ日本の存立と発展ははかることができない。その目的を実現させるためには、国家の体制（国体）を崩さない限りにおいて、我が国側でもそれに対応する「変通」すなわち臨機応変の政策をとらねばならない」とするものであった。これは、時勢の変遷に応じ、やがて「開国進取の大計を立てるべし」と開国の主張に発展していった（『水戸市史』中巻三）。

元治元年（一八六四）三月の筑波山事件に始まったいわゆる天狗・諸生の争乱のため、小太郎は六月には戸田忠則や藤田東湖の子息健らと江戸に出て画策していたが、七月には斉昭夫人登美宮に従って水戸へ戻った。慶応二年（一八六六）二月、小太郎は藩校弘道館の教職に就いたが、藩内の抗争・戦闘は一層激しく死者・捕縛者・けが人などが非常な数に上り、六月には小太郎は当時京都守衛職にあった一橋慶喜に深刻な藩内対立抗争の収拾方を上申しようと上洛した。しかし、九月に在京中蘭学の師栗原唯一宅に逗留していたことや日頃の小太郎の開国的主張を憎んだ尊攘派の一人によって本圀寺境内で暗殺され、三十三歳の生涯を閉じた。豊田小太郎の遺骸は妻芙雄の元には帰らず行方不明であった。

やがて明治八年（一八七五）、弟子であった根本正は当時摂津（兵庫）の西宮神宮に在職していた立川弘毅と共に本圀寺に小太郎の遺骸を探し出し寺院境内に改葬して建碑した。その後大正十三（一九二四）、「小太郎の六十年忌」に当たって追悼記年祭を催行した。その祭文は以下のようであるが、その裏面には根本正が人生訓としていた「義公壁書」の第四条を掲げて師小太郎への謝恩の意を表している。

（表面）

豊田小太郎先生今ヲ去ル六十年前即チ慶応二寅九月二十日齢三十三歳ニシテ国家ノ為メ京都堀川ニ於テ刺客ニ害セラレタルハ、帝国進運ノ犠牲者トシテ献身セラレタル者也。故ニ大正十三年二月十一日、天朝先生ノ偉業ヲ追賞シ特ニ従五位ヲ贈ラレタリ。先生在天ノ霊天恩ノ無量ニ感シ且ツ国家ノ発展ヲ喜ヒ玉フヲ信ス。

先生実ニ学力知能及断行ノ三大基礎ヲ有シ真ニ天下ノ偉人タリ。壮齢二十一歳ニシテ烈公ヨリ蘭学研修ヲ命セラレ、二十四歳ニシテ航海要録ヲ訳述シ烈公ニ上ル。烈公ハ則チ海防策論ヲ徳川幕府ニ献言スルニ至レリ。爾来帝国カ海外貿易ヲ開キ国利民福ヲ増進スルニ至リタルモ亦、先生ノ研究訳述ノ結果ナリト推賞セサルヲ得ス。

先生元治元子年六月史館総裁代理ヲ命セラレ、大ニ大日本史編集ニ力ヲ致セリシハ同年ナリ。慶応二寅年マテ僅ニ二ケ年半ナリト雖モ、先生ノ学僕タルノ光栄ヲ得タルヲ以テ無限ノ教訓ヲ受ケタルハ言語ト筆力ヲ以テ克ク感謝ノ意ヲ尽ス能ハス。

明治八年一月二十五日摂州西宮神宮在職中ノ立川弘毅氏ト共ニ京都本國《ママ》寺ニ到リ先生ノ遺骸ヲ探知シ、直ニ本國《ママ》寺良円院内ニ改葬建碑シタリ。更ニ今日六十年忌ニ際シ先生ノ墓前ニ参拝スルニ当リ、大正十三年九月先生ノ夫人豊田芙雄子女史自ラ贈従五位奉告建碑セラレタルヲ拝シ、先生ノ偉業不朽萬世ニ伝ハリ倍々国家ノ柱石タリシヲ確信ス。先生ノ墓前ニ饌ヲ供ヘ拝伏シテ恭シク六十年追悼記念祭ヲ挙ケ奉ル。

　大正十五年一月十九日学僕根本正

（裏書）

水戸黄門義公壁書の第四条に曰く

おきてにをし（怖ぢ）よ火にをしよ　（をしよ＝怖ぢよ）。

分別なきものにをしよ
恩を忘るる事なかれ
豊田小太郎先生ハ国家の恩人也。何となれは齢三十三にして国力発展の為の献身犠牲となりたるはキリストの外あるなし
呈　豊田伴君　　印（根本正印）
（高橋清賀子家文書、茨城県立歴史館寄託）

四　根本正、東京へ出立

1　時計とマッチ

豊田天功が亡くなり、小太郎も暗殺されて時運を開明的方向へ運ぶ力は弱体化した。その後、弟子の根本正は水戸藩南方郡方役人に推薦されて勤務していた。その頃、藩内の天狗派・諸生派の残酷・悲惨な厳しい藩内抗争を目の当たりにして幻滅、明日への新たな道を摸索していた。慶応二年（一八六六）、徳川昭武はパリ万博に派遣され、明治二年（一八六九）十一月三日に神奈川に帰着した。そのパリ万博の土産でもあった時計とマッチが根本正の人生に大きな転機を与えた。パリ万博に随行していた東郡奉行服部潤次郎（東郡奉行は再考の余地在り。服部は昭武の側近として活躍していた）が、マッチを

根本正
（『不屈の政治家根本正伝』より転載）

擦って火を灯し、自動的に動く時計も見せてくれた。これに驚嘆し、大きな感動・感激を覚えた。このような進んだ文明を発明した者は、英語を話す民族であると知り、英語圏への深い憧憬が湧いた。根本正以外にもこれを見た者はいたであろうが、受けた感動・感激を人生の飛躍に結びつけた者は根本正以外にいなかった。そこが、人間における重大な差である。

「何としても英語を学びたい」との意欲に燃えた根本正は、桑原政・清水某（正健カ）らと東京に出て　藤田東湖の長子健宅（牛込二十騎町）に寄留し自炊生活に入った。そこから、当時英国留学から帰国し啓蒙思想家として高名であった中村正直の同人社へ通学した（『桑原政遺影』〈昭和六年、桑原直子編〉根本正「偉人桑原政君」）。なお、桑原政は父桑原幾太郎信毅と母雪子（藤田東湖妹）との子で、後の豊田芙雄の弟に当たる。芙雄は、『桑原政遺影』「桑原政の生い立ち」の中で「明治五年秋、（桑原）政奮然として自ら髪を断ち散髪となり、同志根本正、清水某等と上京して英学数学の研究を志し、藤田健氏の家に舎して専心学業を励むと聞けり」と記している。また同書により、兄桑原力が明治十年（一八七七）二月の西南戦争に歩兵第八聯隊大隊長として出征し、田原坂にて戦死したこと。また、桑原政は明治十三年に加藤木畯《しゅん》叟《そう》の女直子と結婚し、同三十一年に衆議院議員となり、同三十五年、同三十六年と当選して代議士を務めていたことが明らかとなった。

2　中村正直の同人社に学ぶ

根本正は、『回顧八十一年』の中で中村正直について、「四書、五経、史記、左伝などといふ支那の本は、実は文句もわからずに読んだのであるが、（中村先生翻訳の）この『西国立志編』は読んでスグ意味がわかった。それで中村先生の門（同人社）を叩いた。同人社では、毎朝英語の聖書と中村作の「朝の祈り」を拝読するので、英語と聖書は自然と身についた。」と述べている。

また、中村正直は次のような方であったと紹介している。

（ア）人を使うに必ず酬いをされる　（イ）他家の庭まで自ら掃かれる
（ウ）塾僕に決して小言を言われない　（エ）婦人を尊敬した。
（オ）日本の未来は婦人と子供の力に俟《ま》たなければならないと日本初の高等女子師範学校と幼稚園を設立された。

さらにまた、中村先生は英語と漢学の達人、クリスチャンにして忠君愛国の至誠人であると称えた上で、キリスト教に触れ、学問を十分にすることができたことなど「中村敬宇正直先生の門に入ったことが非常に幸福であった」と回想している。

3　クリスチャンとなる

その後根本正は、渡米の前提となる英語を学び資金を得るために神戸や横浜の外国郵便局員として勤務した。また、ヘボン塾に学び英語やキリスト教精神の実践を学んだ。ヘボンは、和英辞典の編纂やヘボン式ローマ字を生み、明治学院・フェリス女学院の創設者として知られている（原豊著『ヘボン塾につらなる人々』）。根本正は、明治十一年（一八七八）五月に横浜住吉町教会のジョージ・ウイリアム・ノックス仮神父の下で洗礼を受けた（根本正顕彰会発行『根本正伝』）。その背景は、次の二点が大きかったと思われる。

①豊田家での武士と農民の身分差別を実感（渡米のための資金作りとして）人力車夫として社会の底辺に生き、東京・神戸・横浜で苦境に喘ぐ貧民の群れに接して富者と貧者の差を実感した。

②神の下に人間は平等であること、全ての人民に博愛の精神をもって接することを説いていることに感激した。

根本正は、聖書の要点をまとめた「『日々の力』（一日一つ聖書の教えを挙げている）を訳述し編んでいる。これにより、根本正の生涯において「平等」の精神が貫かれていくことになる。それらは、代議士として打ち出す政策や説く世界観によく表れている。

五　米国への留学とその成果

1　米国人の包容力・支援力

米国留学についても、『回顧八十一年』から述べてみよう。根本正の渡米について、根底には当然のこととして自身の苦労・勤勉があるが、それを超える米国人の援助によるところが実に大きい。まず、渡米資金獲得のために勤務していた横浜郵便局の局員ファーが、渡米に当たって弁護士バラストーを紹介してくれた。バラストーは、米国における大事な支援者となった。根本正も家僕的に献身的に手伝いをし勉学に励んだ。二十八歳でカリフォルニア州オークランド市公立小学校に入学し、さらにホプキンス中学校を終えることができた。大学進学については、バラストーによりバーモント州フレディリック・ビリングス（鉄道王）を紹介された。バーモントへの途中、ボストンに立ち寄り、バンカーヒル公園では独立戦争の跡に立って独立を勝ち取るための大事業に思いを致している。バーモント大学入学以降は、ビリングスの援助に応えるべく奮励努力し「議会政治の重要さ」を学んだ。その甲斐あって、卒業時には代表十人の一人として英語で演説している。帰国に当たってビリングスから「国家にとって有用な人物となれ」との激励を受ける。

根本正はビリングスの恩恵に感謝し心酔し、長男には「美倫《びりん》」と命名したほどである。

2　アメリカでの体験

根本正は、米国留学十年間で学んだことを「体得した四つの処世術」として次の四点をあげている。

①神はかたよらず　②受くるより与うることは幸いなり

③善を知りて行わざるは罪なり　④貧は富を作る

これらは、代議士となった根本正の種々の政治活動に表れてくる。

3　根本正の「政治意見」

根本正は、大正六年（一九一七）に『政見』を発行している。その前提であった「政治意見」（衆議院議員選挙で初当選を果たす明治三十一年〈一八九八〉に記した）には、根本正が身につけた水戸の学問、キリスト教の精神、およびアメリカ留学体験が反映されている。その中で、立憲政治の美を成す前提として以下のように述べている。

自治制ノ善ヲ尽クシ立憲政ノ美ヲ済サントセバ、第一自由教育ノ制度ヲ設ケ、第二ニ選挙権ノ拡張ヲ行ヒ、第三財政ノ整理ヲ致スニアリ。夫レ国家ノ基礎確立セバ社会ノ経済海陸ノ軍備外交ノ政略等並ビ能ク行ハレテ、其美果ヲ収ムルヲ得ベキナリ。

即ち、自由教育の推進、選挙権の拡張、財政の整理の三点を挙げてその実現を訴えている。これの根底に流れるものは「平等」の意識である。その中の自由教育については以下のようである。本文を挙げておく。

① **自由教育**

夫レ普通教育ハ人民一般ニ関スル事ナレバ専門教育ト相異ナリ彼ノ常備兵、警察官又ハ消防隊ノ為メニ公費ヲ以テ之ヲ支弁スル如ク、国家ノ公務ニ属スベキモノナリ。授業料ヲ要スル学校ハ真成ノ公立ナル者ニ非ズ。故に普通学校ヲ公立ト為シ公税ヲ以テ之ヲ支弁シ貴賤貧富ノ別ナク何人ノ子弟モ無月謝にて自由ニ普通教育ヲ得ルノ学制ヲ立ルハ国民ノ義務ナリ。……茲ニ謹ンデ明治二十三年十月三十日天皇陛下ガ降シ給ヘル教育ノ勅語ヲ拝読スレバ「億兆心ヲ一ニシテ世々厥《そ》ノ美ヲ済《な》セルハ此レ我国体ノ精華ニシテ教育ノ淵源又実ニ此ニ存ス」トアリ。億兆心ヲ一ニセントセバ、国内億兆ノ人民普通教育無クンバアル可ラズ。億兆心ヲ一ニスルハ、普通学ヲシテ自由教育ノ制ニ由ラシムルニ存リ。又勅語ニ「咸《みな》其ノ徳ヲ一ニセンコトヲ庶幾《こいねが》フ」トアリ。咸其ノ徳ヲ一ニセントセバ、貧民ノ子弟ト雖モ自由ニ普通学ヲ修ムルノ法ナクンバ在ル可ラズ。国家ヲ富強ニ致スノ善政ハ、実ニ此勅語ニ基キ、億兆心ヲ一ニシ咸其ノ徳ヲ一ニスルニ存リ。斯ノ如ク聖慮ノ存スル所ヲ奉行セントセバ、自由教育ノ制ヲ布キ、無月謝ノ普通学校ヲ設ケ何人ノ子弟モ克《よく》心ヲ一ニスルノ道ヲ学ビ、亦何者ノ姉妹モ咸其ノ徳ヲ一ニスルノ理ヲ知ルニアリ。（明治三十一年選

挙資料栗原良一編「茨城県第二区衆議院議員候補者根本正君略伝、政治意見」）
この自由教育ノ理念は、その後の義務教育無償化国家負担法案提出として表れていった。

②　健全な青少年、国民の育成へ

根本正は、「国民は教育を受ける権利を平等に持っている」との米国での現実を見て、日本に於いても実現させなければならないとその法律制定に尽力した。その結果、明治三十二年（一八九九）に次の二つの法案を提出し可決成立させた。

(ア)　国民教育授業料全廃建議（可決）
(イ)　小学校教育費国庫補助法案提出（十月可決）

その一方で、国家の教育を受ける青少年はしっかりと勉学に励み、国家を担う立派な人物とならなければならないと訴えた。米国の裏面として見られた青少年の乱れ、酒やタバコにおぼれて浮浪する姿に大きな疑問・懸念を抱いたのである。そのために、明治三十二年に「未成年者喫煙禁止法」を提出した。これは多くの賛同を得て十二月には可決している。

さらに明治三十四年（一九〇一）二月には「未成年者飲酒禁止法案」を初提出した。しかし、これは容易なことではなかった。ハレにしろ褻《け》にしろ酒を用いる日本の風土上からも難しいことであった。しかし、根気よく粘ったあげくに大正十一年（一九二二）三月遂に成立にもっていった。まさに、「義公壁書」・古歌「ふまれても根強く忍べ路芝のやがて花咲く春をこそまて」の実践であった。

なお、根本正と夫人徳子は矯風会活動に熱心であった。廃娼運動、禁酒・禁煙推進運動に挺身して、女性の地位向上を図り麻薬や酒・煙草で自己破壊に陥る国民の救済に奔走したのであった。

六　混迷の超克——新たなる世界観——

弘道館最後の学生となる名越漠然は云う。

天保十二年（一八四一）弘道館創立の際は猶幕府全盛の時代であつた。天朝を尊び幕府を敬ひ文武に励精して国家の藩屏たるべき本義には疑ひを容れなかつた。所が外船の渡来から時世に大変化を生じて、愈々尊皇攘夷の大義を実行すべき時運となつた。

爾来烈公が幕府に対して幾多の建議画策に心力を尽くされたのは、皆幕府を佐《たす》けて尊皇攘夷の実行を力《つと》むるに外ならぬのである。即ち幕府をしてその職責を尽さしむるのが、幕府を佐くる所以で、幕府がこれを行へば立派に立つていける。幕府の羽翼としての水戸は元より賛翼する所である。所が幕府はそれどころではない。上は朝命に背き奉り、外は国威を損じ下は輿論に反する政策を取つたのみならず、これを苦諫する水戸を陰謀と称して罰責し、他の同志の諸侯をも陰謀加担として黜罰《ちゅつばつ》処分に及んだ（『水戸弘道館大観』）。

と。

幕末の混迷期、本来幕府・水戸藩双方が協力し合ってこの難局を乗り越えなければならなかったのが、幕府の水戸家に対する疑念・嫌悪がそれを為させなかったとするのである。

また、士分と農民との身分差を痛感していた根本正にとって、個人的には身分制度を無くし「平等」を実現することは悲願であった。さらに、幕末における水戸藩内の激しい抗争を体験した根本正にとって、いわゆる「言論の自由」「平和」の尊厳を実現しなければならないことも痛感していた。それはやがて敷衍されて、『政見』（大正六年発行）の中にある「国際協調外交（いわゆる幣原外交）への賛意」となって表れた。その実現には種々の問題もあったが、根底には「世界の諸民族は平等」との考えがあった。それ故に、互いの独立を認め合わなければならないとの信念があった。

水戸藩の歴史は、幕末の天狗・諸生の抗争で終わったとされがちである。しかし、根本正の歩んだ道は、藩内抗争の末に自己の在り方を見失った水戸藩の人々が、水戸の学問「尊王」「慈愛」にキリスト教の精神「平等」「博愛」を融合させて新鮮な力となり、立場の対立を超越して立憲政治の美を成そうと新たな旅立ちをした一例として捉えることができる。

その上で考える。即ち、水戸学の真髄でもある「尊王」は王政復古・明治維新として実現された。具体的には、明治二十二年（一八八九）に制定された大日本帝国憲法の第一条「大日本帝国は天皇が統治する」に明記された。水戸学の見事な発展である。

さらに昭和二十年（一九四五）八月十五日、大東亜戦争に敗れはしたが「国体護持を確信して」のポツダム宣言受諾。その後、昭和二十三年（一九四八）十一月に制定された日本国憲法においても「天皇は国の象徴であり、その地位は国民の総意による」として皇室は存続された。「国民の総意による」とは歴史を無視した恣意的な内容ではあるが、「主権は国民にある」とされてはいるものの「皇室の存在」は確定し日本の国体の尊厳は護られた。

ただし、当時の米国はじめ占領軍の意図は日本の弱体化・滅亡にあったことは確かであり忘れてはならないことである。日本の核心である皇室の存在を否定する方策が「国民の総意」であり、「皇室典範」の改訂による宮家創設の制限、養子縁組否定などである。現在家族や地域コミュニティの崩壊は進みつつある。民法の改定により個・個人を主体として国家や家族・夫婦の結合を二次的にしてきた結果であることを冷静に見つめるがよい。

現在、民族的にまとまりを見せている国は王政を維持している。また、ウクライナ、アイルランド、新疆ウイグル族のように独立国家を目指している民族もある。永い歴史の中で融合され一体化されてきた日本は安定を維持してきた。その日本人である我々に今後問われることは歴史を大事にするか否かである。また、政体はどうあれ連綿と続き世界に類のない「民安かれ、国平かなれ」の祈りを根本とする「皇室の尊厳」・「君主制の国体」を護持するの決意が問われている。

それを当然当為の道とした上で、日本は積極的に寄与したいものである。各国が諸民族の誇りと自主独立の精神とをお互いに尊重し合い、平和を保つ世界を実現することに。そして、日本はその先頭に立って仰望される存在とならなければならないと思うところである。

終章　独立自存——攘夷は独立自存の道——

水戸藩と交流をもった他藩士の外国策を挙げて今後の外交策の一助としたい。大東亜戦争後、国際連合が結成され世界に平和が訪れると云われた。国家意識は薄れ、「世界は一つ」の方向に向かうとも云われた。「世界連邦」も一つの理想と掲げられた。しかし、現実は厳しい。ウクライナ、アイルランド、新疆ウイグル族など諸民族の独立志向も強まり、国境問題は紛争を招いている。「独立自存」「民族の平等」「民族の連帯と融和」など我々一人ひとりが考える問題である。

一　橋本景岳の日露同盟論

鎖国政策を継承している時代は国内問題が主となり、海外勢力を対象としての攘夷は左程の問題はなかったが、攘夷・開国と大きな政策の転換にあたっては国内は混迷を深めた。

この時に、水戸学の果たした役割は何であったのか。「尊王攘夷」を唱して「皇国日本」を闡明《せんめい》にし、藩を超えて人心を一にし、その日本国を海外勢力から守るために「攘夷」することにあった。そこにある「攘夷」は、防禦を主とし自主独立を保つことにあった。決して海外への膨張・侵略があったわけではない。問題は攘夷の判断であった。攘夷の先に何があったのであろうか、旧例「鎖国」を墨守することであったのか。

幕府が米国との通商条約を締結した際、水戸藩主の斉昭や一橋慶喜、越前藩主松平春嶽らがそれに抗議したのは「違勅」であって「開国」に反対であったとは言い切れない。朝廷では開国に反対していたが。諸藩もこれら双方の混在で混迷の中にあった。そのような中にあって、開国後の明解な方針は、越前藩の橋本景岳の日露同盟論に及ぶものはなかった。以下が論ずるところである。

> 方今之勢ハ行々は五大洲一図ニ同盟ニ相成、盟主相立候て四方之干戈相休可レ申相運候半と奉レ存候。右盟主ハ先英・魯之内ニ可レ有レ之候。英は慓悍貪欲、魯ハ沈鷙厳整、何れ後ニは魯へ人望可レ帰奉レ存候。偖日本ハ迚も独立難二相叶一候。独立ニ致候には、山丹・満洲之辺・朝鮮国を併せ、且亜墨利加洲或は印度地内ニ領を不レ持してハ、迚も望之如成らず候。此ハ当今ハ甚六ケ敷候。其訳ハ、印度ハ西洋ニ被レ領、山丹辺ハ魯国ニて手を附掛居候。其上、今ハ力不足、迚も西洋諸国之兵ニ敵対して、比年連戦ハ無二覚束一候間、却て今之内ニ同盟国ニ相成可レ然候。然処亜国其外諸国ハ交置候も不レ苦候へ共、英魯は両雄不二並立一国故、甚以扱兼申候。其意ハ既に「ハルレス」口上ニも歴然、其上近来争闘之迹ニて明白ニ御座候。依レ之、後日英より魯ヲ伐先手を頼候歟、又は蝦夷・箱館借呉候旨可レ願候。其時断然英を断候歟、又ハ従候歟、定策可レ有レ之

事、小拙ハ是非魯に従ひ度奉レ存候。（『橋本景岳全集』上）景岳が述べる「日本ハ迚も独立難二相叶一候。独立ニ致候には、山丹・満洲之辺・朝鮮国を併せ、且亜墨利加洲或は印度地内ニ領を不持してハ、迚も望之如成らず候」を以て「ここに、その後の日本の侵略構想の根源がある」とする説がある。しかし、これは日本自国が一人独立を保ち得る状態を言うのであって例え話、仮定の話である。橋本景岳の壮大な気概を見るべきである。

二　吉田松陰の外交策

吉田松陰は云う。

今や徳川氏、已に二虜（米・露）と和親したれば我より絶つべきに非ず。我より之れを絶たば、是れ自ら其の信義を失ふなり。今の計たる、疆域（国境）を謹み、条約を厳にして、以て二虜を羈縻《きび》し間《すき》に乗じて蝦夷を墾《ひら》き琉球を収め、朝鮮を取り満洲を拉《くじ》き、支那を圧し印度に臨みて、以て進取の勢を張り、以て退守の基を固めて、神功（皇后）の未だ遂げたまはざりし所を遂げ、豊国（秀吉）の未だ果さざりし所を果たすに若《し》かざるなり。誠に能くかくの如くならば、二虜は唯吾が駆使する所のままにして、則ち前日の無礼の罪は、之れを責めるも可なり。之れを宥《ゆる》すも可なり。何ぞ必ずしも区々たる（北条）時宗に倣《なら》ひて以て虜使を斬り、然る後に快と為さんや。然りと雖も、是れ幕府の任なり、諸侯の事なり。吾が徒の能く弁ずる所に非ざるなり。

（岩波書店『吉田松陰全集』第四巻、一五二頁。安政三年「丙辰幽室文稿」「久坂玄瑞に復する書」）

即ち、和親条約を締結した以上は遵守して信義を保たなければならない。また、このような強大な国と成らなければ米国・露国等と対等外交を結ぶことは不可能であると。ただし、これは一個人の構想であって幕府がどう考えるかであるとも云っている。独立自存のために侵略してと確かな実力行使を云っているのではない。

吉田松陰はまた云う。

嗚呼、世愈々降り、国愈々衰ふ。衰にして已まずんば、滅びずして何をか待たん。蓋し一治一乱は政の免かれざる所、一盛一衰は国の必ずある所にして、衰極まりて復た盛んに、乱極まりて又治まるは則ち物の常なり。況や皇国は四方に君臨し、天日の嗣の永く天壌と極りなきもの、安んぞ一たび衰へて復た盛んならざることあらんや。……吾れ微賤なりと雖も、皇国の民なり。深く理勢の然る所以を知る、義として身家を顧惜し、黙然坐視して皇恩に奉ぜんことを思はざるに忍びざるなり。然らば則ち吾れの海に航せしこと、豈に已むを得んや。……凡そ地の勢、其の近きものは害を為すこと切にして、遠きもの之に次ぐ。是れ古今の通論なり。古は船艦未だ便ならざれば、海を恃みて険と為せしも、後世船艦日々に巧みに航海日々に広く、古の恃み以て剣と為せし所のもの反って賊衝となれり。

則ち、「一治一乱は政の免かれざる所、一盛一衰は国の必ずある所」であり、その中で国の独立を保つ責任・任務を各自が自覚することを求めている。

また言う。

日升らざれば則ち昃《かたむ》き、月盈たざれば則ち虧《か》け、国隆ならざれば則ち替《おとろ》ふ。故に善く国を保つものは徒に其の有る所を失ふことなきのみならず、又其の無き所を増すことあり。今急に武備を修め、艦略ぼ具はり、礮《ほう》(砲)略ぼ足らば、則ち宜しく蝦夷を開墾して諸侯を封建し、間《すき》に乗じて加《カ》摸察加《ムサツカ》・隩都加《オホツク》を奪ひ、琉球に諭し、朝観会同すること内諸侯と比しからしめ、朝鮮を責めて質を納れ貢を奉ること古の盛時の如くならしめ、北は満洲の地を割き、南は台湾・呂宋の諸島を収め、漸に進取の勢を示すべし。然る後に民を愛し士を養ひ、慎みて辺圉《へんぎょ》を守らば、則ち善く国を保つと謂ふべし。(前掲『全集』第一巻「幽囚録」三三一頁～)

ここで、カムチャッカや満洲・ルソンなどを自国領とする進取の勢いを示して独立を保つがよいとしている。これも、あくまで独立を維持するためにということであって、実際にこれを実行しようとするものではない。それだけの気概を持てと云うことである。

二　勝海舟の説

幕臣勝海舟は文久年間の献策でおよそ次のように云う。「海軍を皇張し、営所を兵庫・対馬に設け、その一を朝鮮に置き、終に支那に及ぼし、三国連衡して西洋諸国に抗すべし」と（『近世日本国民史』86、一八頁「海舟秘録」）。文久三年四月二十七日の日記には「我が策は当今亜細亜洲中、ヨーロッパ人に抵抗する者なし、これ皆規模狭小、彼が遠大の策に及ばざるが故なり、今我が邦より船艦を出だし、弘く亜細亜各国の主に説き、縦横連衡、共に海軍を盛大にし、有無を通じ、学術を研究せずんば、彼が蹂躙《じゆうりん》を遁《の》がるべからず、先ず最初隣朝鮮国よりこれを説き、後支那に及ばんとす」とある（『近世日本国民史』86、二二頁）。即ち、日本の海軍を拡張し、先ず朝鮮を説き、次に支那を説き、三国同盟して、以て欧米の力に対抗すべしとの東亜連盟論を主張していた。欧米勢力への備えとしては頷ける策ではあるが、支那の中華思想、朝鮮の事大主義からして実現は不可能であったろう。

四　独立自存の構想

征韓論について、日本は朝鮮の大院君政府も日本に倣って開国策へ転換するように交渉を重ねた。朝鮮の開国・近代化はロシアの南下策を懸念する日本にとっても重要なことであった。しかし、かたくなに鎖国策を続けようとする朝鮮に対しての説得は、粘り強く時間をかけて当たることであったか。明治六年(一八七三)に征韓論が頓挫した後、明治八年(一八七五)に軍艦雲揚丸の半島沿岸測量に関して起こった江華島事件、これは時期も悪いことであった。日本の強硬策・侵略策との非難の口実を与える事件となった。日本が、ペリーに脅されたと非難するのと同様な結果をもたらした。鎖国政策転換の混迷は、日本に於いても悲惨な経過をたどった。先進体験国家となった日本は、朝鮮内にも対立が起こったのは理解できよう。事を急ぐべきではなかったのではないかと思うが如何。

この征韓論から始まる日本の明治維新以降の進路は、少なくともこの橋本景岳、吉田松陰二人の論を以て進んできたといわれる(李泰鎮論文「吉田松陰と徳富蘇峰」小宮秀陵訳、ほか)。たしかに、明治以降の日清・日露戦争を含む朝鮮問題・満洲問題の深刻さを考えると方向性は当たっているかに見える。しかし、それらは「はじめに侵略ありき」では決してない。清国がイギリス・フランスから受ける侵略の例や露国の南下策を見て、いかにして日本はそれを防ぐことができるかを深刻に考えた末のことである。また、二人の構想を逆に捉えると、当時の脅威であった諸外国の勢力拡大、特にロシア・イギリス・アメリカの進出の実態を見ると、二人が世界の情勢を確かに見通していたことであり、優れた先見性があったとも云える。

また、橋本景岳・吉田松陰両先賢はじめ同様な論を述べる先賢たちは、共に天下国家を以て己が任となし、国家の独立を保つことにいかに懸命であったことかを学ばなければならない。このことを私どもは再認識せねばならない。

ただ、厳然たる事実は、朝鮮や満洲を生命線として朝鮮の強固な独立国を目指し、また五族協和・王道楽土の理想を掲げて満州国建国を図ったが、民族の違いは如何ともし難いことである。そこに、いかに平等を心掛けた善政を布いたとしても他民族が入って政治・経済に関与することは、当事国・民族にとっては堪え難いことであろう。ましてや主導権を握られてはである。いずれは、独立を目指しての民族の動きは出てこよう。

加えてこの当時、ロシアの崩壊とソ連の誕生による共産主義が半島および大陸内部・周辺に浸透しつつあった。さらに英・仏・米国の反日親中国策による日本圧迫も迫ってきた。この半島・満州地域に、日本の理想を実現する環境は否定されてしまった。国際関係は、利害が絡み冷酷非情なものでもある。しかし、実際に朝鮮半島が共産主義国家となった場合の日本の存立はどうなっていたであろうか。それが想像できるだけに、私どもの先人は必死になって防禦にこれ努めたのではなかったか。

今時の大東亜戦争の結果を受けて考えるに、日本の統治のすばらしい成果は随所に見られるが、やはり心すべきことではないかと思っている。その上で、「東洋の君主国日本」を矜持しつつ世界各国の独立自存に貢献していきたいものである。

あとがき

水戸藩は他藩からの憧れの的であった。義公以来の学問によって日本歴史の本質を探り、「皇国の皇国たる所以」を明らかにしてきた。それを学び得て皆が皆大きな喜びとした。それらをさらに「自らの学問に」と励みだした。それらはやがて明治維新となって結実した。水戸は大きな役割を果たしたと思っている。

また、吉田松陰の感嘆・感激は水戸の人々に大きな自信と誇りを与えてくれた。「歓待はなはだ渥く、歓然として欽びを交へ心胸を吐露して隠匿するところなし」とは、松陰先生よくぞ書き残して下さったと感謝限りないことである。水戸の人々の優しさ、熱き思いを称え、これが「おもてなし」のすぐれた実例であると示して下さったのだ。

私ども水戸に育まれた者は、先人に倣ってその良風・美俗を大いに発揮し、他の模範となろうではないか。かつて天狗・諸生の激しい対立のあった歴史は教訓とし、それを乗り越え、他邦の志士たちから仰望された水戸藩の先人を想起して、新たな世界を造りだそうではないか。

今日の世界、激しい宗教観の対立や民族紛争は、温和な日本人には理解しがたいものがある。それらの解消は不可能に近い。期待された国際連合も、各国・各民族を平等な存在として認めていない。安全保障理事会に拒否権を認めた国連は不平等の代表であり、矛盾・欺瞞の上に成り立っている。核兵器の保有も大国の既得権を優先している。規制は抑制になるかも知れないが、矛盾も甚だしい。日本はこれを前提としつつ、しかもそれらを包含・融和する姿勢は失うことなく、世界の平和・安定の礎となっていきたいものである。

ただ、国内の懸念・不安はある。皇位継承の問題、日本民族の減少化である。少子化は移民受け入れにも関係してくる。遠い将来に純粋な日本民族が減少する。移民が日本文化を理解してくれるであろうか。今までの外国人が、日本人以上に皇室を崇敬し、日本文化の理解をより深めていることも事実ではある。時代は変化しようが、日本の良さは伝承されていくものと信じていたい。多民族国家など如何なる事態が来ようとも、同化して新たな国家を作り上げていくであろうと信じていきたい。

これまでに、平泉澄博士や名越時正先生はじめ日本学協会や水戸史学会の諸先輩・後輩の皆さまからご指導をいただきながら「水戸の学問」を学び来ての今日、「水戸の学問」は「尊王」「独立自尊」「慈愛安民」を根底とする普遍的なものであるとの信念を得ることができた。その学恩に感謝いたす次第である。

このたびの発刊に際しご高配を賜りました関係者・諸機関はもちろん、特に多大なお世話・ご尽力をいただいた錦正社社長中藤正道氏、中藤政文氏に厚くお礼申しあげます。

初出一覧（初出誌は次のとおりである。採録に当たっては一部追加・補訂してある）

第一章　高山彦九郎と水戸　『茨城県立歴史館報』18（平成三年三月）「郁子園翁長島尉信と「高山日記」について」
第二章　吉田松陰と水戸　『水戸史学』第八十号（平成二十六年六月）「吉田松陰「水府の遊歴は大分益を得候」こと」
第三章　越惣太郎と水戸　『日本』（平成元年正月号）「埋もれたる勤皇烈士　越惣太郎のこと」
第四章　小宮山楓軒の陸奥紀行　『水戸史学』第五十八号（平成十五年六月）「小宮山楓軒の陸奥紀行について」
第五章　藤田幽谷の人柄　常磐神社「水戸学講座」（平成二十四年八月）
第六章　藤田東湖と瓢兮歌　『水戸史学』第七十八号（平成二十五年六月）
第七章　幕末水戸藩の混迷と領民　『那珂市歴史民俗資料館歴史講演録』（平成二十年十一月）
第九章　水戸藩混迷の超克　『常総の歴史』第四十六号（二〇一三年六月）「義公を敬愛したクリスチャン　不屈の政治家根本正」
他は、今回新たに執筆したものである。

著者略歴

仲《なか》田《た》昭《しょう》一《いち》

昭和 18 年 10 月　茨城県芳野村（現・那珂市）生まれ
昭和 41 年 3 月　茨城大学文理学部文学科卒業
昭和 41 年 4 月　茨城県立高等学校教諭
昭和 62 年 4 月　茨城県立歴史館主任研究員
平成 5 年 4 月　茨城県立歴史館学芸第二室長
平成 7 年 4 月　茨城県立太田第一高等学校教頭
平成 11 年 4 月　茨城県立水戸第一高等学校教頭
平成 13 年 4 月　茨城県立日立第二高等学校校長
平成 16 年 3 月　定年退職
平成 17 年 4 月　茨城県那珂市歴史民俗資料館長（嘱託）

主な役職　水戸史学会理事
根本正顕彰会理事・事務局長

著書　『水戸藩と領民』（水戸史学選書・錦正社）
『慈愛の郡奉行 小宮山楓軒』（水戸の人物シリーズ 9・錦正社）
『烈公を支えた郡奉行 吉成又右衛門』（水戸の人物シリーズ 4）
正・続『海ゆかば』
『藤田幽谷の研究』・『水戸義公伝記逸話集』（共著）

〈水戸史学選書〉
吉田松陰《よしだしょういん》と水戸《みと》

平成二十七年七月　八日　印刷
平成二十七年七月二十日　発行
※定価はカバーなどに表示してあります。

著者　仲田昭一
企画　水戸史学会
茨城県水戸市笠原町九七九—四二
（但野正弘方）
発行者　中藤正道
発行所　株式会社　錦正社
〒一六二—〇〇四一
東京都新宿区早稲田鶴巻町五四四—六
電話　〇三（五二六一）二八九一
FAX　〇三（五二六一）二八九二
URL　http://www.kinseisha.jp/
印刷所　株式会社　文昇堂
製本所　株式会社　ブロケード
装幀　吉野史門

ISBN978-4-7646-0123-9